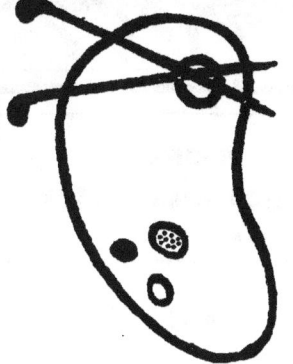

Original en couleur
NF Z 43-120-8

Texte détérioré — reliure défectueuse
NF Z 43-120-11

Couverture inférieure manquante

Un franc le volume
NOUVELLE COLLECTION MICHEL LÉVY
1 fr. 25 c. par la poste

AUGUSTE MAQUET

LA MAISON
DU BAIGNEUR

I

CALMANN LÉVY, ÉDITEUR
ANCIENNE MAISON MICHEL LÉVY FRÈRES
RUE AUBER, 3, ET BOULEVARD DES ITALIENS, 15
A LA LIBRAIRIE NOUVELLE

LA
MAISON DU BAIGNEUR

I

CALMANN LÉVY, ÉDITEUR

DU MÊME AUTEUR

Format grand in-18

LE BEAU D'ANGENNES . . . . 1 vol.
LA BELLE GABRIELLE . . . . 3 —
LE COMTE DE LAVERNIE . . . . 3 —
DETTES DE CŒUR . . . . 1 —
L'ENVERS ET L'ENDROIT . . . . 2 —
LA ROSE BLANCHE . . . . 1 —
LES VERTES FEUILLES . . . . 1 —

ÉMILE COLIN — IMPRIMERIE DE LAGNY

LA MAISON
DU
BAIGNEUR

PAR

AUGUSTE MAQUET

TOME I

PARIS
CALMANN LÉVY, ÉDITEUR
ANCIENNE MAISON MICHEL LÉVY FRÈRES
3, RUE AUBER, 3
—
1891
Droits de traduction et de reproduction réservés

LA MAISON DU BAIGNEUR

CHAPITRE PREMIER

D'un mauvais calembour et de ses conséquences.

Il y avait un an à peine que Jacques de Brosse, à la tête d'une armée de terrassiers et de tailleurs de pierre, construisait l'immense palais florentin du Luxembourg. Marie de Médicis, veuve de Henri IV, se trouvant à l'étroit dans le Louvre, où le grand règne qu'elle continuait, en le rapetissant, s'était pourtant épanoui à l'aise, Marie, régente de France, s'était commandé un château sur le modèle ou à peu près du palais Pitti, et déjà ce rêve de la patrie absente, ce souvenir de la maison paternelle apparaissait vivant à la fille des Médicis, à travers une forêt de madriers, de mâts et de poulies, dont les milliers d'inégales et noires lignes perpendiculaires, pittoresquement coupées d'échafauds et de toiles flottantes, ne ressemblaient pas mal aux agrès d'une flotte gigantesque majestueusement assise dans le port.

Pendant les premiers mois, tout Parisien vraiment digne du nom eût cru manquer à son devoir en ne venant pas visiter les fondations de l'édifice, et en contrôler les progrès. Puis, peu à peu, à mesure que l'ouvrage devenait réellement intéressant, les curieux devenaient plus rares. Tout Paris avait vu, peu de chose, il est vrai, rien peut-être, mais enfin on avait vu ce rien, et Paris n'aime pas à revoir, fût le rien devenu quelque chose.

Cependant les provinciaux et les étrangers franchissaient à tour de rôle la porte Bussy, pour aller contempler la nouvelle merveille, et généralement redescendaient en ville par la rue de Tournon et le préau de la foire Saint-Germain, deux autres curiosités notables.

Ce qu'il y avait à admirer à la foire, tout le monde le comprendra ; mais rue de Tournon, qu'était-ce ?

Justement, par une matinée vermeille de septembre, un bourgeois ou peu s'en faut, figure grave et honnête, habit décent, l'expliquait à son jeune fils en le tenant ou plutôt en le contenant par la main.

L'enfant avait douze ans au plus ; il était petit, blond, rieur, et bondissait comme l'oiseau dont on a rogné les ailes.

Le père avait eu beaucoup de peine à l'empêcher de se blanchir aux échelles de maçons, de s'embourber dans les fosses à chaux et de se pendre aux câbles des poulies, tandis qu'il essayait de lui faire comprendre les beautés du Luxembourg naissant.

Il lui représentait vainement le respect qu'un enfant doit aux chefs-d'œuvre de l'art et à ses habits neufs. Il lui disait encore de bien regarder ce palais, bâti par une reine qui était assurément une très-grande reine. Mais cette dernière phrase était articulée d'un ton de voix si haut, avec une intention si marquée, que l'enfant, surpris, peut-être, d'un éloge aussi rare dans la bouche de son père, voulut se retourner pour voir s'il n'était point provoqué par la présence de quelque témoin suspect.

Mais le père imprima une secousse énergique au poignet de son compagnon, et maintenant le diapason éclatant de sa voix :

— Voyons, Aubin, dit-il, ne perdons pas de temps ; profitons du séjour que je veux bien vous faire faire à Paris, en attendant l'arrivée de votre frère Bernard. Qui sait s'il n'arrivera pas ce matin même de ses voyages, votre cher frère ? Or, sitôt que nous l'aurons embrassé, nous repartons pour les Bordes, et plus de Paris pour vous. Profitez, vous dis-je : prenez-moi votre cahier, votre écritoire, et faites quelque bonne note sur les grandes choses que vous avez le bonheur de voir en ce voyage.

L'enfant qui sentait toujours la pression des doigts paternels, obéit, non sans se tourmenter comme une anguille accrochée à l'hameçon. Il tira, du petit carton pendu à son côté gauche, le cahier, la plume, et commençant à dévisser le couvercle de l'écritoire oblongue suspendue à l'aiguillette supérieure de son pourpoint :

— Mais, mon papa, dit-il à son tour, qu'écrirais-je sur ce palais, puisqu'on n'y voit encore que des planches et des échafaudages ?

— Là précisément est la curiosité, Aubin ; un jour viendra, où moi je ne serai plus là ; vous aurez vous-même alors quelque petit garçon têtu et paresseux que vous promènerez par ici, et, lui montrant le Luxembourg, vous direz : Je vins voir Paris en 1616 avec feu mon père, j'avais douze ans, le Luxembourg ne montrait encore que deux étages hors du sol... et rentré au logis vous ferez voir vos notes à votre fils.

Ce raisonnement persuada sans doute M. Aubin, car il déploya le cahier sur la couverture duquel on lisait en caractères bien gras, bien trapus et d'une gothique dont chaque arabesque était caressée avec plus de zèle que de perfection :

« Notes et remarques d'Aubin du Bourdet sur son voyage à Paris, année 1616. »

Voilà ce qu'il y avait sur l'enveloppe. Voilà ce que le voyageur avait passé toute une soirée à écrire dans sa chambre des Bordes, l'avant-veille du départ. Mais les *Notes et remarques* prises à Paris consistaient à l'intérieur du cahier en bonnes femmes et en bons hommes d'une fantaisie tellement audacieuse, soit comme structure, soit comme ajustement, que le fils futur d'Aubin n'eût pu concevoir que des idées inexactes sur l'anatomie et les usages de la race parisienne en 1616.

L'enfant se préparait donc à écrire quelque chose, quand il vit son père se retourner et fixer les yeux, non plus sur le Luxembourg, mais sur le coin de la rue de Vaugirard. Là aussi l'on bâtissait, et une demi-douzaine de charpentiers hissaient et assemblaient des madriers de forme bizarre, tandis que d'autres ouvriers calaient solidement une de ces charpentes, autour de laquelle causaient tout bas, ou ne causaient pas du tout, certains passants, les uns narquois, les autres fort rembrunis.

Aubin avait l'occasion belle pour tourner le dos au Luxembourg. Il en profita vivement, malgré les efforts de son père pour le ramener à la contemplation du chef-d'œuvre de Jacques de Brosse.

— Mon papa, on bâtit encore là derrière nous.

— Non, ce n'est pas un bâtiment, dit le père du Bourdet contrarié.

— Qu'est-ce alors ?

— C'est une potence.

— Ah ! une potence, c'est vrai ; mais je vois trois charpentes...

— Trois potences, Aubin.

— Pourquoi faire si près du palais ?

La question était d'une haute philosophie. Le père du Bourdet la jugea telle, et s'il eût été seul avec Aubin, il eût peut-être fait quelque réponse mémorable. Mais comme la beauté de l'enfant, son carton ouvert et la vue des mirifiques dessins avaient attiré près de lui trois ou quatre badauds, et que rien ne ressemble parfois à un badaud comme un espion, du Bourdet père ne voulut pas décliner la discussion, ce qui peut-être eût décelé sa pensée, il répliqua donc :

— Mon enfant, ces gibets sont probablement destinés à la justice du palais.

— Avant qu'il soit bâti ? riposta l'enfant terrible.

Du Bourdet donna une sourde saccade au poignet de ce logicien dangereux, et, grossissant sa voix :

— Allons maintenant, dit-il, voir les beaux hôtels de la rue de Tournon.

Et il entraîna Aubin, auquel souriaient plusieurs des assistants ; l'un desquels, même, osa dire :

— Voilà un gentil écolier.

Lorsqu'ils furent à vingt pas du groupe, du Bourdet, plus libre, murmura en se penchant vers son fils :

— Vous ne pouvez donc pas tenir votre langue, petit malheureux ! On voit une potence ; eh bien, est-ce une raison pour raisonner sur cette potence ? Que vous importe ! de quoi vous mêlez-vous ?

— Mais je n'ai rien dit de la reine mère.

— Ne sommes nous pas convenus qu'à Paris non-seulement vous ne parleriez jamais de la reine, mais même de qui que ce soit. Ne vous mettrez-vous jamais dans la tête ma théorie des Conséquences, que je vous explique si profondément, si souvent aux Bordes : *Quidlibet attinet ad quodlibet et vice versa.* Chacun touche à quelque chose. Eh bien ! une potence, c'est une chose, n'est-ce pas !

— Oui, mon papa.

— Donc, chacun touche ou peut toucher à cette chose.

— Mais enfin si l'on ne peut parler de rien ni de personne...

— Taisez-vous, enfant opiniâtre. Vous êtes haïssable, et votre frère Bernard va vous trouver odieux, lui qui, après cinq ans d'absence, devrait s'attendre à voir un garçon raisonnable.

—Oh! mon papa, s'écria Aubin, ne dites pas mes défauts à mon frère!

— Il les verra parbleu bien. Mais taisez-vous tout de bon. Taisez-vous surtout ici.

Ils étaient arrivés dans la rue de Tournon, en face d'un hôtel magnifique, aux portes duquel apparaissaient et disparaissaient, comme devant une ruche, des gens à pied, des cavaliers, des soldats ou des gens d'église.

Le père du Bourdet recula prudemment jusqu'aux deux tiers de la largeur de la rue et dit :

— Voici l'hôtel de M. le maréchal d'Ancre.

— Ah! répondit simplement l'enfant avec un regard d'une exquise intelligence qui croisa le regard froid de son père. Que de choses dans ce coup d'œil!...

— Oui, continua lentement du Bourdet, maréchal de France, marquis, gouverneur de Picardie, riche à millions.

Quelques passants s'approchèrent.

— Magnifique résidence, ajouta du Bourdet du même ton éclatant qu'il avait pris pour faire l'éloge de la reine régente. Cela sent son grand personnage.

Les passants passèrent.

— Et je le vis, poursuivit du Bourdet à voix basse, simple Concini et très-humble commissionnaire de Zamet !

Deux soldats s'arrêtèrent pour regarder. Aubin tira son père par la main et le conduisit tout à fait au pied des murailles qui, de l'autre côté de la rue, faisaient face à l'hôtel d'Ancre, et du chaperon desquelles tombaient des lianes de vigne vierge et de clématites jusque dans la vasque d'une charmante petite fontaine, envoyée de Florence par son ami le grand-duc à la toute-puissante maréchale. Elle-même avait dû solliciter ce présent, pour se rappeler mieux, quand elle regarderait par les fenêtres de son hôtel, l'humble carrefour San-Luca, que cette fontaine décorait jadis, et où peut-être, sortant chaque matin de quelque masure voisine, Léonora Dori avait puisé, enfant, sa provision d'eau fraîche et de poésie pour tout le jour

Du Bourdet regarda en haut, à droite, à gauche, et n'apercevant rien qui pût l'alarmer :

— Oui, dit-il, cet homme a manqué de pain, de gîte et de manteau. Il n'eût pas su mendier en français ce manteau, ce gîte et ce pain. Sa figure faisait peur, son nom faisait rire, et maintenant il a le droit de commander une armée, il voit au travers de ses vitres s'élever le palais que fait bâtir la reine mère, afin de devenir sa voisine ! Il est plus roi que ne fut Henri IV, car celui-ci consultait quelquefois un conseil, et aujourd'hui les conseillers de la couronne consultent le maréchal d'Ancre. Examine bien, Aubin, ce qui est en face de nous ; c'est, selon moi, le plus prodigieux spectacle que puisse offrir ce siècle, dont tu n'as pas vu le commencement et dont je ne verrai pas la fin.

L'enfant, sérieux et recueilli, dévorait des yeux l'hôtel, les gardes, les courtisans, et surtout une pâle et pensive figure qu'on voyait, penchée sur une vitre, au premier étage, regarder vaguement dans le ciel et par la rue.

— Qui est là? demanda Aubin prêt à étendre sa main pour désigner l'objet de sa curiosité.

— Indiquez sans geste, Aubin.

— A la première fenêtre du premier étage, mon papa.

— C'est loin pour mes yeux, mais pourtant je crois distinguer une jeune tête.

— Tout en noir.

— En deuil, oui, l'hôtel est en deuil. La mort est brutalement venue frapper à cette belle porte, et a pris, dans son lit de soie et de dentelles, la fille du maréchal, une future princesse. Je pense alors que cet enfant dont vous parlez, Aubin, pourrait être le fils aîné de M. le maréchal, un mestre-de-camp, seigneur de plus de cent seigneuries, le jeune comte de la Pène.

— Un nom de mauvais présage, mon papa.

— Pène s'écrit sans i, répliqua magistralement du Bourdet, mais nous avons vu, n'est-ce pas, et comme ici la prudence exige qu'on ne prenne pas de notes, voire même qu'on ne séjourne pas longtemps, gagnons la porte de Bussy et de là notre hôtellerie. — Oui, partons, car il me semble qu'on nous regarde. Voyez ce cordonnier dans son échoppe, à gauche.

En disant ces mots, du Bourdet reprit la main droite de son fils pour le faire tourner avec lui ; mais dans ce mouvement, sa manche accrocha le justaucorps d'Aubin et dénoua probablement le cordon qui y attachait l'écritoire, car ce rouleau de corne noire glissa dans un pli du manteau du père, et tomba sur la terre molle de la rue.

Ni l'un ni l'autre ne s'aperçut de l'accident et leur unique préoccupation fut de descendre la rue, côte à côte, sans notes ni remarques.

Un cordonnier regardait en effet. Son échoppe ou boutique — il l'appelait ainsi — incrustée dans la maison contiguë à la fontaine florentine, était ornée d'une guirlande de chaussures fort variées d'âge, de formes et de patries. Tout cela, bottes, chaussons ou souliers, se balançait agréablement à une ficelle poissée tendue transversalement à l'extérieur de l'échoppe et formait une corniche sous l'ombre de laquelle brillaient les deux yeux du cordonnier courbé sur son ouvrage.

Un peintre du carrefour voisin avait écrit sur l'entablement de l'échoppe en lettres encore fraîches : « Picard, cordonnier. » Et comme aux festons de la guirlande de chaussures il manquait une dent, vide notable, tout porte à croire que le peintre avait fait cette brèche en choisissant pour son salaire quelqu'une de ces paires de babouches inimaginables qui vieillissent toujours et ne meurent jamais.

Placé en face de l'hôtel d'Ancre, comme une tache sur un mur, comme une araignée vis-à-vis d'un miroir de

Venise, le cordonnier Picard s'était maintenu, lui et son échoppe auprès de la petite fontaine, sans que rien l'eût jamais déraciné ni même dégoûté.

Enfant de Paris, il vivait là depuis son enfance, il avait vu bâtir l'hôtel d'Ancre, il l'avait vu prospérer. Il y avait vu emménager les nouveaux propriétaires. Le côté gauche de la rue lui appartenait, comme au maréchal le côté droit.

Cette perspective de l'échoppe et des savates grimaçantes ayant tout de suite offusqué les yeux de la maréchale, on avait offert à Picard quelques écus pour déguerpir. Il avait refusé. Les architectes de la Florentine, pour faire placer la fontaine, culbutèrent les chaussures de Picard qui s'étalaient librement sur le mur. Picard remonta ses chaussures à gauche. Le maréchal s'entêta ; Picard aussi : on plaida devant l'échevin. L'échevin consulta le roi alors vivant, qui répondit en riant que si le cordonnier gênait trop M. le marquis d'Ancre, on lui permettrait de venir accrocher son échoppe au Louvre. L'échevin ajouta même bien bas, en racontant cette réponse à ses amis, que le roi gascon avait dit : « Eh ! mordioux ! qu'il fasse comme moi, le marquis d'Ancre ; qu'il souffre Picard. Moi je souffre bien Concini. »

Le marquis dévora la leçon. Picard fit des feux de joie et passa deux mois à élaborer une chaussure d'art, son chef-d'œuvre, qu'il destinait au roi, mais trop tard pour tous d'eux. En effet, Picard méditait les bouffettes quand Henri fut assassiné.

Mais la bienveillance du prince avait consacré dans tout le quartier les droits de Picard à son échoppe, et c'eût été de la part du maréchal une imprudence que de s'opiniâtrer à faire triompher les siens.

Cependant la marquise d'Ancre n'avait pu s'habituer à la victoire du cordonnier. Picard, lui, ne s'était pas encore habitué à son bonheur. En sorte que de l'hôtel à l'échoppe, de la puissante dame couchée sur sa chaise, derrière ses lourds rideaux de soie, à l'artisan piquant son cuir, c'était un échange acharné, un duel de regards furieux ici, là moqueurs. Picard avait pompé tant d'orgueil dans la colère de sa voisine, que chaque pulsation de ses veines, chaque battement de son cœur correspondaient à une jouissance secrète, et il ne cousait pas un point sans lever à moitié la tête pour décocher à l'hôtel un sardonique regard. La flamme de ces regards avait fini par établir un rayon permanent de l'échoppe aux fenêtres de la maréchale, et la Florentine superstitieuse, habituée aux terreurs de la jettatura, frissonnait en devinant l'électricité hostile, et marmottait quelque conjuration ou faisait les cornes avec l'index et le mineur, spécifique infaillible, comme on sait, pour combattre le mauvais œil.

Tel était ce cordonnier, personnage historique, n'en déplaise au lecteur, mais qui n'avait pas encore acquis la célébrité dont les événements l'investirent plus tard. Pour le présent, qu'on se figure un homme de quarante ans, étroit d'épaules comme tout ouvrier ployé sur la besogne, un peu cagneux, velu comme une chèvre et relevant souvent de la main qui tient l'alêne, une longue mèche de cheveux noirs obstinés à envahir son front bombé, ses yeux perçants.

Ce geste fréquent et l'éclair de l'aiguille d'acier croisant les prunelles, étaient devenus pour les nerfs de l'infortunée maréchale une insupportable torture.

Au moment où s'arrêtèrent devant l'hôtel Aubin et du Bourdet, Picard ne les remarqua point, habitué qu'il était à regarder au premier étage avant de regarder ailleurs. Il ne les vit qu'après le colloque discret du père et du fils, et la charmante figure d'Aubin attira son attention.

Peut-être les prit-il tous deux pour des provinciaux, et il se préparait à leur aller fournir quelque renseignement ; car il était bavard, officieux, amoureux de sa ville et coquet pour elle. Il était encore Parisien à un autre titre ; exécrant les étrangers, Italiens ou Espagnols, et toujours prêt à leur nuire, fallût-il pour cela du courage, fallût-il même de l'esprit.

Mais le temps de redresser ses reins engourdis et de sortir de sa boutique, Picard ne trouva plus les deux causeurs. Il en eut un vif regret, à cause de la provision qu'il avait faite d'histoires politiques et privées sur les Italiens en général et la maison d'Ancre en particulier. Et puis il perdait une occasion de montrer à des amateurs les fameux souliers destinés au feu roi, et qui ornaient la place d'honneur de la boutique, avec cette inscription sur parchemin :

Souliers du roy défunct.

Mais il lui restait la ressource d'aller visiter les travaux. Tout en foulant le sol de la rue, non sans regarder l'hôtel d'Ancre, il sentit son pied heurter quelque chose et ramassa l'écritoire que le petit Aubin avait perdue.

— Qu'est-ce que cela ? grommela-t-il en avançant toujours vers la rue de Vaugirard. Quelque étui ; oh ! oh !... cela noircit ; une écritoire.... celle du petit blond... de l'encre... Ancre, répéta-t-il avec un grognement. Toujours ancre, ancre partout. C'est donc une rage que l'ancre.

Et il avançait peu à peu, se délectant dans sa monotone facétie.

— Ah ! ah ! les potences sont placées. C'est pour nous les potences. Eh ! eh ! il y en a trois, il y en aurait une pour lui, une pour elle, et une pour le petit. Juste au coin de leur rue, comme ce serait commode !

Et il se mit à rire tout seul. Car c'était l'heure du premier repas des ouvriers, et le soleil éloignait de ce coin brûlant tous ceux que l'aspect fâcheux des gibets n'eût peut-être pas réussi à chasser.

— Trois potences, répéta Picard en se frottant les mains, et celle du milieu est plus grande que les autres. Tiens ! Ils y ont laissé le fil d'aplomb.

Il s'approcha.

— Si mince que soit la ficelle, murmura-t-il, je me chargerais encore volontiers... Allons, cette encre m'a tout noirci les mains... Diantre soit de cette encre ! Jetons l'écritoire. Oh non ! meilleure idée !

Et de rire. Son hilarité funèbre avait quelque chose

de l'ivresse amenant aux lèvres les hideux secrets de certains cœurs.

Il regarda sournoisement autour de lui et ne vit personne. Plus loin, sur le seuil de l'hôtel du maréchal, nul ne semblait observer. Picard saisit le fil d'aplomb des charpentiers, y attacha prestement la longue écritoire qui se mit à osciller dans le vide, et tout joyeux de son ouvrage, il se recula, admirant l'effet.

Des femmes passaient, portant des mannes sur leur tête.

— Oh! dit Picard, avec ce claquement de la langue sur les lèvres qui signifie : Diable! diable! — c'est mal, c'est mal.

— Quoi donc? demandèrent les femmes.

— Vous ne voyez pas?

Des hommes vinrent, puis des enfants.

— Quoi donc? dirent-ils aussi.

— L'encre à la potence!

Un naïf éclat de rire des assistants accueillit l'ignoble plaisanterie et témoigna, sinon de leur bon goût, du moins de la vigoureuse haine que ce nom seul soulevait parmi les Parisiens.

— L'Ancre à la potence! répétèrent dix voix, puis trente, puis cent, puis toutes les voix des ouvriers revenus au travail.

D'autres, plus circonspects, demandaient tout bas l'auteur de la facétie.

A ceux-là, Picard répondit modestement que c'était un

jeune garçon, écolier sans doute, fort éveillé, fort drôle, qui avait accroché son écritoire à la ficelle, en disant:

— Si nous accrochions l'encre à la potence?

L'immense huée qui retentit, mêlée de rires et d'applaudissements, fit accourir de l'hôtel une demi-douzaine de laquais, puis des gardes, puis des gentilshommes qui bientôt rougirent et pâlirent en apprenant la cause de ce tumulte.

Mais un de ces gentilshommes, tête crépue, nez de vautour, qui paraissait commander aux soldats, se jeta dans la presse qu'il fendit à coups de coudes et de poings; il parvint au pied de la potence, et cherchant d'un œil aguerri dans la foule quelque mine plus suspecte que les autres, il rencontra les yeux malins du cordonnier qui ricanait derrière un rempart de quatre à cinq robustes maçons.

— Ah! c'est maître Picard, dit-il, en marchant à lui avec un mauvais regard de travers; j'eusse été bien étonné de ne pas trouver ici maître Picard!

Et il le saisit à la gorge.

— Qu'est-ce? qu'y a-t-il? à moi! cria Picard. A moi, bourgeois et citoyens!

— Oui, appelle! et je vais appeler aussi, dit l'officier, autour duquel ces paroles élargirent aussitôt le cercle, qui s'emplit de soldats et de gens d'épée. — Qui a fait ce coq-à-l'âne si bête et si périlleux?

— Hugues! murmurait-on dans la foule; Hugues, le prévôt de l'hôtel!

Et cent voix répliquèrent :

— Ce n'est pas nous, capitaine Hugues, ce n'est pas nous !

— Et toi, coquin, nies-tu aussi ? dit le capitaine Hugues, en frisant d'une main sa moustache roide, tandis qu'il continuait à étrangler Picard de l'autre main.

— Je nie ! je nie !

— C'est un petit garçon, dit une femme.

— Un écolier blond, dit un autre.

— Un clerc, monsieur le capitaine.

— On l'a vu, ce n'est pas Picard. Picard l'a vu aussi tout à l'heure, à l'instant.

— Est-ce vrai, Picard ? demanda le capitaine.

— Certainement que c'est vrai, dit celui-ci.

— Tu l'as vu ?

— Oui.

— Attacher son écritoire ?

— Oui.

— Tu l'as vu partir après ?

— Oui.

— Eh bien ! si tu ne me conduis pas sur sa trace, si tu ne me l'as pas trouvé dans un quart d'heure, c'est toi qui danseras ici à la place de l'encrier. Seulement on changera la ficelle !

— Hein ! gronda Picard.

— Allons, marche, et trouve le coupable, ou tu es un homme mort.

— Trouve, trouve, Picard, dirent au cordonnier cent

voix officieuses. C'est le capitaine Hugues, vois-tu, il n'y a pas à plaisanter.

— Allons, j'attends, articula le prévôt d'une voix sèche et nette.

Picard releva sa tête effarée, écarta les cheveux qui l'aveuglaient, et, prenant sa résolution, se dirigea rapidement vers le bas de la rue, suivi du capitaine et de plusieurs soldats, tandis que les autres essayaient de disperser la foule.

Cette meute ainsi lancée ne tarda pas à trouver la piste. Cependant, Picard, poussé en avant par la main hargneuse du prévôt, ne faisait pas de zèle; il cherchait tous les moyens, au contraire, de ne pas rencontrer ceux qu'on le forçait de poursuivre.

Picard n'avait pensé faire qu'une plaisanterie d'abord. Puis, l'instinct de la conservation l'emportant sur la prud'homie, il avait soutenu un mensonge destiné à sauver sa tête sans compromettre celle de personne. Mais tout n'est qu'heur et malheur en ce monde, — pour les cordonniers comme pour les maréchaux de France. Au détour de la rue de Tournon et de celle des Quatre-Vents, Picard aperçut deux personnes, un homme et un enfant, captivés par les prouesses d'un singe et d'un lièvre savants. Son cœur battit. Il voulut passer outre, mais le bruit des pas, des armes, des voix de son escorte firent tourner la tête à ces deux personnes, et le prévôt Hugues, qui avait saisi son tressaillement et l'inquiétude de son regard, s'écria:

— Voici un garçon blond. Est-ce le nôtre?

Picard répondit non; mais si faiblement, si étrangement que le prévôt arrêta sa bande et allant au garçon blond, lui présenta l'écritoire maudite en disant :

— Est-ce à vous, mon petit ?

— Oui, monsieur, répliqua Aubin, car c'était Aubin, pauvre enfant, qui n'avait pu résister aux amorces du spectacle en plein vent.

Du Bourdet pâlit. Son expérience lui disait que Paris n'est pas une ville à ce point civilisée, que ses magistrats détachent un officier avec huit hommes pour restituer à un écolier l'écritoire de six sous qu'il a perdue.

D'ailleurs, il n'y avait pas à se tromper sur la mine altérée, sur le coup d'œil hagard du cordonnier. Un danger surgissait, danger terrible.

Hugues, se redressant :

— C'est à vous, cet enfant ? demanda-t-il au père.

— Oui, monsieur, bégaya du Bourdet.

— Venez donc tous deux. Venez vite.

Du Bourdet, hébété, regarda Picard, qui s'évertuait à lui faire des signaux incompréhensibles.

— Toi, mauvaise bête, va devant, reprit le prévôt en chassant Picard à la tête de l'escouade.

Et il ajouta ces mots qui firent frissonner du Bourdet :

— Tu n'es pas malheureux d'avoir trouvé le coupable.

— Coupable, dit du Bourdet. De quoi coupable ?

— Pressons le pas, cria Hugues.

— De quel coupable parlez-vous, monsieur ?

— Accélérons, répondit le prévôt en tirant lui-même

par le bras l'enfant qui courait déjà pour suivre le grand pas de ces alguazils.

Il est inutile de dire qu'une foule toujours grossissante occupait le haut de la rue et les abords de l'hôtel.

L'escorte fit halte en face, à vingt pas de la potence, et alors Hugues montrant à du Bourdet tremblant son fils et le cordonnier Picard, l'écritoire et les gibets :

— Cet homme, dit-il, accuse l'enfant d'avoir attaché ceci à cela.

— Je ne comprends pas, balbutia le père abasourdi par le silence effrayant qui s'était fait tout à coup dans la multitude.

Aubin regarda son père, et Picard, qui baissait la tête, cherchait peut-être entre les soldats un trou pour s'échapper.

— Oui, continua Hugues, on commet des crimes et puis on fait l'innocent. Nous connaissons cela ; mais, que vous compreniez ou non, répondez : Est-ce toi, petit, qui as pendu ton écritoire à cette ficelle en disant : Pendons l'ancre ?

Du Bourdet comprit tout à coup. Une indicible terreur s'empara de lui, secoua ses membres comme eût fait la fièvre, et serrant Aubin sur son cœur avec une angoisse qui émut profondément la foule :

— Non, non, s'écria-t-il, non, ce n'est pas lui !

— Non, dit l'enfant, j'ai perdu mon écritoire ; mais je ne l'ai pendue nulle part.

Picard se taisait ; des gouttes larges et brûlantes roulaient sur ses joues blêmes.

— C'est que si vous niez, dit le prévôt, cet homme-là court grand risque. Toi, petit, en avouant, tu en seras quitte pour le fouet.

— Le fouet! s'écria du Bourdet indigné; le fouet à mon fils! Je suis gentilhomme, entendez-vous!

— Le fouet! répéta Aubin en pleurant; je n'ai rien fait.

— Soit! alors Picard sera pendu, et tout de suite, dit froidement le prévôt en appuyant sa large main osseuse sur l'épaule du cordonnier. Voyons : à qui le fouet? à qui la corde?

— Je suis perdu, murmura Picard, qui, ranimé par l'imminence du danger, leva les bras, poussa des cris et invoqua l'aide des assistants.

Alors des voix répondirent à la sienne, les uns le déclaraient innocent; d'autres accusaient positivement Aubin. Des femmes charitables conseillaient à du Bourdet et sollicitaient son fils de consentir au fouet pour sauver la vie d'un homme.

Tout à coup une fenêtre de l'hôtel s'ouvrit : c'était la première du premier étage. Un enfant de l'âge d'Aubin, vêtu de noir, pâle et fixant tranquillement ses grands yeux bruns sur cette multitude, fit signe de sa petite main blanche, et tous les regards, en un moment, s'arrêtèrent sur lui.

— Capitaine Hugues, dit-il d'une voix douce, laisse aller le petit garçon.

— Mais, monsieur le comte, répondit le prévôt en levant la tête, si c'est lui qui est coupable...

—Le fils du maréchal... le petit Concini... le comte de la Pène! dirent mille voix.

—Hugues, reprit l'enfant, ce n'est pas le petit garçon qui a suspendu l'écritoire, c'est le cordonnier Picard.

—Voilà! voilà! hurla celui-ci, le louveteau est instruit à me mordre... je suis innocent!

—Je t'ai vu! dit le jeune comte avec un accent plus ferme, qui vibra dans tous les cœurs comme un écho de la sainte vérité.

—Allons, murmura le prévôt en saisissant Picard. Je crois que le jour est venu de régler tes comptes avec M. le maréchal.

Cette parole était imprudente. Hugues le sentit avant qu'elle eût expiré dans l'air. Picard la saisissant au vol :

—Voyez-vous! s'écria-t-il, comprenez-vous, mes amis; c'est une vengeance! on m'en voulait!

—Oui, oui, il a raison, murmurèrent plusieurs ouvriers.

—On m'en veut parce que j'ai défendu mes droits, le droit du peuple, et que notre bon roi Henri n'est plus là pour nous protéger.

Un sourd frémissement courut dans la foule et bien des yeux étincelèrent.

Le prévôt ne pouvait reculer, il lança ses hommes sur l'assemblée et chercha sous sa main Picard qui se tordait avec désespoir.

—Ne le tue pas, Hugues, dit le petit comte, ne le tue pas; il nous aimera peut-être si nous lui pardonnons.

Le mot sublime de l'enfant fut coupé en deux par l'apparition d'une ombre enveloppée d'une sorte de manteau blanchâtre. Cette figure étrange, dont on ne devinait que deux yeux flamboyants, arracha le jeune comte de la fenêtre, qui se ferma bruyamment, et les rideaux retombèrent.

— C'est la maréchale, c'est la Léonora, c'est la Galigaï, c'est la sorcière, dit la foule un moment captivée par l'intérêt nouveau de cette vision.

— Allons! finissons-en avec ce drôle, cria Hugues à ses gens irrésolus.

— Grâce! grâce! on m'a fait grâce, dit Picard, en se débattant contre les estafiers de l'hôtel.

— Grâce de la corde, oui; mais tu auras le fouet que tu étais assez lâche pour laisser donner à ce garçon.

Du Bourdet voyant que la scène allait prendre son dénoûment normal, profita d'une trouée que certains bâtons levés pratiquèrent dans la foule, et il était hors du cercle avec son fils quand on entendit tomber et retomber sur l'échine de Picard les coups cinglants de deux fouets de manége, mêlés au bruit mat et lourd de la hallebarde du prévôt, dont le manche faisait sa partie au concert.

Du Bourdet se boucha les oreilles pour ne pas entendre les cris du patient. Des pierres lancées dans les vitres de l'hôtel, un formidable hurlement de la populace révoltée, les charges successives des archers, des laquais et des commensaux de l'hôtel, portèrent au comble la terreur du bonhomme du Bourdet et de son fils.

Bientôt la place fut désertée, et du coin de porte où ils

s'étaient réfugiés, les deux promeneurs ne virent plus qu'un corps étendu au milieu de la rue. C'était le malheureux Picard, à moitié assommé, couché sur le ventre, les mains en avant, respirant comme un buffle, mais feignant d'être mort, tant pour éviter d'être tué effectivement que pour se rendre historiquement immortel dans les fastes des tumultes parisiens.

Mais Aubin n'était pas assez avancé en politique pour comprendre les subtilités de Picard. Le voyant étendu, il le crut mort. C'était le premier mort que voyait cet enfant. Il songea involontairement que sans un miracle, on l'eût fouetté, lui, comme Picard avait été fouetté, à mort. Et l'impression fut telle sur ce tendre cerveau, qu'une vapeur rouge monta de ses narines à ses yeux vacillants; il blémit, s'affaissa et tomba dans les bras du bonhomme, qui criait avec désespoir : Au secours !

Au secours ! dans une rue où toute porte se barricade, où toute fenêtre se matelasse, dans la crainte des chocs de cavalerie et des balles d'arquebuse. Du Bourdet eût sans doute perdu la voix à force de crier, quand il entendit des pas derrière lui.

Une femme passait à l'extrémité de la rue, à cheval, son écuyer près d'elle. Deux grands laquais à l'arrière-garde. Cette dame, masquée, selon l'usage, d'un loup de velours qui descendait jusqu'à sa lèvre inférieure, était trop noblement vêtue, et trop bien accompagnée pour n'être pas de grande qualité. Elle entendit les cris de du Bourdet et détacha son écuyer vers le plaignant.

Mais quelle fut sa surprise en voyant l'écuyer, homme grave et d'une corpulence respectable, sauter tout à coup à bas de son cheval, ouvrir les bras et embrasser à dix reprises le malheureux vers lequel il s'était d'abord très-prudemment avancé.

Elle s'approcha, ses laquais avaient déjà recueilli Aubin.

— Quel charmant enfant, dit-elle tout émue, le connaissez-vous, la Fougeraie?

— Concevez-vous cela, madame, s'écria l'écuyer, c'est mon pauvre ami du Bourdet, vous savez, dont je vous ai si souvent parlé.

Du Bourdet tout palpitant ébaucha un fugitif sourire, un salut de fantôme.

— Avec son fils Aubin que je n'ai pas vu depuis sa naissance, ajouta l'écuyer.

— Et qui paraît bien souffrant, dit la dame d'une voix douce comme une caresse.

Cependant du Bourdet parlait, racontait son aventure sans savoir ce qu'il disait en baisant à chaque mot le front et les joues pâles de l'enfant. Mais le nom d'*Ancre* revenait dans ses phrases aussi souvent que ses baisers. La dame fit un mouvement pour regarder autour d'elle : quelques fenêtres se rouvraient, des têtes timides se hasardaient aux portes entrebâillées.

— Il ne faut pas demeurer ici, dit vivement l'étrangère Cet enfant a besoin de secours, d'ailleurs.

— Je vais l'emporter, murmura du Bourdet.

— Non pas, ce sera moi, sur mon cheval, interrompit le vieil écuyer, les bras étendus.

Mais du Bourdet ayant manifesté une sorte de répugnance à se séparer de son fils :

— Ce ne sera ni vous, la Fougeraie, ni monsieur, qui emporterez cet enfant, dit la dame. Ce sera moi. Donnez-le-moi, là, doucement. Ne craignez rien, monsieur du Bourdet j'en aurai soin comme sa mère, et mon cheval est plus doux qu'un mouton.

Un laquais éleva Aubin jusque sur le pommeau de la selle de velours, où la dame l'assit mollement, l'entourant de ses bras et l'appuyant sur les fourrures parfumées du pourpoint soyeux qui recouvrait sa poitrine. Puis, tandis que ses laquais remontaient à cheval et que la Fougeraie attendait ses ordres :

— Donnez le bras à votre ami, lui dit-elle tout bas, — et ne me nommez pas, sous aucun prétexte, si vous étiez questionné.

— Qui nommerai-je, madame la comtesse ? car il voudra savoir, et c'est bien naturel...

— Inventez, mais pour rien au monde je ne veux figurer dans les bruits que soulèvera sans doute cette nouvelle mésaventure de M. le maréchal. Où allait votre vieil ami ?

— A l'hôtellerie des *Fils-Aymon*, près le pont Neuf. Il y loge jusqu'à l'arrivée de son beau-fils.

— Nous ferons ce détour au lieu de prendre le bac du Louvre. Allez devant, la Fougeraie, je vous prie.

L'écuyer obéit. Il passa son bras sous celui de du Bourdet qui d'abord se retournait à chaque seconde, mais qui, voyant les soins si tendres de cette dame et devinant sous le masque son divin sourire, finit par comprendre que jamais plus doux oreiller n'avait caressé le front d'un enfant malade.

On arriva bientôt à l'hôtellerie. Du Bourdet reçut des mains de l'étrangère le pauvre Aubin encore inerte. Et au moment où la tête blonde de son petit compagnon de route allait quitter le sein qui l'avait abrité, la dame, se penchant avec grâce, souleva légèrement son masque pour appuyer deux lèvres fines et fraîches sur les yeux clos du bel enfant.

— Soyez sans inquiétude, dit-elle alors à du Bourdet qui vit briller des perles sous ces lèvres roses, votre fils est plutôt endormi qu'évanoui. Je sentais son petit cœur battre sur le mien d'un mouvement régulier, paisible; ce ne sera rien. Adieu, monsieur.

Et comme le bonhomme attendri par cette expansive bonté demandait civilement le nom de son aimable bienfaitrice pour lui rendre ses devoirs avant son départ de Paris :

— Je suis une parente de votre ami la Fougeraie, dit-elle en tournant son cheval.

Du Bourdet interrogea celui-ci du regard, mais l'écuyer, sur un signe de sa maîtresse, était remonté à cheval.

— Piquons, maintenant, dit l'étrangère à la Fougeraie, ou nous arriverons trop tard chez la régente.

Les quatre cavaliers furent bien loin une minute après. Mais, dame Salomon, l'énorme hôtesse des *Fils Aymon*, avait déjà porté Aubin sur un lit que du Bourdet, encore étourdi de tant d'événements, commençait à peine à gravir les premiers degrés pour gagner sa chambre.

CHAPITRE II

Arrivée d'un beau-fils qu'on attendait et de mille oiseaux qu'on n'attendait pas.

La voix de l'hôte, à son tour, l'arrêta dans son ascension.

— M. du Bourdet !

— Ne me laissera-t-on pas en repos !... Suis-je comme Gros-Guillaume? mettrai-je un an à monter six marches?

— Monsieur, parlez du moins au charretier.

— Quel charretier?

— Celui qui apporte vos oiseaux.

— Quels oiseaux?

— Regardez ici.

Et l'hôte amena par le bras son client jusqu'à une petite fenêtre de laquelle on voyait dans la cour de l'hôtellerie.

Un maigre chariot bas et long, semblable aux trains

d'Alsace, était là, attelé d'un pauvre cheval et d'un âne suants, soufflants, poudreux. Un chien hérissé jappait sous l'essieu. Le charretier, pur Normand, s'essuyait le front, et sur l'Y des colliers, bon nombre de sonnettes si longtemps agitées par le voyage éteignaient leurs derniers soupirs dans un reste d'oscillation.

Ce chariot, chargé de ballots, était couronné par une plate-forme en planches, sur laquelle on admirait douze cages oblongues, adroitement liées les unes aux autres et recouvertes d'une bande de toile.

On admirait, c'est le mot, car chaque passant donnait son coup d'œil à ces cages par dessus l'épaule des spectateurs de profession que leurs habitudes de bien voir avaient entraînés jusque dans la cour des *Fils Aymon,* autour du chariot même.

Et de fait, le spectacle en valait la peine.

Les cages étaient pleines de ce que Dieu a créé de plus gracieux, de plus riche. Plus de cent oiseaux d'Afrique et des Indes, sautillants, effarouchés, se cramponnant aux grillages, étalaient l'azur, l'or ou la pourpre de leurs gorges chatoyantes. Ce n'étaient qu'aigrettes flottantes, panaches tremblants, éventails semés d'émeraudes, de lapis et d'opale, un écrin de Golconde, une palette vénitienne ; et quand, dans leurs combats ou leurs fuites effarées, ces oiseaux merveilleux perdaient une plume arrachée aux treillis des cages par l'air frais de septembre, on voyait trente mains se tendre comme des ressorts et se chamailler pour saisir la précieuse dépouille.

— Éh bon Dieu! que d'oiseaux, s'écria le bonhomme du Bourdet à l'aspect de ces magnificences.

— C'est vous qui vous nommez M. du Bourdet? dit en s'approchant avec respect le charretier.

— C'est moi.

— J'espère, ajouta cet homme, que M. votre fils vous envoie là, du Havre, un joli cadeau, et qui vient de loin! Ah! monsieur, comme je serais riche si j'avais écouté tout ce qu'on m'a proposé seulement depuis les Tuileries au sujet de vos oiseaux. Prenez garde, monsieur l'hôte, voilà des bourgeois qui vont démolir mon chariot et enfoncer les cages si vous ne les mettez à la porte.

L'hôte reconnut le danger et y mit fin par une judicieuse répartition de prières et de bourrades qui dissipèrent le groupe ; puis il fit fermer la grand'porte.

— C'est mon beau-fils Bernard qui m'envoie tant d'oiseaux, soupira du Bourdet avec mélancolie. Toujours le même ! ajouta-t-il en hochant doucement la tête.

— Je gage qu'il y en a pour deux cents écus, dit le Normand.

— Et pour cent écus de port, grommela du Bourdet. Mais n'importe, — le cher enfant, — c'est fort joli ; seulement, je prendrai un valet de plus pour nourrir tout cela.

— Ah bien oui ! avisez-vous-en. Il les nourrit lui-même, sans cela toute la compagnie tournerait de l'œil en vingt-quatre heures. Il fallait le voir en route, cuisinant le déjeuner de tous ces gaillards-là avant de manger lui-même dà ! C'est qu'il faut des épices particulières à ces sortes de bêtes.

Du Bourdet essaya de sourire.

— Mais où est M. Bernard ? demanda-t-il. N'arrive-t-il pas en même temps que vous ?

— Il devrait m'avoir devancé, car il monte un bon cheval... Ce matin, avant le jour, j'ai quitté Poissy. Ce jeune monsieur a donné la pâtée à ses bêtes, et en vérité je comptais le trouver ici.

— Vous ne l'avez plus revu en route ?

— Non, monsieur.

— Voilà qui est extraordinaire. Ne lui serait-il rien arrivé ? La route est sûre ?

— Comme Paris, dit gracieusement l'hôte.

— Voilà une belle garantie, murmura du Bourdet en levant les yeux au ciel. Sûre comme Paris, comme Paris, où l'on assassine en plein soleil. Ah! les oiseaux... Madame Salomon, comment se trouve mon petit Aubin ? mieux ? Et il a pris un bouillon ? il dort ? Allons, tout va bien. Vos oiseaux ? mettez-les où vous pourrez. Qu'y a-t-il encore dans cette boîte ?

— Le plus précieux de tout, à ce que dit M. Bernard ; cela aime la chaleur... Il faut le tenir un peu près du feu.

— Qu'est-ce donc ?

— Des amours de petits serpents...

Du Bourdet recula, l'hôte aussi. L'hôtesse colosse poussa un gloussement d'effroi.

Le rustre, sa caisse dans les deux mains, riait largement aux dépens de tout le monde quand un cavalier frappa de son fouet le volet de l'hôtellerie. Hôte, hôtesse et garçons de courir à cet appel irrésistible, et quelques secondes après, du Bourdet se sentait enlevé de terre dans les bras d'un garçon de vingt-deux ans, frais, vigoureux, hâlé, bien pris dans sa petite taille, qui riait et pleurnichait en même temps, essuyant avec de francs baisers une larme de tendresse sur la moustache grise de son beau-père.

On oublia oiseaux, serpents et chariot, pour monter au premier étage. Bernard cherchait Aubin; il l'aperçut sur son lit, dormant encore; mais il l'éveilla sans scrupule, en écartant de la main les cheveux blonds de son frère. L'enfant ouvrit les yeux, vit Bernard, le devina plutôt qu'il ne le reconnut, et, après un long embrassement, se posa entre ses genoux, les yeux baissés, dans une contenance timide.

— Qu'il est grandi et embelli, s'écria Bernard... et savant, n'est-ce pas, monsieur?

— Passablement, dit du Bourdet avec complaisance.

— Est-ce pour cela que je le trouve un peu pâle?

— Hum! fit le père... qui alla fermer la porte avec un geste mystérieux.

— Qu'as-tu donc, mon petit Aubin, demanda le frère aîné.

— Il a, reprit du Bourdet, que tout à l'heure, lui et moi, nous avons failli périr.

— Bah!...

— Chut !... nous vous conterons cela... peut-être en ce moment on nous écoute...

— On nous écoute, dit Bernard saisi de surprise. Ah çà ! que se passe-t-il donc ?

— Paris est un coupe-gorge, articula le bonhomme d'une voix ou plutôt d'un souffle à peine saisissable.

Ils furent interrompus par l'hôtesse qui vint faire ses offres de service. Bernard commanda son déjeuner et celui de ses oiseaux.

Restés seuls, les trois amis se serrèrent dans l'angle le plus éloigné de la porte.

— En vérité, vous m'effrayez, dit Bernard. Quoi ! quand vos lettres me pressent de revenir ; quand vous me parlez sans cesse joie, paix, prospérité, concorde, paradis ! je trouve en arrivant soupçons, pâleur, épouvante !...

— La France est perdue ! dit du Bourdet avec des yeux effrayants, tout est consommé !

— Et vous m'écriviez il y a un mois des merveilles !

— Eh ! malheureux jeune homme, écrit-on jamais ce qu'on pense, quand on pense des choses capables de faire écarteler celui qui écrit la lettre et celui qui la reçoit !

— C'est donc la fin du monde ? demanda Bernard en joignant les mains.

— Désolation, Bernard !

On frappa rudement à la porte. Les trois interlocuteurs bondirent simultanément sur leurs siéges.

— Entrez, dit du Bourdet faiblement.

— Qu'est-ce que je disais, cria le Normand la bouche pleine. Voilà que vous allez faire une fortune avec nos bêtes. Il y a en bas un particulier qui voudrait les acheter.

— Je n'ai pas rapporté mes oiseaux de deux mille lieues pour les vendre, répondit brusquement Bernard. Allez, Magloire, achevez de dîner en paix et qu'on me laisse en faire autant.

— Mais, dà, il propose de jolies conditions.

Bernard, joignant le geste à la parole, frappa sur l'épaule de Magloire un coup mesuré qui le mit dehors avec une précision géométrique.

— Là, causons maintenant, dit le jeune homme.

— Guettez à la porte, Aubin, dit du Bourdet. Est-il possible, Bernard, que le bruit de nos malheurs ne soit pas arrivé jusqu'à vous !

— J'étais bien loin, monsieur.

— Qu'importe la distance.. Ah! je crains bien plutôt que votre indifférence habituelle pour les sujets sérieux...

— Vous avez peut-être raison, monsieur, c'est mon défaut. Mais dès que ces malheurs que vous déplorez n'ont pas atteint mes amis, ma famille... Le roi est en bonne santé, n'est-ce pas?

— Oui, dit amèrement du Bourdet.

— Il a maintenant ses quinze ans, je crois?

— Ses quinze ans, sonnés.

— Le mariage lui réussit bien, à ce qu'on m'a appris en route.

— Très-bien.

— On dit la jeune reine Anne fort agréable.

— Très-agréable, pour une Espagnole.

— Eh bien ! mais les Espagnoles sont généralement belles... dit naïvement Bernard avec l'impartialité du cosmopolite.

— Vous trouvez? répliqua du Bourdet; c'est possible.

Bernard, étonné de ces réponses laconiques, regarda du Bourdet et Aubin, dont la physionomie froide et circonspecte révélait tout un système évidemment discordant.

— Que diantre ont-ils? se demanda Bernard.

— Il peut se faire, reprit-il d'un ton conciliant, que je ne sois plus au courant de rien. C'est concevable après une absence de deux ans.

— C'est concevable, répéta le père.

— Mais vous autres qui n'avez point quitté la France, instruisez-moi... désolons-nous ensemble.

— Hélas! soupira du Bourdet... vous en auriez trop à entendre, si réellement vous ne savez rien. Et puis, vous n'avez jamais eu de goût pour l'histoire, ni pour la science politique.

— Je l'avoue, monsieur.

— Vous tenez cela, Bernard, de feu votre excellente mère. Elle me répétait sans cesse, quand elle me voyait préoccupé du siècle et du public, que l'homme a beau faire, qu'il est indépendant de tout, hormis de Dieu, et qu'il se meut dans le vide.

— Je le croirais aussi, dit Bernard.

— Ne le croyez pas ! Maintenant que vous êtes revenu et un peu mûri, j'espère, vous entendrez ma théorie des Conséquences : *de Consequentibus ;* celle dont ce matin encore je fis avec votre frère Aubin la plus douloureuse épreuve. Vous rappelez-vous un peu votre latin?

— Je n'ai pas eu l'occasion.

— Votre frère le comprend assez bien. Quant à vous, vous vous y remettrez.

— Si vous n'y voyez point d'objection, interrompit Bernard, nous causerons plutôt de l'événement qui ce matin a failli, me dites-vous, coûter la vie à vous et à Aubin... Événement dont l'intérêt est fort amoindri par l'état de santé parfaite où je vous vois tous deux. Et puis, nous passerons de ce sujet de conversation à un autre non moins intéressant pour moi... mon mariage, dont vos dernières lettres m'ont tracé le plus séduisant tableau. Il paraît que la fiancée est jolie... Mais, pardon... commençons par l'événement de ce matin. Ah ! voici l'hôtesse, et le repas s'annonce bien. J'ai grand faim, et vous?

— Moi, dit du Bourdet, je ne sais plus même si j'ai un estomac.

— Mais toi, Aubin?

— J'ai pris un bouillon tout à l'heure, monsieur, dit l'enfant qui dévorait des yeux son frère et rougissait d'aise à chaque regard amical de Bernard.

— Appelle-moi Bernard tout simplement, cher petit.

— Non, non, répliqua du Bourdet, vous êtes son aîné, vous lui serviriez de père, si je venais à lui manquer.

Il est bon qu'il s'habitue à vous témoigner du respect.

— Et moi, qui ne lui dois pas de respect, s'écria Bernard ému de voir s'incliner devant lui ce jeune front, moi, je lui promets toute la tendresse qu'il mérite, j'en suis sûr.

— Qu'il méritera ; je m'en porte garant. Vous entendez, Aubin, méritez les bontés de votre frère.

Bernard, tout en déjeunant de bon appétit, écouta le récit des aventures de la matinée, et plus d'une fois la fourchette tomba de ses doigts, le verre s'arrêta au bord des lèvres. On vit plus d'une fois aussi le sang courir rapidement de son cœur à son front quand du Bourdet, d'une voix sourde mais animée, racontait la scène de la rue de Tournon et les péripéties de ce drame dénoué à grands coups de fouet sur le dos du cordonnier.

— Et vous comprenez maintenant nos transes, dit le père, le malaise d'Aubin et l'enragé désir que j'éprouve d'avoir mis entre Paris et nous les douze lieues qui nous séparent des Bordes, où vous retrouverez nos fleurs, nos prairies, la petite rivière sous les saules et la maison où se plut votre mère, et que vous aimerez encore, bien que la brique en ait quelque peu noirci, et que dans vos voyages vous ayez vu sans doute des palais merveilleux.

— Ainsi, murmura Bernard, M. le marquis d'Ancre est devenu maréchal ? Il a donc gagné quelque grande bataille ?

— Chut !

— Mais enfin, pour que la reine-mère autorise ce favori à...

L. 3

— Silence !

Et du Bourdet, s'il eût pu absorber ces malheureuses paroles comme on annihile chimiquement une vapeur, les eût empêchées de vibrer dans l'atmosphère de la chambre.

Bernard se dégagea doucement des mains que le bonhomme cherchait à lui appliquer sur la bouche, et choisissant le ton le plus sourd qu'une langue humaine puisse émettre intelligiblement, un degré juste au-dessus du plus absolu mutisme :

— Eh bien ! dit-il, je commence à comprendre qu'il faut parler bas ; mais dites-moi vite de quoi on peut parler sans un danger trop manifeste.

— De rien.

— Bon... mais pourquoi ?

— Parce que la conversation se réduit à trois choses éminemment dangereuses, desquelles je vous défie de sortir : 1° le temps qu'il fait...

— Je vous arrête, ici, dit Bernard ; le temps qu'il fait n'est pas un thème incriminable.

— Malheureux ! il a été brûlé cette semaine un poëte pour une chanson qui disait...

— Que disait-elle ?

— Vous croyez que je vais vous chanter la chanson pour laquelle on a pendu cet homme ? On voit bien que vous venez de chez les sauvages ; qu'il vous suffise de savoir que le refrain était...

Ici du Bourdet appliqua sur l'oreille de Bernard l'entonleur imperméable de ses dix doigts et lui infiltra ce vers :

Voilà, messieurs, le temps qu'il fait.

— Eh bien, dit Bernard.

— C'était une allusion, ajouta Aubin finement, et tout Paris l'a comprise.

— A-t-on de l'esprit à Paris ! murmura Bernard. Mais les deux autres sujets de conversation, quels sont-ils ? La cour ? la ville ? les impôts ?

— Tenez, mon ami, parlons de vos oiseaux qui sont bien les plus curieuses bêtes que j'aie jamais vues, je n'en dirai pas autant des serpents.

— Oh ! je destine les oiseaux-mouches et les bengalis à ma fiancée. Les serpents, je les garderai pour moi : ils sont rares ; et puisqu'on peut encore parler oiseaux, fleurs et mariage, je trouverai l'existence supportable. Toutes ces choses de là-haut, qui vous gênent si fort, vous autres, n'existent absolument pas pour moi. En Afrique, la couleur favorite était le noir ; aux Indes, c'était le jaune. Je n'ai pris d'habitudes nulle part. M. Jean Mocquet, l'illustre patron à qui je m'étais confié dans ce voyage, et à qui personne ne contestera d'être le plus savant voyageur et le plus adroit apothicaire qui existe, m'a dit plus d'une fois qu'il est infiniment moins périlleux de traverser l'Océan que le grand ruisseau du Louvre après un orage. Tout ce que vous me racontez, ou plutôt que vous ne me racontez pas, me persuade que M. Mocquet avait raison. Ainsi, j'en juge par moi. Le voyage, dit-on, est la source de toute souffrance et de tout danger... Eh bien! en voyageant, je n'en ai pas rencontré un seul, pas éprouvé une, entendez-vous. Les uns tombent dans l'eau, d'autres se brûlent, ceux-ci ont affaire à des lions, ceux-là trouvent des anthropophages. Plusieurs ont souffert de la soif, certains gèlent. Moi, j'ai traversé fleuves, forêts, déserts, villes, mers, montagnes, sans avoir à raconter le choc d'un caillou, le faux pas d'un cheval. J'ai tant de chance que j'en répands autour de moi sur tout le monde, et je ne sache pas, depuis mon départ des Bordes, avoir été incommodé d'une bise ou d'une averse. Eh bien, après un parcours de cinq à six mille lieues, j'arrive à Saint-Germain-en-Laye, ce matin même, pas plus tard. Les étoiles brillaient encore, un vrai temps... — Diantre! ne parlons pas du temps... — Et voilà que dans ce bouquet de chênes risibles — vous appelez cela une forêt, vous autres, — voilà que, sur le dos de ce ruban satiné que vous nommez la grande route, il m'arrive la seule aventure que j'aie trouvée en huit cents jours d'inimaginables traverses.

— Une aventure! s'écrièrent à la fois du Bourdet et Aubin.

— Oh! mais, dit Bernard avec gravité, une bizarre, pour ne pas dire mieux. Le mieux viendra peut-être plus tard!

— Cela peut-il se raconter devant un enfant? dit du Bourdet à demi-voix.

— Parfaitement. Je le crois du moins. Cependant, s'il s'effrayait...

— Je ne m'effraierai pas, mon frère, s'écria Aubin, palpitant de peur et de plaisir. Je suis brave, allez.

— J'aime mieux qu'il ne s'impressionne pas aussi vivement, dit le bonhomme.

— Ah ! mon papa...

— Voyez, il est déjà couleur de nacre... Eh bien ! mon enfant, va en bas, va voir les beaux oiseaux que Bernard a rapportés.

— Oh ! c'est mal de me renvoyer quand on dit des choses intéressantes, interrompit Aubin en frappant du pied avec dépit.

— De la colère ! dit le bonhomme ; eh bien, alors, j'exige que vous sortiez sur-le-champ.

— Pardonnez-lui, monsieur. — Va, Aubin, voir les oiseaux, — nous t'attendrons pour dire ces choses intéressantes que tu réclames.

— Ah ! murmura Aubin, mon papa me gronde et mon frère se moque de moi, j'aime encore mieux que l'on me gronde.

Et il sortit d'un petit air fier, avant qu'on n'eût pu le retenir.

— Profitons, dit du Bourdet en rapprochant sa chaise, le drôle ne sera pas longtemps à remonter.

— En deux mots, voici l'aventure. Je cheminais sur la lisière du bois, mon chariot déjà loin de moi en avant, lorsqu'un soubresaut de mon cheval me tira de l'espèce de somnolence que je savourais avec délices. J'ouvre les yeux, un homme masqué arrêtait mon cheval à la bride, je me sens touché au flanc par quelque chose d'aigu et de froid, c'était la pointe d'une dague qu'un autre homme, masqué aussi, appuyait sur ma chair.

Du Bourdot frissonnant,

— On voulait vous dévaliser, dit-il, mon cher Bernard?

— C'est ce que je pensai, et, le pensant, je le dis à ces deux hommes. Messieurs, ajoutai-je, vous tombez mal, je viens de trois mille lieues, et je n'ai plus un écu vaillant pour arriver à Paris. Je tremblais, je l'avouerai, qu'ils ne m'eussent confisqué ou fait confisquer mon chariot au passage, car j'y ai plusieurs choses précieuses.

— Les serpents? Quand ils les auraient pris! dit du Bourdet.

— Oh! indépendamment des serpents, il y a des étoffes, des émeraudes brutes, une foule de petits trésors. Je leur demandai donc si déjà ils n'étaient pas satisfaits de mon chariot, dont je ne doutais point qu'ils n'eussent fait leur proie.

— Silence! me dit celui qui tenait la bride. Nous ne sommes pas des voleurs.

— Peste! c'était plus grave, s'écria du Bourdet, beaucoup plus grave.

— Je le crois bien! — Nous sommes de braves gens qui voulons le bien de l'humanité, continua l'orateur.

— En ce cas, monsieur, lui dis-je, comme j'en fais partie, veuillez prier monsieur votre compagnon de ne pas m'enfoncer plus avant sa petite dague dans les côtes, car je déclare qu'il me fait beaucoup de mal. La dague se recula un peu.

— C'est que nous allons probablement être forcés de vous tuer, reprit celui de la bride.

Je me récriai naturellement.

— Oui, vous êtes mort si vous ne vous engagez pas à faire ce que nous voulons, nous, et les nombreux compagnons que vous ne voyez pas.

— De quoi s'agit-il, monsieur ? La vie vaut bien qu'on fasse quelque petit sacrifice.

— Eh bien ! voici un paquet scellé. Vous allez jurer sur votre salut... A propos, êtes-vous catholique ?

— Oui, messieurs, par la messe !

— Bon ! Jurez donc sur cette croix que vous n'ouvrirez point le paquet avant d'être à Paris.

— Je le jure ; c'est extrêmement facile jusqu'à présent.

— Mais ce qui l'est moins, poursuivit mon bienfaiteur de l'humanité, c'est la seconde condition : ce paquet renferme des lettres ; ces lettres, il vous faudra les remettre à leur adresse, en mains propres.

— Où cela ?

— Vous le verrez quand vous serez à Paris. Jurez-vous ?

— Dites-moi seulement, messieurs, si votre correspondant demeure loin.

— A Paris même.

— Eh ! sambleu, je jure alors, m'écriai-je. Ce n'était pas la peine de me tant faire peur pour si peu.

— Alors, continua Bernard, celui qui tenait la dague me dit d'une voix rauque, je crois qu'il la déguisait : Prends garde ! ce ne sont point bagatelles ! Si tu manques à ton serment, si, deux heures après ton arrivée à Paris, tu n'as pas rempli le message que nous t'imposons, tu ressentiras la pointe de cette même dague qui veut bien t'épargner en ce moment.

Et pour mieux me faire comprendre, il me piqua si malicieusement que je jetai un petit cri :

— Malepeste ! pensai-je, si j'avais seulement un nerf de bœuf !

Mais je dissimulai cette vaillante pensée et je répondis :

— Messieurs, j'ai juré, je tiendrai ma parole. Votre lettre sera remise deux heures après mon arrivée à l'hôtellerie.

— Laquelle ?

— Les *Fils Aymon*, messieurs.

— Il suffit. Voici le paquet. Serre-le et souviens-toi que nous sommes plus de dix mille dévoués à cette cause.

Ils s'écartèrent de chaque côté de mon cheval. Je serrai le paquet sous mon pourpoint et partis sans trop me hâter, de peur de les faire rire. Or, voilà une heure que je suis arrivé ici ; il me reste une heure pour en finir. Que pensez-vous de l'aventure ?

— Je pense, dit du Bourdet, qui goguenardait depuis quelques minutes, que votre aventure est une mystification, voilà tout.

— Croyez-vous ? dit Bernard.

— Je regrette bien d'avoir éloigné Aubin, nous aurions ri tous les trois de si bon cœur ! Ouvrez votre paquet, allez, n'ayez pas de honte avec moi.

Comme il parlait ainsi en riant, Aubin poussa la porte et d'un air effaré :

— Quelqu'un, s'écria-t-il, qui vient ici au nom du roi !

La figure de du Bourdet passa si soudainement du rond à l'ovale, que Bernard eût bien ri à son tour si les événements lui en eussent laissé le temps.

CHAPITRE III

Le seigneur de l'île de Cadenet.

Mais on comprend qu'après la conversation ou les conversations précédentes, du Bourdet ne dût pas avoir conservé la calme assiette d'esprit qui convient au sage quand le sage est brave.

Le bonhomme tressaillit et saisit la main de Bernard comme pour lui dire : Tenons-nous bien.

En même temps, Aubin se serrant le long des rideaux du lit :

— On vient, on monte, murmura-t-il.

— Après tout, dit Bernard un peu troublé, que peut-on nous vouloir au nom du roi ?

Et il vit l'hôte, plus rayonnant qu'effrayé, s'effacer sur le seuil, son bonnet à la main, et il entendit au fond du palier obscur une voix assez rassurante qui disait à Salomon :

— Pardon, mon brave, ce n'est pas régulier dans la forme. Il ne faut pas dire : Au nom du roi, mais de la part du roi : différence énorme, attendu que la première formule annoncerait un exempt, tandis que la seconde annonce un visiteur.

Aussitôt, le visiteur entra dans la chambre avec un empressement aimable qui acheva de rassurer Bernard ; et comme celui-ci avait coutume de regarder franchement les gens au visage, il poussa un cri en regardant le nouveau venu.

— Eh mais ! je ne me trompe pas, j'imagine, dit-il, c'est Cadenet !

— Tiens ! de Preuil, répliqua l'autre avec une égale surprise.

Réparons ici une omission. Bernard s'appelait de Preuil, du nom de son père, dont la veuve, sa mère, avait épousé du Bourdet en secondes noces. Ce détail, inutile jusqu'ici, le lecteur nous excusera de ne pas le lui avoir servi sans opportunité.

Et comme ces préliminaires semblaient annoncer les plus pacifiques intentions, du Bourdet et Aubin s'avancèrent doucement et considérèrent l'étranger pendant qu'il échangeait avec Bernard l'accolade usitée en ce temps où la poignée de main n'était pas inventée encore.

La personne de celui qu'on appelait Cadenet, valait bien quelques secondes d'examen. C'était, malgré une excessive maigreur, la plus charmante figure de jeune homme. Vingt-cinq ans, des yeux bleus énormes, des cheveux noirs, des dents d'ivoire dans une bouche un peu fendue, comme il convient aux grands amoureux, beaux mangeurs et beaux rieurs.

— Cher ami, dit Bernard, voici M. du Bourdet, mon beau-père, ancien avocat au parlement et avocat estimé, on peut le dire. Quant à ce petit garçon, c'est le fils de M. du Bourdet et de feu ma chère mère, le sieur Aubin, qui sait le latin mieux que toi et moi. Cher monsieur, continua-t-il en s'adressant à du Bourdet, dont les poumons jouaient à l'aise, M. de Cadenet, que vous voyez, fut un de mes plus chers compagnons d'enfance. Quand le baron de Preuil, mon père, commandait en Rouergue, nous nous trouvâmes voisins de campagne de MM. de Luynes. Avons-nous joué! nous sommes-nous battus! avons-nous déniché des pies grièches!

Du Bourdet salua gracieusement, et voulut prendre la parole; mais Cadenet sembla réclamer son tour.

— Si je m'attendais à trouver ici quelqu'un, ce n'était pas Bernard de Preuil, dit-il, mais mille fois tant mieux!

— Comment, dit Bernard, tu venais me voir et tu ne t'attendais pas à me rencontrer?

— Et monsieur venait de la part du roi? ajouta du Bourdet chez qui l'inquiétude n'était encore que réduite à l'état latent.

— Il a bien fallu que je prisse le nom du roi pour entrer, répliqua Cadenet, puisque votre maison est imprenable aux visiteurs ordinaires. Voilà déjà une heure que l'on parlemente autour des *Fils Aymon* pour obtenir une audience. Et notre premier ambassadeur a été évincé.

— Votre premier ambassadeur...

— Sans doute. N'a-t-on pas renvoyé d'ici, il y a une heure environ quelqu'un qui proposait d'acheter des oiseaux.

— Quoi! c'était toi?

— Pas moi, précisément, mais mon frère.

— De Luynes?

— M. de Luynes, dit Cadenet avec un profond respect.

— Il est donc à Paris aussi? demanda naïvement Bernard.

— L'ignores-tu? dit Cadenet surpris.

— Excusez Bernard, interrompit du Bourdet, il n'est pas Parisien, ni même Français. Il est Topinamboux, et arrive ce matin même.

— Eh! je comprends! Bernard est le voyageur qui a rapporté ces merveilleux oiseaux! Oh bien alors nous allons nous entendre. Que mon frère va être ravi!

— Monsieur ton frère aurait bien dû monter et se nommer. Je le connais moins que je ne connais toi et ton frère Brantes. Mais, enfin, qui dit Luynes dit un ami pour M. de Preuil. Gronde-le de s'être laissé éconduire ainsi.

— M. de Luynes craint toujours d'être indiscret, dit Cadenet avec courtoisie, et d'ailleurs, il était pressé par l'heure du service.

— Quel service?...

— Mais le service près du roi... Ah! pardon, j'oublie toujours que je cause avec un Topinamboux.

Et en parlant ainsi, Cadenet se tourna et se retourna les narines au vent comme sur une piste quelconque.

— Qu'avez-vous qui vous gêne, M. de Cadenet? dit du Bourdet civilement.

— Rien, monsieur; rien qui me gêne... Tout au contraire, ce que je sens ne me gêne pas du tout.

Et il se tourna tout à fait du côté de la bonne voie : c'était la table, naguère repoussée par Bernard, et sur laquelle vermillonnait parmi deux flacons et quelques verres, un jambon de neige et de rose flanqué d'un fromage de Compiègne échancré, de noix vertes et de gros raisins noirs.

— Je gage qu'il a faim! s'écria Bernard dont Aubin guettait le coup d'œil.

Et tout aussitôt les deux frères apportant la table devant Cadenet, installèrent un couteau dans sa main droite, une fourchette dans sa main gauche et le jambon sous le nez même qui avait su détourner ce bon déjeuner. Du Bourdet déboucha la bouteille.

— Ma foi, messieurs, dit Cadenet, l'œil brillant de joie, il ne fait pas bon dissimuler avec vous. Depuis mon entrée en cette chambre, que dis-je! depuis le milieu des montées j'avais pressenti... Voilà un jambon qui n'a pas d'égal sur la terre!

— Excepté, dit Bernard en s'allongeant sur la table, les

fameux petits jambons fumés, tout mignons, tout moelleux, qu'on mangeait chez ta mère après nos chasses à l'oiseau, et qu'on humectait de ce terrible vin de la côte tout or, tout feu.

— Bonne mère, murmura Cadenet attendri, eh bien, j'étais en train de vous avouer que jamais faim plus dévorante n'avait tordu l'estomac d'un honnête homme. Il est vrai que je fais un exercice. Que dis-je !... des exercices... Diable !... le petit frère est là... *Puero reverentia*. Peste ! il sait le latin. Ah çà, est-ce que je vais être gris avant de boire.

Du Bourdet toussa pour se donner une contenance. Aubin n'eut pas l'air d'entendre ; il cassait des noix pour le convive. Il en garda deux pour lui, et sans qu'on pût deviner comment il avait disparu, il se trouva qu'il était sorti de la chambre.

— Mes amis, reprit Cadenet attaquant le fromage, j'avais faim ; mais cela commence à se calmer. C'est la faute de mon frère, qui m'a expédié soudain en courses.

— Sans te donner le temps de fortifier ce grand corps?

— Oh! dit Cadenet gravement, quand le frère parle, on ne raisonne pas; on obéit. C'est le frère aîné, vois-tu. C'est tout à la fois le père, la mère, etc., etc. — Diantre! ne plaisantons pas avec le frère aîné !

Et il couronna cette phrase morale par un glorieux verre de Bourgogne.

Du Bourdet eût donné une pistole pour que M. Aubin

profitât de la bonne leçon. Faute de mieux, il but à la santé de Cadenet.

— M. de Luynes est d'ailleurs votre aîné de beaucoup, ajouta Bernard en lui offrant le dessert.

— Ce n'est pas seulement l'âge ; c'est la conduite, c'est la tenue. Il nous a élevés tous deux, Brantes et moi.

— Et pas trop riches, s'il m'en souvient, dit Bernard.

— Cependant, dit Cadenet avec complaisance, on a chacun son petit patrimoine. Mon domaine de Cadenet...

— Oh ! tu n'es pas le mieux partagé. Ce que vous appeliez Cadenet, n'était-ce pas une île ?...

— Dans le Rhône.

— Dans le Rhône, c'est le mot. Car un matin que je passais par là cherchant à voir les quatre-vingts pieds de roseaux et d'oseraies de ton domaine, je n'ai plus rien trouvé. Le Rhône s'était fâché pendant la nuit, et avait tout mangé.

Cadenet se mit à rire.

— Brantes est plus riche que moi, dit-il. Il a des vignobles.

— Ce rocher sur lequel nous n'avons jamais pu faire trois culbutes sans tomber chez votre voisin...

— Allons, allons, Bernard, interrompit Cadenet en rougissant, ne divulgue pas trop par ici la chronique de nos misères. Les plaisants de cour ne rient déjà que trop de notre seigneurie. Mais, après tout, nous rions aussi ; seulement, M. de Luynes n'aime pas qu'on le plaisante, et je te serais obligé, si tu le voyais...

— Sois tranquille. Et je dirai plus, si jamais tu as besoin de nous, toi ou tes frères...

— Merci, mon digne Bernard, en ce monde chacun pour soi.

— Bernard peut vous offrir sans se gêner, dit du Bourdet; il a du bien, Dieu merci! le bien de sa mère, que je me flatte d'avoir administré pendant son absence en bon père de famille. Ainsi, cher M. Cadenet, parlez.

— Mille grâces, répliqua le jeune homme en s'éloignant enfin de la table. Tous ces rochers, île et château, de notre patrimoine, font bien quatre cents écus de rente; mon frère Luynes en touche le double chez le roi : nous vivons tous trois là-dessus.

— Quel poste occupe-t-il, — excuse toujours le sauvage.

— Fauconnier.

— Ah! le roi chasse au vol?

— Avec passion. Il raffole des oiseaux, et comme nous avons toujours eu du goût pour l'oisellerie, c'est ce qui a commencé l'espèce de petite faveur de M. de Luynes près de Sa Majesté.

Du Bourdet se pinçait les lèvres pour ne pas sourire.

— Et bien! mais, dit Bernard avec une naïve satisfaction, c'est une jolie situation : fauconnier du roi!...

— Nous n'en sommes pas plus avancés.

— Avancez-vous, que diable!

Cadenet hocha la tête, et regarda du Bourdet, qui souriait tout à fait.

— Ne vous gênez pas, monsieur, dit-il, pour expliquer

à Bernard qu'il n'y a pas de grands vols possibles pour les pauvres oiseaux du roi.

— Comment cela, mon ami? demanda Bernard.

— M. de Cadenet, interrompit le père, veut dire, je crois, que le gentilhomme le moins avancé de ce royaume s'appelle Louis, treizième du nom;

— Eh!... s'écria Bernard surpris de tant d'audace.

— Chut! dit du Bourdet, heureux d'avoir dégonflé son cœur par l'émission de cette innocente bulle d'air libre. Chut! ne compromettons pas M. de Cadenet. Car nous sommes indépendants nous autres, et tout nous est permis, nous osons tout, nous francs Gaulois. Mais les gens de cour... hélas!

— Il me semblait cependant que le roi, depuis deux ans qu'il est majeur...

— Hein?... majeur? Eh bien après, ricana du Bourdet lancé à toutes voiles.

— La majorité émancipe, je suppose.

— Appelez-le donc Topinamboux! s'écria du Bourdet en riant aux larmes; hilarité qui gagna Cadenet lui-même, après qu'il se fut assuré que la porte était loin de la table.

Ce duo de railleurs, que le vin enhardissait, imposa tellement à Bernard, qu'il demeura muet, quasi confus, les lèvres entr'ouvertes.

— Qui donc règne? murmura-t-il enfin.

— M. Mangot, M. Barbin, M. d'Ancre, M. d'Espernon, et surtout la reine mère, dit respectueusement Cadenet; et, sur ma foi! elle s'en acquitte trop bien pour...

Du Bourdet se tordait de rire sur sa chaise ; ce que voyant, Cadenet prit le parti de railler à son tour, et il rit si bruyamment que les nerfs de Bernard, cédant à la sympathie, entrèrent en danse comme les autres.

— Eh bien ! il me paraît que nous arrangeons bien le gouvernement, dit-il enfin dans l'intervalle d'un spasme à l'autre.

— Et nous oublions ma commission, ajouta Cadenet, à moins toutefois que M. de Luynes ne m'ait envoyé ici pour commettre des crimes de lèse-majesté... Housch ! s'il m'entendait !

Du Bourdet devint sérieux comme un mort.

— Dis ta commission, seigneur de Cadenet.

— Tu la devines. Mon frère a vu ce matin tes oiseaux comme ils tournaient le coin de la rue. Il les a suivis ; il s'est enquis. On lui a répondu, de ta part sans doute, que le propriétaire desdits volatiles ne les voulait point vendre, et il s'est retiré fort contrarié.

— De quoi donc ?

— De ne pouvoir faire ce cadeau à Sa Majesté. Si tu savais la joie qu'aurait le roi ! Il est capable de danser une heure devant les cages.

— Ah bah ! le roi est enfant à ce point ?

— Il n'a que quinze ans.

— Mais c'est un homme marié ; le mariage émancipe, si la majorité n'émancipe pas.

— Le roi, reprit du Bourdet froidement, a le rare bonheur d'avoir conservé toutes les imaginations du jeune âge.

Le roi daigne encore jouer avec des petits soldats de plomb....

— Que voulez-vous, dit Cadenet, croyant arranger les choses, on finit par s'ennuyer tout seul.

— Le roi est donc tout seul? demanda Bernard.

— Souvent.

— Mais la cour?...

— Eh bien, mais la cour a tant à faire! Nous avons la reine mère, M. d'Ancre, sa femme, M. d'Espernon, les princes, l'Espagne à courtiser.

Du Bourdet appuya dans ses mains un visage qui ne riait plus. Bernard se sentit malgré lui envahi par cette noble tristesse.

— Pauvre roi! dit-il. Heureusement qu'il ne souffre pas de cet abandon.

— Pas le moins du monde. Il fait des petits jardins dans les Tuileries; il prend des moineaux dans les lilas avec des pies-grièches, que mon frère dresse d'une manière admirable. Quelquefois il tire à la cible et parfaitement.

— Et la jeune reine, a-t-elle le caractère aussi bien fait?

— Jamais deux époux n'ont été mieux assortis; le roi rêve souvent, la reine toujours; le roi se tait toujours, la reine ne parle jamais.

— Eh bien! ton frère Luynes doit singulièrement se divertir au Louvre!

— Voilà pourquoi il m'a commandé ce matin de venir ici, d'insister auprès du propriétaire des oiseaux et d'obtenir qu'on lui en cède tout ou partie, et puisque ce propriétaire est un si digne ami...

— Hélas ! mon brave Cadenet, c'est que les oiseaux ne sont plus à moi.

— Tu les aurais vendus déjà !

— C'est bien pis, je les ai destinés, promis.

— A qui donc ? est-ce indiscret de le demander ?

— Non, répliqua du Bourdet, c'est à une dame.

— Oh !... dit vivement Cadenet, voilà qui m'arrange, je connais toutes les dames de la cour...

— Celle dont nous parlons n'est pas de la cour.

— Mes connaissances vont jusqu'en ville, objecta Cadenet souriant avec malice.

— Allez jusqu'à la campagne alors, car la dame est une charmante fille, élevée au couvent près de notre terre, et qui dans huit jours, au plus, sera la femme de Bernard, — s'il plaît à Dieu — et à lui.

Les bras de Cadenet retombèrent tristement à ses côtés.

— Oh ! que dira mon frère ? murmura-t-il. Vais-je être reçu !

— Tu raconteras la vérité.

— Et voilà l'effet que produit le nom du roi, dit Cadenet. Si j'eusse annoncé que je venais de la part de la reine régente, ou de M. le maréchal, ou seulement de M. d'Espernon, je réussissais d'emblée.

— Je ne crois pas, dit sèchement du Bourdet, nous ne sommes pas courtisans de la faveur.

— Quoi ! tu ne feras rien pour ce pauvre roi ?...

— Qui rêve toujours, ne parle jamais, et trouve moyen de s'ennuyer près d'une Espagnole de quinze ans, sous le ciel de France!... Non, certes, rien; j'aime la joie, moi j'aime la vie !

— Ce sera un coup terrible pour mon frère, dit Cadenet abattu.

— Tu as raison, Cadenet, et je ne souffrirai pas qu'un brave compagnon tel que toi fronce un moment le sourcil par ma faute. Il y a cent oiseaux environ, tous inconnus en France. Laisse m'en cinquante, et je vais t'en envoyer cinquante dont ton frère fera tout ce qu'il voudra.

— Est-ce vrai ? s'écria Cadenet, rouge de plaisir.

— Vrai, sur mon âme. Ma fiancée aura bien assez de divertissement avec cinquante oiseaux. Sans compter que je ne ferai pas comme le roi, moi, et que je veux être un mari près duquel on ne s'ennuie guère.

— Cher ami ! brave ami ! Je cours annoncer cette bonne nouvelle à Luynes, qui viendra lui-même te remercier. A propos, le prix ?... Fais-nous payer comme si c'était pour le roi.

Bernard ouvrait de grands yeux. Du Bourdet ajouta :

— M. de Cadenet veut dire bon marché.

— Le roi n'a pas une obole, dit le jeune homme, mais, nous autres, nous avons quelques petites économies.

— Bien ! bien, interrompit Bernard, mes oiseaux n'ont pas de prix, nous compterons plus tard.

Il n'avait pas achevé que Cadenet remettant son épée en équilibre et enfonçant son chapeau, disparut ivre de joie après avoir embrassé à dix reprises le petit Aubin penché sur le balustre de l'escalier.

— Charmant garçon après tout, dit le bonhomme en le suivant du regard.

L'heure sonna en bas à l'horloge de la salle.

— Fou que je suis ! s'écria Bernard, j'ai oublié...

— Quoi donc ?

— Mon fameux paquet.

— Ah ! la mystification !..... Bon, bon, vous aurez du temps de reste.

— Voilà les deux heures écoulées.

— La dague n'est pas encore apparue, ouvrez.

— Si elle ne fait qu'apparaître, passe, dit Bernard en tirant d'une poche de son manteau une enveloppe en parchemin renfermant une liasse peu volumineuse.

— J'aurais dû, continua-t-il, communiquer l'affaire à Cadenet ; il est de Paris, lui, il connaît tout le monde...

— Bah ! qu'aurait-il fait, sinon rire de votre naïveté ? Ouvrez, Bernard.

— Permettez ; ou je suis dupe, ou je ne le suis pas. Vous admettez ce dilemme ?

— J'admets.

— Si je ne le suis pas... patience, laissez-moi dire, — je vais trouver dans cette enveloppe l'adresse des gens à qui j'ai juré de remettre le paquet. Car enfin j'ai juré.

— Ce serment-là ne vous engage pas à grand'chose, si, comme je le gage, vous trouvez sous l'enveloppe quelque grosse calembredaine à votre propre adresse. Vous êtes mystifié, ne vous faites pas d'illusion, et ouvrez, pour l'amour de Dieu.

— Eh bien, en ce cas, Cadenet m'eût encore servi, car il eût pu me dire le nom des plaisants, des bouffons qui font commerce de cette sotte marchandise. Mais il me le dira plus tard. J'ouvre.

En parlant ainsi, nonobstant les agaceries du bonhomme, il fit sauter le cachet. Trois lettres s'échappèrent de l'enveloppe. Aubin en ramassa une, Bernard l'autre, du Bourdet la troisième.

Aubin lut sur la sienne cette suscription :

« A M. de Condé ou à MM. les princes, en ce moment révoltés contre l'autorité royale. »

Bernard, saisi de surprise, lut sur la sienne :

« A Sa Majesté la reine régente. »

Et du Bourdet, pâlissant, balbutia en épelant la sienne.

« Au Roi ! »

Nul commentaire ne traduirait le silence qui régna dans la chambre après cette triple lecture.

— S'il y a mystification, dit Bernard au bout d'une longue minute, faut-il rire ?

— Si l'on ouvrait, proposa Aubin.

— Malheureux ! s'écria du Bourdet en arrachant la lettre des mains de l'enfant, et en la posant avec les deux autres comme autant de reliques sur un coin de la cheminée.

— Et vous avez juré ?... reprit-il d'une voix faible.

— Sur la croix, sur une poignée d'épée dont on voulait me tuer. Il me semble que vous ne trouvez plus la chose aussi divertissante... Résolvons-nous cependant à quelque chose. Consultons-nous.

— Consultons d'abord quelqu'un qui en sait plus long que nous, dit du Bourdet plus ému qu'il ne le voulait paraître... Allons à la seule personne qui ait le bras assez fort pour nous tirer de cet enfer!

— Qui donc? demanda Bernard.

— Un ami, j'ose le dire, un très-grand et très-illustre ami que j'ai eu. Ramassez vos lettres, Bernard, et mettez votre chapeau. Donnez-moi mon manteau et ma canne, Aubin. — Ah!... laissez ici votre épée, Bernard, bien qu'on vive à Paris moins en sûreté que chez les nègres, et que vous soyez deux fois gentilhomme. Il n'entre jamais d'épées dans la maison où nous allons!

CHAPITRE IV

La journée des éperons.

Trois minutes après son départ si précipité, du Bourdet s'arrêta, suivi de Bernard, devant une maison de belle apparence, située aux abords du Palais, sur l'emplacement qu'on appelle aujourd'hui rue du Harlay.

C'était, en effet, la maison de monseigneur Achille de Harlay, *conseiller du roi en son conseil privé et d'État, chevalier et prince du Sénat de Paris et premier juge du royaume,* autrement dit premier président du Parlement de Paris.

A l'aspect de cette vénérable demeure du plus haut magistrat de France, de l'homme illustre dont la vie déjà longue comptait assez de glorieuses journées pour immortaliser dix existences de grands hommes, Bernard se sentit pénétré de respect et du Bourdet de confiance ; il lui sembla qu'en posant le pied sur ce seuil sacré, il pouvait, nouvel Ajax, s'écrier : J'échapperai, malgré tous les scélérats du royaume.

Il trahit cette joie aux yeux de son beau-fils par un doux sourire accompagné de ces paroles :

— Ici du moins on respire ! là est la paix — *hic portus!*

Imprudentes paroles ! car il les eut à peine prononcées que la chance tourna contre lui et le principal officier du président, au lieu de l'introduire chez son maître, annonça qu'une affaire pressée, une affaire grave venait d'appeler en toute hâte M. de Harlay au Parlement.

Contrarié naturellement, du Bourdet demanda quelle était cette affaire si grave dont paraissait se préoccuper la maison du président.

— Ah ! messieurs, répliqua l'officier, nous en sommes encore tout émus, d'autant plus que Monseigneur n'a pas permis à d'autres qu'aux huissiers de le suivre. Et certainement il y aura quelque bagarre, dont le grand âge de Monseigneur pourrait bien le rendre victime.

Du Bourdet et Bernard s'informèrent plus instamment encore.

— Il paraîtrait, continua l'officier, que tantôt les gens du maréchal d'Ancre (on se dispensait du monseigneur chez le premier président) ont presque assassiné un malheureux cordonnier.

Du Bourdet frémit et pressa le coude de son beau-fils.

— Oui, messieurs, et le peuple s'est grandement ému à la vue de ce pauvre diable tout ensanglanté. Le fait est qu'il était effrayant à voir.

— Vous l'avez vu? demanda en balbutiant le bonhomme du Bourdet.

— Si je l'ai vu! Tout le monde l'a vu; car ils l'ont promené par la ville et amené ici, à M. le premier président.

— Pourquoi faire? je vous prie, dit civilement Bernard.

— Mais, monsieur, pour obtenir justice donc, riposta aigrement l'officier en regardant Bernard d'un air plus que refroidi.

— Excusez mon fils, dit du Bourdet précipitamment; il arrive de voyage. Voilà dix ans qu'il est hors de France. Moi, je suis du Bourdet, ancien avocat au Parlement, et je ne vous ferais pas de ces questions-là, étant du métier.

Bernard se pinça les lèvres, et du Bourdet, le plaçant derrière lui d'un coup de coude adroit, se remit en possession des bonnes grâces de l'officier.

— De sorte, dit-il, que ces braves gens ont demandé justice à notre illustre maître. Ah! qu'ils s'adressaient bien.

— N'est-ce pas, monsieur? C'est ce que je leur ai dit tout de suite, ajouta l'officier heureux d'être compris par quelqu'un du corps.

— Mais aussitôt cette affaire finie, dit du Bourdet, monseigneur de Harlay reviendra, et nous lui parlerons.

— Finie! cette affaire finie! s'écria l'officier : ah! bien, monsieur, finira-t-elle seulement?

Et sur ces alarmants pronostics, l'homme aux habits noirs quitta du Bourdet consterné, pour aller répondre à d'autres visiteurs.

— Le Palais est à deux pas, monsieur, glissa Bernard à l'oreille de son beau-père, allons-y.

— Je ne vois que ce moyen, répliqua piteusement le bonhomme. Mais, bon Dieu! suis-je donc destiné à passer ma vie dans les cohues!

Bernard lui fit un rempart de son corps et le fit entrer dans la Grande salle malgré une foule et un vacarme dont la rue de Tournon n'avait offert le matin que des échantillons microscopiques.

Qu'on se figure — et Paris saura se le figurer, hélas!... — un rassemblement énorme de visages pâles, colères, un brasier petillant d'yeux en flammes, une mer dont les vagues étaient des bras, des têtes, une houle dont le grondement signifiait tout ce que la haine et la menace signifient à la veille d'une sédition. Tout cela, foule, flamme et mer furieuse, s'agitant sur l'escalier gigantesque du Palais, et débordant, malgré les huissiers et les archers, jusque dans la fameuse salle à la table de marbre.

Sur la table en question, le peuple avait déposé Picard, sanglant et meurtri ; et Picard se taisait, et sans rien préciser de ses volontés, la foule attendait quelque chose.

Bernard et du Bourdet, qui avaient eu le bonheur et le courage d'entrer en cette salle, furent témoins d'un de ces spectacles que l'on n'oublie jamais.

Le jeune homme installa son beau-père dans l'angle que formait avec le mur une des statues des rois de France, qui, depuis Pharamond jusqu'à François Ier, décoraient les parois de l'illustre salle. Là, soutenus tous deux par une muraille que le canon eût fait sourire, ils attendirent l'événement.

Et d'abord on vit se précipiter dans l'enceinte plusieurs centaines de soldats qui, courant et allongeant leurs hallebardes en travers, eurent bientôt fait reculer les masses populaires, si compactes et si animées qu'elles fussent.

La présence des soldats en cette place inviolable, où nul n'avait le droit d'entrer armé, où nul pair, même parmi les plus hauts, n'eût osé se montrer sans robe et sans manteau de palais, produisit parmi les gens expulsés d'abord, parmi les gens du Parlement ensuite, un sentiment d'indignation et de stupeur. On oublia Picard, on oublia le peuple, on oublia tout, pour se révolter contre la violation audacieuse d'un droit respecté par les rois les plus absolus.

— Des soldats! murmurait du Bourdet, gesticulant le long de son monarque de bois doré; des hallebardes dans le sanctuaire !... *Impius hæcmiles*... Où en sommes-nous !...

— Taisez-vous, de grâce, dit Bernard, vous allez vous faire écharper !

— *Barbarus has segetes!*

— Ah! monsieur... voyez ces arquebusiers qui vous regardent de travers; vous seriez égorgé sans gloire. — Pardon, mon ami, dit-il à un bas officier d'une figure plus humaine, qu'attend-on ici?

— M. d'Espernon d'abord, notre colonel général.

— Ah! ah!... et puis après?

— La mise en liberté d'un de nos compagnons, d'un officier que ces coquins ont osé arrêter.

— Quels coquins, je vous prie?

— Pardieu !... ces robes noires!

Du Bourdet, en voulant protester, se heurta le crâne au menton de bois de la statue, et la douleur aiguë qu'il en ressentit le calma comme un avertissement salutaire.

— Et nous allons voir, continua le soldat en ricanant, comment notre colonel va prendre la chose!

Du Bourdet soufflait de colère; mais Bernard toléra ce souffle inoffensif. Se hissant vers du Bourdet, qui se baissa vers lui :

— Je crois comprendre, dit-il, qu'ils ont fait arrêter votre coquin de capitaine... celui qui voulait faire battre ce cher Aubin.

— Précisément! les dignes, les braves juges! répliqua le bonhomme avec une perle d'orgueil sous chaque paupière.

— Oui, mais, continua Bernard, j'ai peur que la partie

ne devienne mauvaise pour eux. Voilà bien des soldats.

— *Cedant arma togæ!* s'écria du Bourdet.

— Moi, qui sais un peu le latin, je traduirais cela par : Les armes feront céder la toge.

Du Bourdet se relevant avec dédain :

— Aubin traduit mieux que cela, dit-il. Au surplus, la solution approche.

— Le colonel! le colonel! M. le duc! criait-on à gauche, dans les rangs des soldats, tumultueusement soulevés.

— Harlay! Harlay! le président! s'écrièrent de leur côté le peuple et les conseillers accourus en foule.

Alors, fendant la foule à coups de hallebardes et de crosse de mousquet, l'escorte du duc d'Espernon fit faire place à son colonel général; et celui-ci, grand vieillard sec, vert, et portant haut sa tête si insolente, qu'on se demandait par quel reste de scrupule il l'avait découverte, monseigneur Jean-Louis de Nogaret de la Valette, duc d'Espernon, pair et amiral de France, comte de Montfort et d'Astarac, gouverneur de Provence et de Guyenne, le plus grand seigneur de France à cette époque, entra dans la salle suivi de cinq cents gentilshommes, tous affectant l'air rogue et hautain de leur maître.

Le duc, arrivé au milieu, se tourna comme s'il cherchait quelqu'un, et, d'une voix claire, aigre jusqu'à être cassante :

— Je ne vois pas M. le premier président, dit-il.

Au même instant, retentirent sur la dalle les verges des huissiers qui précédaient le Parlement, à la tête duquel marchait, calme et majestueux, si jamais majesté brilla sur la terre, cet Achille de Harlay qui avait répondu à M. de Guise le jour des barricades : « Allez, monsieur, c'est grand'pitié quand le valet chasse le maître ! » et qui lui avait tourné le dos.

Ces deux cortéges s'arrêtèrent en face l'un de l'autre. M. de Harlay, âgé de près de quatre-vingts ans, blanc de vieillesse, ferme et droit, regardant l'autre vieillard sans passion, sans crainte, mais avec une sorte de surprise si noble que le peuple en le voyant, se sentit pénétré d'un religieux respect, et que pas un souffle ne bruit en s'exhalant de ces dix mille poitrines.

— Monsieur ! dit le duc d'Espernon en saluant le président, qui lui rendit gravement le salut, l'on m'a instruit que ce matin, à la suite d'un délit dont un misérable s'était rendu coupable envers un maréchal de France, et qui, selon moi, avait été trop doucement puni, quelques séditieux s'étaient permis d'arrêter un officier et le détenaient prisonnier au Palais.

Le duc avait parlé vivement, bien qu'en se contenant de toutes ses forces. Il était quelque peu essoufflé ; il s'arrêta, non sans remarquer l'effet que sa harangue cavalière avait produit sur ceux de son parti. Une rumeur d'approbation conclut pour lui de ce côté.

M. de Harlay, se tournant lentement vers les présidents et conseillers qui l'entouraient, avec les officiers ordinaires du Parlement :

— Parlez, monsieur, dit-il au lieutenant-criminel, bailli de la Cité et de Saint-Germain-des-Prez.

— Monseigneur, ce ne sont point des séditieux qui ont arrêté l'officier dont parle monseigneur le duc, c'est un détachement de mes archers, que je commandais en personne.

— Vous entendez, monseigneur, repartit le président d'une voix faible, mais si pure et si calme, qu'elle vibra au fond de tous les cœurs, sympathiques ou hostiles.

— J'entends, certes oui, dit vivement M. d'Espernon, mais je ne comprends pas.

— Pourquoi? demanda le président avec un accent serein comme son visage.

— Parce que je ne savais point qu'il fût permis à un officier de robe d'arrêter un homme d'épée faisant partie de l'armée française, et qu'en ma qualité de colonel général de l'infanterie — à laquelle arme cet officier appartient, je me présente ici pour le réclamer et le garantir, quitte plus tard à le faire comparaître par devant un de mes conseils de guerre, s'il y a lieu, et que j'en juge ainsi.

Cette fois, il n'y avait plus de doute à conserver sur le sens de la démarche. M. d'Espernon avait conclu et un long assentiment de sa suite retentit après ses dernières paroles.

Mais le — Silence, messieurs ! des huissiers, fit taire aussitôt le brouhaha des approbateurs et le grondement sourd des adversaires.

Le président plus impassible que jamais :

— Vous ignorez, monseigneur, dit-il, la coutume et le

privilége de Saint-Germain-des-Prez, où toute justice se rend au nom de l'abbaye et par le ministère du bailli.

M. d'Espernon n'avait aucune raison solide à opposer à cette réponse. Se mettre en flagrante hostilité avec les usages et les droits d'une ville comme Paris, n'eût été ni sensé, ni prudent, la ville eût-elle été prise d'assaut, et le vainqueur se fût-il appelé Scipion ou César. Cependant, un colonel général de l'infanterie ne pouvait pas non plus admettre que trois mots plus ou moins sonores l'eussent réduit au silence. Il prit donc un terme moyen entre les deux seules répliques possibles, mais un mezzo termine digne de d'Espernon. Il s'agissait de n'être ni conciliant ni dur. Le duc se montra plat et brutal dans une même phrase.

— Je ne puis ni ne veux nier, dit-il au milieu de l'attente générale, que M. le bailli ait tels ou tels priviléges. Mais je ne les connais pas, et pour conclure, car il faut conclure en toute chose, dit-il avec un ricanement de mauvais goût, je viens *avant de recourir à d'autres mesures*, supplier le parlement de renoncer à ses priviléges en ma faveur.

L'insolente politesse du mot supplier était tellement noyée dans des sarcasmes et des menaces que l'on entendit, derrière le duc, des rires de triomphe, derrière le président, des murmures et dans la foule, un sinistre rugissement.

Alors le premier président, sans se départir de la dignité froide avec laquelle il avait tout écouté comme du haut de son siége, regarda le duc avec une attention pour ainsi dire analytique, et rien ne saurait rendre la valeur de ce regard que le mot : toiser, qui exprime l'action de déshabiller moralement tout un homme des pieds à la tête. Et il répliqua :

— Si vous venez supplier le Parlement, monseigneur, vous n'avez pas réfléchi qu'il est sans exemple qu'un suppliant soit venu implorer des juges en ce palais, avec une épée, des éperons, et un aussi grand nombre de gens en armes.

On rapporte qu'Eschine, vaincu par Démosthène, lisait à ses disciples, comme leçon, le discours de son vainqueur, et que les voyant saisis d'admiration, il ajouta ces mémorables paroles : « Ce n'est rien quand je le lis ; c'est l'autre qu'il fallait entendre rugir ! »

Cette comparaison nous aide beaucoup en ce moment, car elle nous dispense d'expliquer le foudroyant enthousiasme que soulevèrent parmi le peuple et les partisans du parlement, les tristes et fières paroles du premier président, prononcées par cet admirable vieillard qu'on nommait M. Achille de Harlay.

Du Bourdet ne se tenait plus de joie ; Bernard lui-même était électrisé. Ce n'était pas un homme qui venait de parler, c'était le génie trop longtemps humilié de la France.

Mais dans cette assemblée composée d'éperons et de robes, de soldats et de peuple, l'unanimité était impossible. L'enthousiasme des uns suscita la fureur des autres, et les soldats qui s'étaient d'abord sentis mal à l'aise sous le regard du maître de la maison commencèrent, en s'inspirant de leurs chefs, à s'agiter et à gronder à leur tour.

Le duc d'Espernon, décontenancé, rougissant, attacha sur son noble antagoniste un regard où se rallumait plus d'une vieille haine mal éteinte. Entouré de jeunes gentilshommes, ardents, fous, ambitieux, mal conseillés par l'instinct de la résistance à une aussi formidable volonté, il perdit toute mesure, et levant le bras par une liberté de geste trop militaire en pareil cas :

— Soit donc ! s'écria-t-il. J'ai commencé par parler le langage de la modération, et voilà comme on m'écoute ! Quoi ! un ignoble cordonnier, un maraud a insulté l'un des premiers de ce royaume, on l'a bâtonné, et, à cause de cela, vos baillis, se glissant derrière l'émeute, osent enlever un officier de mon armée, dans une maison inviolable ! Et pour toute réponse à la demande que je forme, on me reproche mes éperons de chevalier et mon épée ! Parfandious ! (c'était le juron favori du duc) cette épée fera ce que n'a su faire ma langue, et tant pis pour ceux qui m'auront poussé à la tirer du fourreau !

Les conseillers, les présidents, la foule, allaient éclater. Un geste imperceptible du président contint l'orage. La foudre se tut, prolongeant au lointain ses mourants échos. M. de Harlay se tut comme elle, semblant dire au duc : Continuez !

— Encore une fois, ajouta M. d'Espernon tremblant de colère, car il avait dépassé même l'attente de ses partisans et les soldats, français au cœur, et connaisseurs en fait de courage, commençaient à beaucoup plus admirer le calme du président que la fougue du colonel, — encore une fois, me rendra-t-on mon officier?...

Le silence de tout le parlement répondit avec éloquence.

— Non ! Eh bien, je le prendrai moi-même. Brezelles ! Compaing ! d'Amades, allez avec trois compagnies à la prison du Palais. Là ! au fond du premier corridor, demandez le capitaine Hugues, du régiment de Picardie, et si on vous le refuse, emportez-le. Allez !

Au lieu du bruit et de l'ardeur qu'un tel ordre donné si chaleureusement eût dû soulever dans les troupes, ce fut lentement, et avec la simplicité d'une évolution ordinaire que s'exécuta le mouvement commandé par le colonel général.

Le premier président demeura immobile, environné de ses assesseurs, dont pas un n'avait bougé de place. Le peuple, muet et consterné, non qu'il ne comprît pas la majesté de cette inertie, mais parce qu'il espérait la résistance, s'ouvrit pour laisser passer les soldats. Celles des compagnies qu'on avait commandées disparurent avec un bruit mesuré de pas sous la voûte sonore. Le duc, les bras croisés, en avant de son état-major et affectant une tranquillité qu'il était loin d'avoir égale à celle de ses adversaires, semblait attendre, ainsi qu'un général en chef, l'explosion de la mine ou le résultat de l'assaut. Dans le peuple, les plus avides de spectacles étaient allés se heurtant, se mêlant, voir de près l'attaque de cette forteresse nouvelle.

Bientôt un fracas de coups de hache et de portes brisées apprit à tout le monde que la prison ne s'était pas rendue, mais avait été forcée. Et cinq minutes ne s'étaient pas écoulées que le capitaine Hugues, délivré par les soldats et disparaissant dans le nombre, était ramené triomphalement au vainqueur, qui l'honora d'une grimace de satisfaction et le congédia au plus vite avec bonne escorte.

Picard s'était, en le voyant passer, soulevé sur sa table de marbre, et, lui aussi, avait décoché à Hugues sa grimace, moins rassurante et plus chargée de promesses.

Quand l'attentat à la majesté parlementaire eut été ainsi consommé; quand rien ne manqua plus à la perpétration du crime, ceux du parti d'Espernon, qui jusque-là avaient tremblé intérieurement de voir s'éveiller le vieux lion du parlement et de sentir un de ses coups de griffes, si souvent redoutables; ceux-là, soulagés, allègres depuis qu'ils n'avaient plus rien à craindre, commencèrent à rire tout haut et à bafouer après avoir offensé. Tous ces jeunes gentilshommes languedociens et gascons, tous ces beaux de cour, vendus, soit à d'Espernon, soit à M. d'Ancre, et que celui-ci, homme d'esprit s'il en fut, appelait ses *coquins di mila franchi,* — coquins est le seul mot honnête qui ose représenter en français le mot italien du maréchal, — tous ces gagistes à mille francs se mirent en haie sur le passage du parlement, qui défilait pour s'en retourner, le président à la queue de la colonne, et, dit l'histoire, ils insultèrent de leurs lazzis et déchirèrent de leurs éperons, qu'on leur avait trop justement reprochés, les robes des conseillers et des présidents, dont plusieurs versaient des larmes de rage et semblaient en appeler au peuple et à leur chef.

M. de Harlay vint le dernier, pâle cette fois non plus de vieillesse, mais de colère, et murmura :

— Nous voici donc revenus au jour où Bussy-Leclerc me conduisit avec le parlement à la Bastille.

Et comme il allait passer devant le pilier près duquel se tenait M. d'Espernon isolé de sa suite, le duc entendit ces paroles et répondit avec une maligne joie :

— Il est vrai, monsieur le président, que nous n'en sommes plus au temps où le parlement était plus roi que le roi. Ce roi-là est mort, monsieur.

M. de Harlay se redressa de toute sa hauteur. Il était grand comme tout un siècle. Son œil si longtemps impassible lança un dévorant éclair dont d'Espernon fut ébloui.

— Ah ! vous me parlez du feu roi, monsieur le duc, dit le président avec une voix sourde, qui finit par devenir terrible ! Ah ! vous me rappelez qu'il a été assassiné ! Voilà six longues années que je m'efforçais d'oublier, non pas la victime, mais les assassins ! Prenez garde, duc d'Espernon, à partir d'aujourd'hui, je jure que je m'en souviendrai.

Quel sens effrayant avaient donc ces paroles ? Le duc, bien qu'il eût été seul à les entendre, pâlit comme un spectre, il recula devant le visage menaçant de son ennemi, et M. de Harlay était déjà loin que l'ancien ami de Henri IV n'avait pas encore essuyé la sueur glacée de son front.

CHAPITRE V

Le conseil du grand ami.

La foule, hachée en mille tronçons par les hallebardiers et les gentilshommes, s'écoula menaçante dans son silence et emmena Picard, qui disait entre ses dents à ses porteurs :

— Mes amis, ce n'est plus qu'à MM. les princes que nous pouvons demander assistance. M. le prince de Condé est juste, lui, et il est fort ! Il a une armée, adressons-nous à M. de Condé.

Et comme il sentait frémir sous ses excitations la corde toujours tendue des rancunes populaires :

— Oui, continua-t-il, menez-moi à l'hôtel de Condé. Ce digne seigneur, qui a entrepris de venger la mort du feu roi, vengera en même temps le pauvre peuple égorgé dans ma personne. A l'hôtel de Condé !

Ce cri rallia toutes les opinions, et Picard, triomphant à sa manière, fut conduit par la multitude qui criait : A l'hôtel de Condé !

Cependant, M. de Harlay venait de recevoir sur le seuil de sa maison les compliments et les adieux du parlement. On attendait de lui quelques-uns de ces mots encourageants qu'il savait, aux jours de désespoir général, puiser dans l'inébranlable stoïcisme de son âme. L'humiliation essuyée par ce corps illustre méritait une vengeance ; et, bien que le premier président fût placé dans l'opinion publique à une si imposante hauteur qu'un outrage même royal ne pût l'atteindre, chacun espérait que M. de Harlay indiquerait à la cour le parti qu'il lui fallait prendre pour châtier l'insolence de M. d'Espernon.

Mais le vieillard baissait la tête. Il accueillait distraitement questions et révérences. Autour de lui, les conseillers, surpris de tant d'abattement après tant de vigueur, semblaient accuser le vieillard et se dire que du grand Achille de Harlay il ne restait plus que l'ombre. Ils s'inclinèrent et le laissèrent rentrer chez lui.

Pourtant, le vieux lion n'était ni mort ni endormi. Il songeait !

Reçu à l'entrée de ses appartements par ses valets et ses familiers, il refusa les soins de tous, ne se laissa pas même déshabiller, et passa dans son cabinet où, après quelques moments de rêverie, il fit appeler le bailli du palais, homme d'un cœur à l'épreuve, sa créature et son premier officier.

— Oui, murmura-t-il tandis que l'huissier courait exécuter son ordre ; oui, le moment est venu ; il le faut !... Dieu m'est témoin !... Et il leva son œil éteint vers un grand Christ, seul et saint ornement de ces murailles sévères : Vous m'êtes témoin, mon Dieu ! que je ne cède pas à un ressentiment particulier, au vulgaire désir de satisfaire une vengeance peut-être légitime ; non ! je vois cet État perdu, ce peuple écrasé, ce roi menacé d'une chute honteuse. Lui, pauvre enfant que m'avait recommandé son père ! Eh bien ! c'est tout cela qu'il faut sauver. Ainsi donc, après six années de patience, de douleurs, me voilà remis en face de la même angoisse, du même doute. La terrible alternative qui se dressa devant moi en 1610 m'apparaît de nouveau, et plus menaçante encore cette fois ! Alors, je tenais sous ma main tous les assassins de mon malheureux maître ; j'avais l'accusatrice, ardente et forte, car mademoiselle de Coman n'eût reculé devant rien ; j'avais les témoins. D'un signe, d'un geste, je faisais tomber les plus criminelles, les plus hautes têtes de ce royaume, et toute la France, qui les soupçonnait, sans oser les demander au bourreau, m'eût béni. L'on eût élevé des statues à mon courage.

M. de Harlay s'avança vers le crucifix les mains jointes.

Alors, continua-t-il, vous le savez, Dieu éternel, ici-même, à vos pieds, je vous demandai un rayon de votre infaillible sagesse. Valait-il mieux absoudre que de frapper? Valait-il mieux entourer ce trône chancelant, d'oubli, de silence, de pardon, que de l'arroser de sang? Était-ce plutôt mon devoir de garder, malgré ce que je savais, la mère pour défendre son fils, que de livrer ce fils à toutes les ambitions, à toutes les rivalités des princes et des huguenots, purs assurément de crimes, mais accoutumés à convoiter le trône à travers les guerres civiles. Je choisis librement, froidement. L'accusatrice fut sacrifiée. Mademoiselle de Coman expie dans une prison éternelle son innocence et le malheur d'avoir pénétré l'épouvantable secret. Seulement les scélérats voulaient m'arracher sa vie, et moi, en la laissant vivre, par justice, j'ai gardé aujourd'hui un suprême moyen de les punir. Les deux témoignages que j'avais alors pour soutenir mademoiselle de Coman, je les ai toujours. L'un est si terrible, il touche si haut, que ma conscience recule encore devant l'usage qu'un fils en aurait à faire. Ce coup, réservons-le. Essayons de ne le point porter. Le second témoignage peut suffire; arme maniée d'une main ferme, il fera justice des assassins dorés, des coquins subalternes, qui se croient bien grands aujourd'hui parce que je les ai laissés pousser, champignons vénéneux, dans l'indifférence et dans les ténèbres, et qui osent insulter ma toge parce qu'ils pensent que je n'ai rien gardé sous ses plis... Ceux-là, je ne veux pas même salir l'échafaud de leur sang. Je rassemblerai mes preuves en silence; je tiendrai le flambeau d'une main, le fouet de l'autre, et leur offrirai à choisir. Ils choisiront le fouet. Qu'ils partent, qu'ils disparaissent, sauvant leur tête ignoble, après avoir dégorgé tout notre or. Oh! ce sera un beau jour! La patrie l'attend... Et, après ce dernier effort, après ce dernier service, personne ne pourra plus rien exiger de ma vieillesse, et, serviteur fatigué, j'aurai le droit de m'endormir.

Le président se promena lentement, les bras croisés, dans la vaste salle.

— La besogne n'est pas faite, se dit-il; ce second témoignage, il faut l'obtenir de la bouche qui me l'a fourni en 1640. Et depuis ce temps, que de choses se sont passées! Le cœur alors généreux ne se sera-t-il pas livré à nos ennemis? Est-il glacé par la mort? Ou bien, ce qui est aussi dangereux et plus probable, ne se sera-t-il pas engourdi dans le calme d'une vie heureuse, retirée, que je lui conseillai moi-même alors, en lui enjoignant le plus impénétrable silence? Et en ce cas, il reculera devant les risques d'une généreuse action ; il préférera le bonheur au devoir. N'importe, j'essayerai. Je le manderai près de moi. C'était une âme honnête, un talent pur, et dans sa carrière d'avocat au parlement, je lui ai rendu quelques services. Peut-être aurai-je conservé sur lui quelque influence, soit que le chef s'adresse à son honneur, soit que le bienfaiteur parle à sa reconnaissance?

On frappa doucement à la porte du cabinet.

— Le bailli, sans doute.

Le bailli du palais entra.

— Venez, dit le président. Venez que je vous loue d'abord pour la réponse nette et ferme que vous avez faite à M. d'Espernon. La prison forcée a-t-elle beaucoup souffert?

— La porte seule est hors de service, monseigneur, mais déjà je l'ai fait remplacer.

— Avez-vous remarqué que les gens de M. le duc aient cherché à faire évader quelque autre prisonnier que le capitaine Hugues?

— Je crois bien que l'envie ne leur en manquait pas, monseigneur, mais j'avais prévu la tentative, et, au lieu de résister devant la porte du capitaine Hugues, c'est devant une autre que je m'étais placé avec mes archers, résolus comme moi à se faire tuer jusqu'au dernier avant de livrer passage.

— Devant la porte de mademoiselle de Coman, n'est-ce pas?

— Oui, monseigneur.

— Bien, monsieur le bailli. Comment est la prisonnière? J'espère qu'elle continue à vivre en santé?

— Bien frêle, monseigneur, mais soutenue par un courage indomptable et par l'espoir que monseigneur veille de loin sur elle. C'est le seul appui qu'elle ait conservé sur la terre. Elle... et la France.

— L'appui d'un vieillard de quatre-vingts ans, c'est éphémère!... Monsieur le bailli, je vous ai mandé pour une affaire urgente, secrète, jusqu'à un certain point. Il vous faudrait monter à cheval.

— Je suis prêt, monseigneur.

— Vous vous rendriez à une maison dans les environs de Melun, aux Bordes, je crois, oui, aux Bordes; vous donneriez au maître de cette maison la lettre que je vais vous confier. Pourriez-vous être revenu demain, avec la réponse?

— Avant le jour, oui, monseigneur.

— J'écris donc. Veuillez dire à l'huissier que je suis prêt à ouvrir mon audience.

Le président était à sa table, et commençait le billet qu'il devait écrire, lorsque l'huissier annonça M. du Bourdet.

Si grave qu'il fût, et si maître de lui-même, M. de Harlay ne put s'empêcher de tressaillir en entendant ce nom.

— Du Bourdet? demanda-t-il à l'huissier; l'ancien avocat au parlement?

— Lui-même, monseigneur, avec son fils.

— Du Bourdet... en ce moment... murmura le vieillard en regardant le Christ avec un sourire, comme pour lui rendre grâce de cette divine intelligence. Monsieur le bailli, ma lettre devient inutile, car on m'annonce celui à qui je l'envoyais. Mais je vous rappellerai plus tard. Adieu.

Le bailli s'inclina et sortit.

— Faites entrer M. du Bourdet, ajouta le président.

Le bonhomme et Bernard entrèrent timidement dans le cabinet.

— Quoi! monseigneur, dit l'avocat, votre mémoire a daigné garder mon nom.

— Assurément, comme celui d'un homme habile et d'un homme honnête.

— Vous entendez, Bernard, murmura du Bourdet palpitant de joie, répétez à vos enfants que vous avez entendu le grand président parler ainsi à votre beau-père. Monseigneur, voici le fils de la femme que vos bontés m'avaient fait épouser.

— Vous avez, par votre talent, sauvé toute sa fortune et celle de son fils. Elle voulait vous en récompenser; moi qui vous connaissais, je lui ai conseillé de faire deux heureux à la fois. Je répondrais qu'elle n'a pas regretté d'avoir suivi mon conseil.

— Elle m'a laissé seul sur la terre, monseigneur, mais ses fils n'auront rien à me reprocher.

— Ah! vous êtes veuf? dit le président...

— Depuis quatre ans, monseigneur.

— Ce jeune homme est le premier fils de feu madame du Bourdet. Y en a-t-il un second ?

— Agé de douze ans bientôt, monseigneur. Mais ce n'est pas de lui qu'il s'agit. Avant tout, permettez-moi, monseigneur, de vous faire mes respectueux, mes humbles compliments.

— Sur quoi ?

— Sur la majesté sans égale que M. le premier président a déployée tout à l'heure en présence de ces...

— Vous étiez là... dans la grande salle ?

— Oui, monseigneur. J'y étais allé pour vous chercher. C'est alors que le hasard...

— Laissons cela. Vous me cherchiez, c'est vrai. Si vous êtes venu à moi, ce n'est point sans motif, sans nécessité.

— Oh! monseigneur, quelle affaire il m'arrive, dit du Bourdet en joignant les mains, tandis que le président, rappelé à lui-même par le mot affaire, prenait pour écouter l'air froid et défiant dont il s'armait en présence de toute sollicitation de quelque part qu'elle lui vînt. En effet, dit un grand homme, dans le portrait qu'il a laissé de ce grand magistrat, M. de Harlay était si grave, que par son seul regard il retenait chacun en son devoir. Lorsqu'une cause lui était recommandée par une personne puissante, il l'examinait plus soigneusement, craignant qu'elle ne fût mauvaise, puisqu'on y apportait tant de précaution, et dès qu'en une visite de civilité on lui parlait d'une affaire, il reprenait son visage austère et ne retournait plus à parler familièrement.

— Parlez donc, dit M. de Harlay, voyant que du Bourdet se taisait glacé.

— Monseigneur, par où commencerai-je? Mon beau-fils que voici court un grand danger, j'en ai le pressentiment. Ce matin, en arrivant de voyage, il a été arrêté par des hommes masqués qui lui ont fait jurer de remettre des lettres à certaines adresses. Menacé de mort, il a dû jurer. Voici les lettres : Aux princes, au roi, à la reine régente.

Le président regarda les lettres avec attention.

— Quel est votre avis à vous-même? demanda-t-il. Les plus jeunes opinent les premiers; c'est l'usage.

— Ne serait-ce pas une odieuse plaisanterie, monseigneur?

— Si ce n'est que cela, tant mieux.

— Alors ne faudrait-il pas jeter au feu ces lettres?

— Non. Elles portent une suscription qui les rend sacrées. D'ailleurs, le jeune homme a juré.

Bernard s'inclina.

— Cependant, objecta timidement du Bourdet, au cas où de mauvais bouffons auraient écrit dans ces lettres quelques indignités capables d'exciter le courroux des destinataires, c'est Bernard qui en porterait la peine.

— Je ne crois pas, répondit le président, que ces lettres

puissent contenir des bouffonneries. Non. Je craindrais plutôt que le style n'en fût sérieux et fort médité. Ce n'est pas la première fois que des donneurs d'avis adoptent ce moyen de faire parvenir leur politique jusqu'au trône. Le feu roi reçut de cette façon plus de dix avertissements dont il m'a chargé parfois de découvrir les auteurs. Réfléchissons.

— Mais, monseigneur, le temps presse. Ces misérables n'ont donné à Bernard que deux heures pour remplir sa mission. En voilà plus de trois écoulées, et si la chose est sérieuse, ils le tueront comme ils l'en ont menacé.

— Ce serait plus difficile, répliqua froidement le président. Mais enfin tout est possible. D'ailleurs si ces gens-là ont suivi et épié votre fils, ils savent que vous m'avez consulté, ils tremblent, par conséquent, et supposent que je pourrai intercepter leurs lettres, ou les faire poursuivre.

— Eh bien alors! monseigneur, abstenons-nous. Dès que nous sommes sous votre protection, que pourrions-nous redouter?

— Vous n'y resterez pas toujours, sans compter que ma protection est fort peu de chose, ainsi que vous l'avez pu juger tout à l'heure.

— Nous nous retirerons aux Bordes, bien cachés...

— De la faiblesse! dit le président, en fronçant le sourcil, vous vous cacherez!... vous engagerez ce jeune homme, qui doit être fort et courageux, à trembler comme une femme... Quoi! j'ai mal entendu, et ce n'est pas du Bourdet qui a parlé.

— Quand on ne peut être utile à personne, répondit en balbutiant l'avocat, gêné par cette mercuriale, pourquoi ne songerait-on pas un peu à soi?

— Vous vous trompez peut-être en cette circonstance, dit M. de Harlay d'un ton plus doux. L'avis renfermé dans ces lettres peut avoir son utilité. Faute de cet avis, qui sait si un grand malheur sera évité? si une grande occasion ne manquera pas?

— Je suis tout prêt, monsieur le président, dit Bernard, et M. du Bourdet n'a parlé ainsi que par bonté pour moi, que par égard pour la mémoire de ma mère, envers laquelle il se reprocherait de m'exposer au moindre risque; car, pour lui-même, monseigneur, je le connais, il ne se ménagerait pas.

— Voilà bien parler, dit plus vivement qu'il n'en avait l'habitude M. de Harlay dont le visage s'était épanoui à l'aspect de cette fraîche et valeureuse nature. Ce jeune homme a une figure que j'aime et qui décèle un bon cœur.

— Oh! oui, s'écria du Bourdet très-ému; pour le cœur, c'est incomparable! voilà pourquoi je m'alarme. Les braves gens vont toujours en avant et le malheur est pour eux.

— Je serai là pour le défendre, dit le président. Si le roi ou la reine prend le message de travers et s'attaque au messager, je témoignerai qu'il avait hésité, qu'il était venu à moi, et que je l'ai poussé à faire la démarche.

— C'est plus qu'il n'en faudrait pour sauver dix existences, s'écria gaiement Bernard, et je ne crois pas que la mienne, ou soit exposée à ce point, ou vaille la peine qu'on la mette en question ; j'espère bien même n'avoir pas besoin de compromettre là-dedans monseigneur.

— Allez toujours, jeune homme.

— Je pars.

— Un moment ! s'écria du Bourdet, vous partez ? c'est bien jeune ce mot-là. Pensez-vous trouver tout ensemble les princes, la régente et le roi, corbleu ! — Pardon, monsieur le président, j'ai perdu à la campagne les us usages du palais. — N'est-ce pas important à décider ? Et à tout seigneur tout honneur. N'est-ce point à la reine mère qu'il faut vous présenter d'abord ?

M. de Harlay froidement, et presque avec sévérité :

— Vous avez, en effet, oublié les bons usages, *avocat*, dit-il. Le seigneur, c'est le roi, le roi majeur, et non pas sa mère qui a cessé d'être régente depuis deux années; qui a cessé, vous dis-je, d'avoir le droit d'exercer la régence. C'est donc au roi directement que le jeune homme remettra la première lettre, non sans lui faire savoir qu'elle est accompagnée de deux autres, dont il dira l'adresse à Sa Majesté. Le roi verra les lettres, et comme il est maître dans son royaume, il en fera ce qu'il voudra. N'oubliez pas d'ailleurs, si vous tenez à préserver votre fils de toute disgrâce, que la confiance absolue en est le seul moyen. Quant à moi, l'appui que je lui ai offert ne sera donné qu'à cette condition.

Du Bourdet avait baissé la tête, et son cœur était gros, et ses yeux se gonflaient comme ceux de l'enfant qu'on gronde.

— Hélas, dit-il, monseigneur, excusez ma parole. Elle est bien en contradiction, je le jure, avec mon sentiment; mais voyant tout ce que j'ai vu à Paris, lisant partout le nom de la reine et jamais celui du roi, j'ai cru devoir faire comme tout le monde, pardonnez-moi. Jamais personne n'a gémi autant que moi sur les malheurs de ce pays.

— Ah! dit le président qui regarda le pauvre homme avec une attention profonde.

— Certes! s'écria Bernard... et si l'on nous avait payés depuis ce matin pour louer le régime actuel, nous eussions bien mal gagné notre argent! Mais à présent voilà que tout s'éclaircit. Monseigneur a posé la question sans réplique possible, et cette fois je crois pouvoir lui offrir tous mes respects et dire que je pars pour le Louvre.

— Et comment y serez-vous introduit? dit le président avec intérêt. Voulez-vous un mot de moi qui vous y aide?

— Acceptez! acceptez! s'écria du Bourdet.

— Inutile, monsieur, répondit Bernard. Laissons monseigneur bien en dehors de tout ceci : plaisanterie ou tragédie, je garde le rôle pour moi. Si j'étais empêtré dans quelque fâcheux dénoûment, alors j'oserais jeter un regard sur cette main libératrice que M. le premier président m'a fait l'honneur de me tendre tout à l'heure. Quant à entrer au Louvre, j'ai, je crois, toutes les facilités du monde; je prierai Cadenet de me faire passer.

— Le frère de M. de Luynes? vous le connaissez?

— C'est un camarade, un ami à qui j'ai donné tout à l'heure des oiseaux rares.

— Si vous avez donné des oiseaux, dit gravement le président, vous n'avez plus besoin de personne pour vous protéger au Louvre. Allez donc, et que Dieu vous conduise.

— Merci, monseigneur, mille fois merci, s'écria du Bourdet en se courbant sur la main de M. de Harlay.

— Où allez-vous ?

— Mais, avec Bernard...

— Il ira bien seul; mieux vaut qu'il aille seul. Allez, jeune homme, et tâchez de me rendre compte de l'événement.

Bernard, après avoir salué jusqu'à terre, sortit précipitamment.

— Quant à vous, maître du Bourdet, continua le président, en s'adressant au bonhomme, qui méditait sa révérence et sa retraite, restez avec moi quelques moments. Nous ne sommes plus en affaires, causons comme deux vieux amis. — Huissier !... je ne recevrai plus personne, si ce n'est le bailli, dans une heure. — Asseyez-vous, du Bourdet... plus près de moi, car ma vue baisse, et je n'entends plus comme autrefois.

CHAPITRE VI

La déposition.

Tandis que le président s'arrangeait dans son siége, du Bourdet se demandait par quel charme de conversation il pourrait reconnaître l'honneur d'une si illustre compagnie.

Et M. de Harlay, rêveur, et le regardant à la dérobée, se disait en soupirant que d'un pareil homme à son but, il y avait bien loin! Du Bourdet lui paraissait vieilli à ce vieillard. Ajoutons, pour écrire avec quelque vérité l'histoire du cœur humain, que du Bourdet avait la même opinion du président auquel, s'il eût osé, il eût reproché son attitude passive en face des agressions de M. d'Espernon.

M. de Harlay n'était pas homme à jouer longtemps avec sa pensée ou à tourmenter celle d'autrui. Les minutes représentaient des heures pour son impatience.

— Qu'avez-vous l'intention de faire, demanda-t-il, de ce grand garçon que vous m'avez montré? Un légiste? un homme d'épée?

— Ni l'un, ni l'autre, monseigneur. Je l'emmènerai dès ce soir, s'il se peut, aux Bordes, où j'ai trouvé pour lui un bon parti. Marié, il fera comme moi, il ne s'occupera plus que d'être heureux.

— Vous avez pris cette occupation-là plus tard que lui, dit le président; la part de bonheur destinée à chaque créature n'est pas très-large, et quiconque se met à table trop matin n'a plus rien pour le repas du soir. Et puis vous l'enterrez, ce jeune homme, au détriment de son maître et de son pays.

— Ah! monseigneur, voilà la question, s'écria du Bourdet, quel sens attachons-nous à ce mot : le maître! Il me semble qu'en ce moment c'est : les maîtres qu'il conviendroit de dire. Eh bien! monseigneur, pour servir tant de maîtres, il vaut mieux ne rien servir du tout, que Dieu...

— Dieu commande qu'on obéisse à César, monsieur du Bourdet.

— Mais il ne veut pas qu'on obéisse à MM. Concini, d'Espernon, Mangot, Barbin et au comte de Sept-Eglises.

— Celui-là est un étranger, un Espagnol. Nous n'avons pas même à le connaître, dit le président.

— Cependant, monseigneur, on le connaît malgré soi, comme malgré soi on connaît le scorpion qui pique, la vipère qui mord. Ne suis-je pas obligé de les connaître, moi, ces brigands, dont l'un tout à l'heure osait, en pleine assemblée, insulter à ce qui nous reste d'honneur et de vertu!

— La patience est une vertu aussi; celle peut-être qui les renferme toutes.

— Je ne l'ai pas, monseigneur. Permis à vous qui vous élevez au-dessus de nous, d'ajouter cette gloire à toutes celles qui vous illustrent; mais moi, dont l'un des fils a failli ce matin être fouetté par des sbires dans la rue, et dont l'autre court en ce moment presque autant de dangers à la cour qu'il en a couru sur la grande route; moi qui vois le mal et point le remède, les bourreaux et non les vengeurs, le crime et non le châtiment, je dis bien bas, car j'ai peur, je l'avoue, je dis que notre pays est une vaste embuscade, et je cherche à me mettre en sûreté, moi et les miens.

Le président demeura muet, immobile.

— En effet, continua du Bourdet, que pourrais-je faire, moi, atome, quand les malfaiteurs s'attaquent au parlement, et que la nation ne se défend pas elle-même? Non, non, enterrons-nous, monseigneur, puisque les forces vives de la France sont brisées, puisque

> . . . Fracta virtus et minaces
> Turpe solum tetigere mento!

— Il est vrai, dit M. de Harlay pensif.

— Et quand monseigneur l'avoue!... s'écria du Bourdet le cœur pénétré d'amertume, il faut que tout soit bien fini.

— Ce qui est fini, c'est moi, et non la France. Elle, au contraire, n'en est pas même à sa jeunesse !

— Jeune ou décrépite, qu'importe, si tous ces Italiens, tous ces Espagnols, tous ces Gascons, la tuent! Elle n'en sera pas moins morte, monseigneur, on meurt à tout âge.

— Vous parlez éloquemment, du Bourdet. Mais que faire à tous ces maux ?

— Ah! monseigneur, si vous étiez le pauvre homme que je suis, et moi l'homme éminent que vous êtes; si vous pensiez ce que je pense, et que je pusse ce que vous pouvez...

— Eh bien !

— Eh bien! tous ces pillards, tous ces brigands, tous ces assassins seraient bientôt anéantis; car, entre nous, monseigneur, — et du Bourdet baissa la voix — vous savez que ce sont des assassins.

— Il faudrait au moins le leur prouver, dit le président avec un regard attentif.

— Qui le peut mieux que vous?

— Je suis vieux, affaibli; ceux qui pourraient m'aider sont rares; que dis-je, rares, je n'en vois pas.

Du Bourdet garda le silence à son tour.

— On ne soulève pas le monde sans levier. Quel serait le mien? Oui, bien des cœurs s'indignent; oui, j'entendrai souvent bruire des paroles généreuses comme vous venez d'en prononcer. Mais les actions? qui les fera?

— Souvent, dit l'avocat, évidemment embarrassé par le grave et clair coup d'œil du vieillard, les gens courageux n'attendent qu'un signal.

— Qui le donnera? Comment le donnera-t-on? Tenez, du Bourdet, un exemple. En 1610, l'occasion fut belle. Une âme courageuse se leva, et donna le plus éclatant signal qui jamais ait retenti en France, depuis Jeanne d'Arc, peut-être. Une femme, seule contre une armée de gens puissants, appelait ses concitoyens à la vengeance contre les criminels qu'elle désignait.

— On a étouffé sa voix.

— Là n'est pas la question. Énumérez les voix qui se sont jointes alors à la sienne.

Et M. de Harlay s'arrêta, l'œil fixé sur du Bourdet.

— Mais... monseigneur... la mienne, s'il l'eût fallu.

— C'est vrai. Avouez cependant que vous ne m'avez pas su mauvais gré de ne pas vous l'avoir demandée. Soyez franc, comme vous êtes honnête, et dites que vous avez respiré plus largement le jour où je vous ai remercié de votre zèle, en vous annonçant que je ne l'utiliserais pas.

— Je n'étais pas moins prêt, monseigneur, balbutia du Bourdet, que l'insistance du président mettait de plus en plus à la gêne.

— Vous avez eu votre heure de courage, de dévouement, c'est beaucoup, reprit M. de Harlay. Combien d'autres pour qui cette heure-là n'a jamais sonné ! Oui, vous êtes venu, je m'en souviens, très-ému, très-résolu peut-être, déposer en mon sein des révélations graves.

— Que j'eusse signées au besoin.

— Je ne l'ai pas souffert ; j'ai voulu qu'il ne restât rien ni du crime, ni des preuves ; et je vous ai envoyé oublier tout cela dans les douceurs de la vie domestique. Lequel de nous deux a été sage ? N'ai-je pas bien fait de vous épargner, vous que ce silence a rendu si heureux ?

— Il est vrai, dit naïvement le bonhomme sans remarquer le tressaillement imperceptible de son interlocuteur.

— Et, je le répète, ajouta le président, qui revenait à son but par un détour habile, n'eussiez-vous pas regretté l'heure fatale du courage ? Ne m'eussiez-vous pas maudit, moi, qui de cette révélation faite, moins au magistrat qu'à l'ami, me fusse forgé une arme avec laquelle, en punissant les coupables, j'eusse peut-être sacrifié le révélateur innocent ?

— J'ai honte de l'avouer, monseigneur, la vie m'a souvent paru bien douce à côté des agitations !...

— Même à côté du devoir, n'est-ce pas ? dit l'austère vieillard avec une amertume mal déguisée. Ah ! ne revenez pas sur vos franches paroles. Tous les hommes auraient pensé comme vous, et se contenteraient de parler différemment. Eh bien ! monsieur du Bourdet, les choses sont donc bien comme elles sont. Pour les changer il faudrait plus que du courage, plus que du dévouement, il faudrait l'audace, l'abnégation, le fanatisme du martyre. Ces mots ne sont plus de notre âge. Voilà pourquoi je vous disais tout à l'heure qu'il ne sied à personne de se plaindre. Voilà pourquoi il est juste que les enfants de douze ans soient battus de verges dans les bras de leur père, que les routes soient infestées de voleurs ou de rebelles, et la cour peuplée de pillards et d'assassins.

Mais à côté de ces misères, il y a les douceurs de la vie isolée. Les uns ont leurs champs et leurs prairies ; d'autres le vin et les amours ; d'autres l'argent et les honneurs ; le peuple même a l'orgie et le vice. Qu'importe qu'on n'ait pas de patrie ! c'est un mot cela, un mot creux, si tout le monde a quelque chose !

Du Bourdet reconnut un peu tard où l'avait amené la rude et opiniâtre logique du vieil orateur. C'était non plus un athlète fatigué, mais un lutteur infatigable qui avait laissé suer, souffler son adversaire et apparaissait plus alerte, plus frais que jamais au seuil d'une carrière nouvelle.

Maintenant, quelle était cette carrière ? où pouvait-elle aboutir ? Du Bourdet frémit à cette seule idée. Le vertige le prit, il ferma les yeux.

— Ceux qui parlent trop facilement de sauver la société, dit le président avec un calme légèrement railleur, sont de bonnes gens qui peuvent faire l'admiration de leur petite famille ; mais c'est une gloire acquise à bon marché, elle ne dure pas. Il est vrai qu'on vit fort bien sans gloire. Je crois que nous avons assez causé, mon cher monsieur du Bourdet ; souhaitons-nous la continuation de nos prospérités.

Et il se leva froid et solennel dans sa robe des cérémonies, dont les vastes profondeurs de pourpre et d'hermine semblaient habiller un géant. Près de lui, du Bourdet disparaissait, misérable pygmée.

Il avait déjà fait la révérence et allait franchir la porte, quand, se retournant, il aperçut M. de Harlay, sombre, courbé, abattu.

— Monseigneur ! s'écria-t-il en revenant bien vite, dites-moi au moins que je ne suis pas la cause de l'affliction où je vous vois.

Le vieillard leva la tête.

— Oh ! c'est que je ne me pardonnerais pas de vous avoir manqué dans un moment critique. Et, faut-il que je vous l'avoue, j'ai eu peur tout à l'heure, ce n'est pas ma faute, oui, j'ai tremblé en soupçonnant que vous m'appeliez peut-être pour un de ces moments-là.

— C'est vrai, répliqua M. de Harlay simplement.

Du Bourdet pâlit et frissonna.

— Que ne me l'avez-vous dit sur-le-champ, monseigneur ? répliqua-t-il d'une voix émue qui trahissait tout l'effort de sa belle âme aux prises avec la faiblesse humaine. N'est-ce pas vous qui m'avez fait ce que je suis ? Mon bonheur n'est-il pas votre œuvre, et me croyez-vous ingrat au point de ne pas vous sacrifier une part de ce bonheur ?

— Je vous connais bon et courageux, du Bourdet ; mais je dois mesurer la tâche aux forces de l'ouvrier. S'il ne se fût agi que de vous ôter une part de tranquillité, de bien-être, vous sauriez déjà mon projet. Mais, pour qu'il réussisse, ce projet immense, c'est plus que le repos, plus que la fortune d'un pauvre homme que j'aurais à exposer.

— Sa... liberté, peut-être, dit du Bourdet en appuyant une main sur sa poitrine pour comprimer les battements d'un cœur éperdu.

— Plus encore que sa liberté.

— Je comprends, murmura du Bourdet à voix basse.

Il chancela, mais se redressa aussitôt, et sa physionomie douce et naïve s'ennoblit peu à peu de toute la majesté d'une solennelle et intrépide résolution. Il vint prendre respectueusement la main du président et le conduisit tout étonné à sa table, devant laquelle il le fit asseoir avec une affectueuse insistance.

— Que ferai-je de cette plume que vous m'offrez ? dit M. de Harlay qui le regardait sourire.

— Vous écrirez, s'il vous plaît, monseigneur, la déposition que j'ai eu l'honneur de faire devant vous, en 1610, à propos de l'assassinat du roi Henri IV, et que je vais renouveler aussi exactement que l'honneur et la religion me le commandent.

— Du Bourdet ! s'écria le président avec un transport de joie, je vous remercie et Dieu vous bénira.

— Écrivez, monseigneur : — « L'an 1610, le premier jour de mai, c'est-à-dire treize jours avant la mort du roi, moi, Claude-Jacques du Bourdet, avocat au Parlement, passant dans la rue Saint-Antoine pour rentrer chez moi, rue de la Couture-Sainte-Catherine, je fis la rencontre d'une femme que je connaissais demoiselle de compagnie de madame la marquise de Verneuil, et qui s'appelle mademoiselle de Coman. Je l'abordai, bien qu'il fût tard et qu'elle parût chercher à m'éviter. Elle était accompagnée d'un homme grand et fort, âgé d'environ trente à trente-cinq ans, barbe rouge et cheveux noirs, qu'elle me dit avoir commission de sa maîtresse de conduire loger dans la maison d'un baigneur nommé la Vienne... »

— Trouvez-vous à propos d'ajouter, interrompit le président, ce que, je m'en souviens, vous m'avez dit il y a six ans, à savoir, que ce la Vienne était en même temps valet de pied chez le roi, et l'un de ceux qui, si malencontreusement, quittèrent le carrosse de Sa Majesté au moment de l'embarras des voitures dans la rue de la Ferronnerie ?

— Parfaitement, monseigneur, excusez-moi, je l'avais oublié.

— Continuez... J'ai écrit...

— « Laquelle maison est située rue de la Cerisaie, près

la place Royale, sur l'emplacement d'un fort bel hôtel bâti par un seigneur étranger, après la mort duquel il fut rasé complétement. »

— Ce détail serait peut-être inutile, dit le président.

— Je ne crois pas, monseigneur, car il établit la filiation de cette propriété, qui fut achetée par madame la marquise de Verneuil, après la mort de ce seigneur.

— Non pas achetée, du Bourdet, mais extorquée au roi par ladite marquise. Tout cela est une autre histoire aussi douloureuse sinon aussi auguste. Revenons à votre déposition... Près de la place Royale ?.....

— « Je regardai attentivement cet homme dont la figure m'avait frappé. La demoiselle de Coman ajouta qu'elle nourrissait cet étranger depuis huit jours, pour le compte de sa maîtresse, mais qu'il venait de Naples, puis d'Angoulême, solliciter un procès à Paris, et alors, la demoiselle de Coman s'interrompant, dit à cet homme en me désignant : — Si vous avez besoin d'avocat pour votre procès, voici l'un des plus savants praticiens du barreau de Paris.

» Alors cet homme, me regardant froidement, me salua. Je pensai qu'il ne se croyait pas assez riche pour prendre l'un des bons avocats de la capitale, et je lui offris obligeamment mes conseils. Il répondit, avec un certain embarras, qu'il acceptait, et que si je voulais bien entendre son affaire, ce lui serait tout profit. Moi, pour ne perdre pas de temps, j'offris de le conduire jusqu'à la maison du baigneur, et de l'entendre chemin faisant. —

Eh bien! monsieur, dit mademoiselle de Coman, puisque vous avez cette bonté de vouloir bien indiquer la maison de la Vienne à ce garçon, je deviens inutile et m'en retourne, car je suis fort pressée. — Faites, lui dis-je. Et elle partit, nous laissant ensemble, cet homme et moi. »

— Ne vous glissa-t-elle pas un mot à l'oreille avant de partir.

— Ah! pardon, je me trouble à force de vouloir me souvenir. Elle se pencha vers moi, en effet, et me dit : — Le procès que sollicite cette vilaine figure doit être une mauvaise affaire... Ah! M. du Bourdet, si vous saviez!... Ce fut tout; elle disparut.

— Fort bien.

— « Je remarquai, en faisant causer cet homme qu'il ne me racontait rien de naturel ni même de plausible sur le prétendu procès. La seule chose que je compris, c'est qu'il comptait trouver chez le baigneur des gens dont la recommandation le lui ferait gagner. Nous arrivâmes à la maison de ce baigneur. Il faisait déjà nuit; le temps était d'une douceur et d'une pureté remarquables. »

— Cette circonstance peut-elle s'omettre? dit le grave magistrat.

— Non pas, monseigneur, car c'est à cause de cette circonstance que j'ai remarqué tout de suite l'homme si chaudement emmantelé qui entrait par le fond de la maison dans le petit jardin.

— Racontez avec ordre.

— « Sur le seuil de la maison nous trouvâmes un

homme qui attendait et qui vint à mon compagnon avec empressement. Ils s'entretinrent ensemble en une langue que je ne connais pas... »

— En espagnol, dit le président. Vous m'avez cité, en 1610, un mot que vous avez retenu, le mot *Iglesias*.

— C'est vrai.

— Il est espagnol. Continuez.

— « Voyant qu'on pouvait se passer de moi, j'allais partir quand la Vienne arriva, fit quelques caresses à celui que j'amenais et lui dit assez étrangement : L'ami que vous attendez n'est pas venu encore. Entrez, buvez frais et patientez. »

— Que faisiez-vous pendant ce temps ? La Vienne vous a-t-il vu ?...

— Je ne le crois pas. J'étais déjà dans la rue quand le solliciteur de procès vint me remercier et prit congé de moi. Mais, au lieu de revenir par la rue Saint-Antoine, l'idée me prit de passer par les derrières de la maison. Ils sont très-solitaires, très-rustiques, à cause de la quantité de beaux arbres soit de l'hôtel Zamet, soit d'autres jardins. J'avais ouï dire que cette maison du baigneur la Vienne servait souvent de lieu de rendez-vous à certaines personnes de la cour, notamment à madame la marquise de Verneuil, et avait une porte de derrière assez fameuse. Par curiosité, par désœuvrement, comme un Parisien que je suis, je voulus voir au moins cette porte ; ce que m'avait dit mademoiselle de Coman me fortifiait dans la pensée que le grand garçon aux cheveux noirs, aux larges épaules, sollicitait peut-être son procès près de la marquise elle-même.

— L'idée est admissible, dit le président, mais changez-en la forme. C'est un avocat au Parlement qui parle.

— Hélas! c'est vrai, soupira du Bourdet.

— Je m'en charge. — Allez.

— J'arrive au terme. « Comme je passais devant cette porte mystérieuse, un homme enveloppé d'un manteau s'y présentait. Un manteau par ce temps tiède! Il ne pouvait servir que de masque. La porte s'ouvrit. Une vive lumière frappa le visage, ou plutôt le manteau de l'homme qui prononça ces paroles avec un accent qui ne m'était pas inconnu :

» — Ravaillac est-il arrivé?

» — Oui, monseigneur, répliqua La Vienne une lanterne à la main.

» Le manteau tomba. Je reconnus celui qu'on appelait monseigneur. C'était M. le duc d'Espernon. »

— Ajoutez, dit le président, que vous le connaissez pour l'avoir vu plus de cent fois.

— Plus de mille. « Treize jours après j'appris l'assassinat du roi, j'entendis nommer l'assassin, je l'allai voir à la Conciergerie, où je le reconnus pour celui que j'avais conduit à la maison du baigneur, et, tout épouvanté, mais fidèle à mon devoir, j'accourus près de M. le premier président à qui je révélai tout ce que je savais. »

— Ajoutez qu'il vous ordonna de vous taire, qu'il vous engagea même à éviter toute occasion de rappeler cette affaire, et qu'il ne voulut pas enregistrer votre déposition, estimant que le silence et l'oubli étaient alors indispensables au bien de l'État.

— C'est vrai, monseigneur, dit du Bourdet. Mais M. le président paraît avoir changé d'avis aujourd'hui.

— J'ai changé avec les circonstances. Dites-moi, du Bourdet, avez-vous jamais révélé à quelqu'un tout ce que vous venez de me dire?

— Jamais! pas même à ma femme!

— Pas même à vos fils?

— A personne. Oh! monsieur le président, je ne songeais qu'à une chose : c'était à oublier moi-même. Mais maintenant j'y vais bien songer; je vois qu'il le faut.

Et malgré tous ses efforts il laissa échapper un soupir d'angoisses.

— Il s'agit de signer ma déposition, dit-il.

M. de Harlay lui arrêta la main.

— Non. C'est inutile. Remarquez que je n'ai pas même écrit votre nom dans cet acte. Il est resté en blanc. A quatre-vingts ans je puis mourir avant d'avoir achevé l'œuvre, et je ne veux compromettre personne sans utilité. Merci, au nom de Dieu, au nom de la patrie. Vous êtes un digne homme, d'autant plus courageux, que le courage vous coûte plus cher... Au commencement de l'entretien vous faiblissiez...

— C'est que je n'avais pas encore fait la réflexion que j'ai faite ensuite, monseigneur.

— Laquelle?

— Que mon beau-fils Bernard était revenu, et que mon pauvre Aubin ne serait plus seul sur la terre, car le grand sera le père du petit.

— Et moi, je serai votre père et le leur, du Bourdet, répondit le vieillard attendri en ouvrant ses bras au bonhomme, qui fondit en larmes autant d'orgueil que de douleur.

— Allons, allons! reprit le président, tout est fini. L'opération est faite. Reprenez votre douce vie, et jouissez-en pleinement, car vous en avez le droit : si heureuse, si oisive que puisse être désormais votre existence, soyez sûr qu'elle est utile au salut de la patrie. Maintenant un dernier mot. M'autorisez-vous, quand il le faudra, à vous demander votre signature au bas de cet acte?

— Il le faut bien, monseigneur.

— Votre aveu public, au besoin?

Du Bourdet s'inclina, et d'une voix entrecoupée :

— Le sacrifice est fait, monseigneur, dit-il, et, malgré les apparences, fiez-vous à moi.

— Et vous à moi, dit le président en lui serrant la main. Adieu.

— Pas au revoir, monseigneur?

— Je ferai tout au monde pour que vous ne me revoyiez plus... Adieu, mon ami.

Du Bourdet saisit et couvrit de baisers la main loyale du grand homme et sortit du cabinet.

Le bailli du palais attendait les ordres de son maître.

— Monsieur le bailli, lui dit le président à voix basse, tenez-vous prêt cette nuit à me conduire dans la prison de mademoiselle de Coman.

CHAPITRE VII

La volière des Tuileries.

En suivant cette jeune dame masquée, qui avait déposé le petit Aubin à l'hôtellerie des *Fils Aymon*, nous arrivons au palais des Tuileries, qui, à cette époque, bien que refait à neuf par Henri IV, ne ressemblait guère aux Tuileries d'aujourd'hui.

Une rue séparait le palais du jardin, et d'autres jardins s'étendaient jusqu'à la rue Fromenteau, plantés d'arbres à fruits, véritable campagne. Enfin, ce seul grand jardin, que nous connaissons aujourd'hui (bien entendu, il n'avait pas encore été dessiné par le Nôtre), était fermé de murs de deux toises; on y voyait une volière, une grotte; les terrasses n'existaient pas plus que les bassins, et, pour achever la description, c'était un pêle-mêle d'arbres et de fleurs plus digne d'un jardin de banlieue que d'un parc royal. Le public n'y entrait pas. Le roi seul et la cour en jouissaient, comme aussi de la grande promenade, close de grilles, qu'on appelait le Cours-la-Reine, et qui est aujourd'hui la portion de terrain comprise entre les

Tuileries, la rivière et la grande allée des Champs-Élysées jusqu'au rond-point.

Revenons à la grande cour des Tuileries, pleine en ce moment de gardes, de courtisans, qui se disposent à entrer chez la reine mère.

Toute la partie du château habitée par le jeune roi et la petite reine est déserte; l'essaim ne tourbillonne qu'autour de l'entrée principale. Au delà, silence.

Seulement, à l'une des fenêtres de l'appartement d'Anne d'Autriche, une femme accoudée sur le balcon respire le soleil avec un air de satisfaction et d'indifférence qui excluent toute autre idée. Cette femme, jeune encore, au teint mat des Espagnoles, aux longues mains adroites, à l'œil rond et perçant, c'est dona Estefana, la camériste favorite de la jeune reine. Elle honore d'un coup d'œil à peine le brillant assemblage de couleurs chatoyantes, de cavalcades hardies, subitement arrêtées aux portes, et la foule des seigneurs courtisans ou courtisés qui arrivent chez Marie de Médicis. Tout cela ne regarde pas le roi et la reine de France. Qu'importe tout cela aux serviteurs de la princesse espagnole? Ceux-là n'ont-ils pas la vue des jardins, le parfum des fleurs d'automne et le soleil qui descend sur le balcon?

Estefana est bien désintéressée des grandeurs de la terre. Ce qu'elle contemple avec le plus d'attention, c'est un mât planté dans le milieu de la cour des Tuileries. Peut-être fait-elle la remarque que ce poteau semble placé là comme une séparation entre la vieille cour et la jeune, limite que pas un des courtisans ne franchit, à moins que son cheval ne l'emporte.

Mais cette réflexion nous semble un peu trop philosophique pour la camerera espagnole. Les femmes de Castille rêvent pour rêver, regardent pour regarder, et non pour voir, et encore moins pour penser. Donc Estefana, si elle regarde le poteau, le regarde et voilà tout.

Passons au côté resplendissant et tumultueux de la cour.

Une femme arrive à cheval, son écuyer à sa gauche, deux laquais derrière. Elle a le visage couvert d'un masque ; mais l'étiquette exige qu'elle dépose ce masque en entrant dans la maison royale, et, en effet, le masque tombe au moment où le cheval de la dame franchit les portes.

Cette femme, nous connaissons sa bonté, sa grâce ; mais qui pourrait peindre et louer dignement sa beauté ?

Ce fut parmi les gens qui l'aperçurent et la saluèrent, un petit murmure d'admiration et pour ainsi dire de tendresse, auquel notre inconnue répondit par un charmant sourire à l'adresse de ceux qu'elle connaissait. Ceux-là étaient nombreux, il faut le croire, car plus de vingt s'empressèrent autour d'elle pour l'aider à descendre ou la voir de plus près, tandis qu'elle jetait un regard furtif vers le balcon où se tenait toujours Estefana.

Ses yeux noirs et limpides, son teint animé par l'exercice, et la pureté parfaite de sa bouche fine et tendre, n'étaient pas cependant sa plus réelle beauté.

Il y avait dans sa taille haute et dans ses bras, d'un

tour exquis, une noblesse si gracieuse, dans sa riche poitrine un souffle si pur et si fier ; il y avait tant d'élégance antique dans sa jambe tendue sur l'étrier, tant de frissons voluptueux dans les plis flottants de sa robe, dans l'ondulation de sa plume, que tout homme, en la voyant, devait se demander si jamais femme avait été créée plus belle.

Les nouveaux venus à la cour — et il y en a chaque matin aux audiences — demandèrent son nom, et apprirent qu'elle s'appelait Marguerite de Valleranes, mariée depuis deux ans à peine à don Luis Calderon, comte de Siete-Iglesias, que les Français préféraient appeler Sept-Églises.

Les plus curieux surent qu'elle était la dernière héritière d'une illustre famille éteinte ; qu'elle pouvait avoir vingt ans, et une fortune dont un prince régnant se fût montré satisfait.

Et comme il est rare qu'un provincial, en demandant des renseignements, ne les exige pas complets, ces curieux questionnaient sur le compte du mari.

Alors un clin d'yeux les avertissait de parler bas, on leur prenait le bras, on feignait de regarder fort attentivement une cheminée, ou un cheval, et voici ce qu'on leur répondait :

Don Luis Calderon de Siete-Iglesias n'a pas encore trente ans. C'est un de ces fanatiques Espagnols qui poursuivent à outrance la politique si longtemps combattue par Henri IV, et dont peut-être il est tombé victime. Il est le neveu du célèbre Rodrigue Calderon, secrétaire du duc de Lerma, qui gouverne l'Espagne pour en épargner la peine à Philippe III. Homme à passions sombres, homme séduisant, homme terrible. — Vous le verrez tout à l'heure chez la reine mère. — C'est pour payer ses services, que Marie de Médicis et le maréchal d'Ancre lui ont fait épouser mademoiselle de Valleranes, pauvre enfant, hélas! si charmante. Leur mariage s'est fait le jour même du mariage de notre jeune roi avec Anne d'Autriche... Chut!...

Et l'on passait à un autre sujet de conversation, après avoir donné un dernier regard à la jeune comtesse.

Mais celle-ci se refusa à descendre de cheval au milieu du groupe qui l'attendait devant l'escalier.

— Pardon, dit-elle aux plus empressés, je crois que mon cheval boite un peu depuis le faubourg Saint-Germain. Je veux m'en assurer. Un tour de cour et je reviens.

Les admirateurs s'écartèrent, la comtesse pria son écuyer de bien observer l'allure de la bête, et, après un nouveau regard au balcon, se dirigea vers le poteau dont elle fit lentement le tour, observant avec une grande attention apparente l'épaule de sa monture, mais, épiant de l'œil en réalité le mouvement d'un épais rideau de velours qui retombait derrière Estefana, et sous lequel nous oserions presque affirmer que parut et s'agita, comme avec un geste joyeux, une petite main fraîche et blanche.

— Eh bien! Lafougeraie, dit très-haut la comtesse d'un ton animé, qu'en pensez-vous?

— Madame, répliqua gravement l'écuyer, je pense que la bête a quelque chose dans la jambe de devant hors montoir.

— C'était mon avis. Vous entendez, continua-t-elle en s'adressant aux laquais qui l'attendaient respectueusement à distance. Qu'on ait le plus grand soin de mon cheval. Je l'ai peut-être un peu fatigué ce matin.

— Bon!... Aller à Saint-Germain et revenir, dit l'écuyer, c'est une promenade !

Et il offrit son bras et son épaule à la jeune comtesse pour descendre. Elle traversa la foule et monta l'escalier qui conduisait aux appartements de la reine mère, car le conseil venait de finir.

Tandis que s'ébranlait toute cette multitude de satin, velours, broderies et dentelles, deux personnes arpentaient côte à côte, tristement, sans parler, le jardin particulier des Tuileries, et les tours succédaient aux tours dans la monotone promenade de ces deux personnes.

C'était d'abord un jeune homme grand, bien fait, âgé d'environ trente ans, et si beau, ou plutôt si charmant qu'il ne fallait pas le voir, dit un contemporain, si on voulait s'empêcher de l'aimer. Il était vêtu simplement, portait une courte épée ou plutôt un couteau de chasse, et roulait dans ses doigts, avec une sorte de dépit, son chapeau sans ornements et sans plumes.

Tout en marchant, il examinait d'un œil fin et discret la physionomie maussade et quasi-boudeuse de son compagnon, qui, de l'air le plus mélancolique, croassait à coups de canne les cailloux des allées et abattait des limaçons sur les arbustes.

Celui-là, vêtu d'un manteau noir mal agrafé, d'un pourpoint gris, de chausses noisette, et botté comme pour la chasse, était un jeune homme de quinze ans, pâle, mince, ouvrant au hasard de grands yeux noirs, et laissant flotter au vent d'automne ses longs cheveux plus bruns que l'ébène. Il avait le chapeau sur les yeux, la plume incorrectement flottante, un Saint-Esprit de travers au col. C'était le roi.

— Tu vois, Luynes, dit-il sans changer l'expression de son visage, tu vois si j'ai du malheur. Ces oiseaux-là étaient donc bien beaux ?

— Ah ! ne m'en parlez pas, sire, j'en ferai une maladie.

— Dis-moi un peu du moins comme ils étaient, ajouta le roi avec amertume.

— Sire, il y avait des espèces de merles bleus semés de poudre vert et or, avec des têtes rouges. J'en ai vu un autre blanc rayé de noir portant une huppe violette comme vos rubans ; enfin je me rappelle un noir piqueté de jaune, avec une queue orange et noire et une tête du plus beau vert de mer.

— Ah ! Dieu ! murmura le roi.

— Celui qui me plaisait le plus était un rouge avec le collier bleu et gris, la tête noire, la queue d'un cendré sale.

— D'un cendré sale ! s'écria le jeune roi avec désespoir. Et je n'aurai pas ces oiseaux-là ! Et je ne les verrai même pas !

Il baissa la tête et laboura furieusement un groupe de larges pensées qui se réjouissaient au soleil.

— Si vous étiez fils héritier d'un bon bourgeois quelconque ; si vous vous appeliez Leroux ou Lefebvre, au lieu de vous appeler Bourbon, vous sortiriez, vous marchanderiez ce qui vous plaît, et vous l'auriez, dit froidement M. de Luynes.

— Tu n'as donc pas marchandé, toi ?

— On m'a dit qu'ils n'étaient pas à vendre. Et je n'ai pas insisté, car on pouvait me reconnaître. J'ai l'honneur d'être à vous, et un refus fait à moi devenait alors un refus fait au roi.

— C'est juste. Dis-moi... le peuple ne devrait pas me haïr, car je ne lui prends rien : je ne suis pas tyran, moi.

— Mais il ne vous hait pas, sire.

— Crois-tu ?

— J'en suis sûr. Seulement, comme il ne vous connaît pas et qu'il connaît très-bien ses autres maîtres...

— Il aime ceux-là !

— Il hait ceux-là, répondit Luynes avec son flegme habituel.

— C'est autant que je gagne alors, repartit le roi ; mieux vaut être inconnu que haï.

Luynes s'inclina sans rien ajouter, et la promenade continua, lente, lugubre et silencieuse, pendant au moins deux grands tours.

Comme ils repassaient devant les volières, le roi poussa un soupir, détourna la tête et dit :

— Que font-*ils* là-haut !

Ils, c'étaient la reine-mère et ses courtisans ; *là-haut* c'étaient les Tuileries.

— *Ils* sont au conseil, je pense, repartit nonchalamment M. de Luynes.

Une rougeur fébrile passa comme un reflet de flammes sur les joues amaigries de Louis XIII.

— On vient à nous, dit M. de Luynes, qui s'aperçut de cette émotion.

— Qui cela ? pourquoi nous dérange-t-on ?

— Sire, j'avais envoyé Cadenet chez le maître des oiseaux pour essayer de sa chance — il en a une insolente — et peut-être revient-il... C'est lui, en effet, il court comme s'il avait quelque bonne nouvelle.

— Ah bien oui ! dit lamentablement le roi ; est-ce que j'en ai, moi, de la chance ?

On vit Cadenet traverser avec des bonds les allées, les sentiers et franchir les plates-bandes comme un chien joyeux qui rejoint ses maîtres.

— Je les ai ! s'écria-t-il en agitant son chapeau, je les ai !

— Les oiseaux ? dit le roi tout ému.

— Les oiseaux !... oui, sire. On m'en donne cinquante, on les envoie ; ils arrivent !

— Ils arrivent !... Ah ! brave Cadenet, s'écria le roi dans un transport de ravissement. Conte-nous cela.

— Sire, M. de Luynes n'avait pas exagéré : ces petites bêtes sont admirables. Elles ont été choisies par Mocquet le grand voyageur. Elles viennent des Philip.....

— Ne vous étranglez pas, dit M. de Luynes à son frère.

— Il a bien couru, bon Cadenet ; merci, fit le roi.

— Mais êtes-vous bien sûr, reprit Luynes, que le marché soit fait ?

— Si j'en suis sûr, mon frère ! Savez-vous à qui ils appartiennent ? à un ami d'enfance, à mon plus cher compagnon, à Bernard de Preuil... le voisin de notre père. En sorte qu'il n'a rien eu à me refuser.

— Que vous disais-je de sa chance, sire ? interrompit Luynes. Ces choses-là n'arrivent qu'à lui.

— Comment et quand viendront-ils ? demanda le roi empressé.

— J'ai donné un écu à l'hôte qui, devant moi, a fait charger les cages sur une civière. J'ai loué deux porteurs et deux autres pour les relayer. J'ai acheté de la toile pour recouvrir ces cages, car la vue seule des oiseaux ferait émeute et retarderait leur arrivée. Enfin, je n'ai pris ma course en avant, qu'à deux cents toises d'ici pour être au moins le premier à porter cette bonne nouvelle à Votre Majesté.

— Bien, dit M. de Luynes à son frère, bien.

Et Cadenet tressaillit d'aise. Le frère aîné était content.

— Allez, allez vite les faire entrer, s'écria le roi. Nous les mettrons nous-mêmes dans la volière.

Cadenet partit comme un trait pour exécuter cet ordre ; jamais chevreuil lancé n'avait bondi avec cette vigueur. Le roi radieux se mit à rire.

— Un de ces jours, dit-il, que mon valet de limier aura

fait buisson creux, il nous faudra courir Cadenet. Eh !... le malheureux va se rompre les reins, quel saut de côté !

— Il évite quelqu'un, sire... une dame, qu'il a failli renverser... la reine !... Heureusement il la salue.

— La reine, dit le roi, à cette heure... que vient-elle faire dans le jardin ? Pourvu que ce ne soit rien qui m'empêche de voir les oiseaux ?

I s'avança, en disant ces mots, vers sa femme. Anne d'Autriche avait quinze ans : six jours de plus que le roi. Sa beauté, tant vantée plus tard, n'était encore que de la grâce de jeune fille ; mais une grâce incomparable, sa peau fine et blanche resplendissait sous le parasol que lui tenait Estefana. Elle souriait ; elle semblait apporter un rayon de plus dans le grand jardin inondé de lumière.

— Si matin, madame, lui cria le roi de loin, vous êtes déjà tout habillée ?

— Le soleil m'attire, répliqua la reine, comme aussi le désir de saluer Votre Majesté.

— Rien que cela ? Oui... tant mieux. Venez donc, vous arrivez à merveille. Luynes se tue de vous saluer, ne le voyez-vous pas ?

— Moi, ne pas voir M. de Luynes ! répondit Anne d'Autriche gracieusement. C'est lui qui ne m'a pas vue, non le saluer, mais lui sourire.

Et elle tendit au favori sa main si belle qu'il effleura respectueusement en se disant :

— Pourquoi la reine est-elle si aimable ce matin ?

— Si vous me voyez un peu étourdie, sire, c'est à cause

d'une rencontre que je viens de faire à une cinquantaine de pas d'ici. Un homme effarouché, ou plutôt un singe, tant il était disloqué, qui a failli me franchir à la course...

— C'était Cadenet! s'écria le roi en riant, ce bon Cadenet qui revient; tenez, le voyez-vous à la petite porte des treilles?

— Précédant un chariot... une litière... je ne sais quoi...

— Vous allez voir! vous allez voir!... Venez au devant, voulez-vous? vous n'en serez pas fâchée. Votre main!

— Belle surprise, pensa Luynes qui les suivait. La reine exècre les oiseaux!

Cependant les porteurs avançaient toujours, et bientôt furent à dix pas du couple royal. Là ils s'arrêtèrent. Cadenet leur ordonna de se retirer à l'écart.

Le roi étendit la main vers l'enveloppe de toile que Luynes coupa de son couteau pour aller plus vite.

A la vue de ce gracieux peuple habillé de rubis, de topazes et de saphirs, le roi croisa ses bras en extase.

La reine poussa un cri de joie et frappa ses petites mains, en répétant :

— Quelles merveilles! quelles merveilles! Vois donc, Estefana, est-il rien de plus beau dans le monde?

— N'est-ce pas? dit le roi ravi. Mettons-les dans la volière.

— Je veux vous y aider, sire! s'écria Anne; je veux toucher et baiser ces délicieuses petites pelotes de soie.

Le roi, enchanté, la précéda vers la grande volière.

— Quoi! se dit Luynes, pensif malgré son activité

apparente, la reine aime aussi les oiseaux ! Décidément il y a aujourd'hui quelque chose.

Et tandis que les deux jeunes époux, l'un dans un muet ravissement, l'autre dans une gaieté nerveuse, faisaient passer chaque oiseau de la cage dans sa nouvelle demeure, avec force remarques et surprises, Luynes observait à la dérobée la grave Espagnole debout derrière sa maîtresse, comme si en comparant le calme de l'une et le tourbillonnement de l'autre, il eût dégagé la solution qu'il cherchait.

Cadenet, lui, avait congédié les porteurs, fermé les portes, et était revenu, spectateur plein de discrétion, s'adosser à un arbre à quelques pas en arrière de la volière.

Soudain la porte du jardin qu'il venait de fermer se rouvrit ; un officier de service entra, chercha sa route dans les quinconces, et apercevant enfin Cadenet, lui fit de loin un signe et lui montra un billet que celui-ci ouvrit et lut, non sans une surprise qui attira l'attention de M. de Luynes.

— Qu'y a-t-il, Cadenet ?
— Un billet de Bernard de Preuil. Tenez, Monsieur.

Luynes lut :

« Mon cher Cadenet, il faut absolument que je remette quelque chose de pressé au roi. Je compte sur toi pour m'introduire. »

— Eh ! mais, dit le favori en fronçant le sourcil, vient-il déjà chercher le prix de sa marchandise ? C'est bien vite !...

— Oh ! monsieur, répliqua Cadenet, je ne le crois pas, il est incapable d'une indélicatesse.

— Hum !... voir le roi en ce moment... c'est impossible.

Anne d'Autriche se retourna. Peut-être était-ce uniquement parce qu'Estefana en s'approchant de la volière lui avait effleuré le coude.

— Plaît-il, monsieur de Luynes ? demanda-t-elle...

— Rien, Votre Majesté. Je parlais à mon frère.

— Ah !... répliqua la jeune reine, dont l'œil perçant avait vu le billet.

— Monsieur, supplia Cadenet bas à de Luynes, faites quelque chose pour ce brave ami qui nous a obligés.

— Soit, vous avez raison.

Et il s'approcha de la volière.

— Sire, dit-il, ce n'est pas tout d'admirer ces beaux oiseaux, il va les falloir nourrir.

— Ah ! mais oui, dit le roi.

— Est-ce que Votre Majesté ne jugerait pas à propos de voir un peu leur maître. Il est là, et pourra donner quelque recette particulière.

— Vraiment, il est là ?

— Et même il annonce avoir quelque chose de pressé à remettre à Votre Majesté. Voici sa lettre.

La reine fit un mouvement involontaire en échangeant avec Estefana un regard significatif qui n'échappa point à Luynes.

— Eh bien ! voyons-le, s'écria le roi, peut-être ce qu'il veut me donner est-il encore une rareté.

— Peut-être ! dit vivement la reine.

— Allez chercher M. de Preuil, commanda Luynes,

dans l'esprit duquel germaient déjà certains doutes sur cette visite matinale, cette accommodante humeur de la reine et ses petites intelligences avec Estefana.

Et il répéta tout bas : Il y a quelque chose.

Cadenet reprit sa course avec des jambes infatigables, comme son bon cœur et sa bonne volonté.

CHAPITRE VIII

Médecine amère

Mais Cadenet revint bientôt, l'oreille basse, la figure pincée. Il écoutait Bernard en se grattant la moustache, et au lieu de l'amener jusqu'à la volière, il le plaça comme au piquet, sous un marronnier à vingt pas.

Le roi, tout entier à l'emménagement des nouveaux pensionnaires, amadouait ceux-ci, taquinait ceux-là pour faire valoir dans des poses variées toutes les richesses de leur plumage.

La reine affectait plus d'attention encore que lui pour la volière, mais sa pensée avide, inquiète, planait à l'entour.

Elle vit du coin de l'œil Cadenet s'approcher de son frère et lui parler bas avec un visage consterné, ce qui jeta une ombre plus épaisse encore sur les traits déjà sérieux de Luynes. Les deux jeunes gens semblaient se consulter, incertains, troublés.

— Remarquez-vous, sire, dit la petite reine en appuyant sa main sur l'épaule de Louis XIII, que pas un de ces oiseaux ne touche au chenevis ni au millet? Assurément, ils demandent une nourriture étrangère qu'il faudrait connaître.

— Eh bien mais! puisque le maître est venu pour cela, dit le roi.

— En effet, ajouta Anne d'un ton plein de nonchalance, le maître.... Où est-il donc le maître des oiseaux?

Luynes, appelé si formellement, s'approcha du roi.

— C'est qu'il vient ici pour un motif bien plus sérieux que le millet ou le chenevis, dit-il, et que j'hésite à présenter au roi une personne chargée d'une pareille mission.

— Mission! s'écria le roi effarouché; il a une mission pour moi, cet homme aux oiseaux?

— Sire, il a été arrêté ce matin dans un bois par des gens qui l'ont forcé, l'épée sur la gorge, de venir rendre une lettre à Votre Majesté.

— Oh! oh! Que signifie cela? dit le jeune prince avec inquiétude.

— Voilà; — que signifie cela, répondit Luynes, c'est ce que je me demande, et j'hésite.

— Il y a de quoi, certes, murmura Louis; la commission est au moins singulière, pour ne pas dire suspecte, et le plus prudent serait peut-être de s'abstenir.

La reine se retourna, et regardant Cadenet, qui mordait impatiemment ses ongles :

— Je croyais, dit-elle, que quelqu'un, ici, connaissait ce messager ?

— Moi, madame, dit Cadenet.

— Eh bien ! alors, quel homme est-ce ?

— Le plus brave compagnon...

— Mais, monsieur, interrompit sévèrement Luynes, il ne s'agit pas seulement de garantir le messager, garantissez-vous aussi le message ?

Cadenet baissa la tête ; la reine retourna sans dire mot à la volière.

— Voyons, murmura le roi, prenons un parti. Voilà des petites bêtes qui vont finir par tomber de faim. Vous parlez, je crois, madame.

— Moi, sire, dit Anne, je pensais qu'on peut toujours parler oiseaux avec ce gentilhomme. Est-il gentilhomme, seulement ?

Cadenet, vivement :

— Oui, madame, un de Preuil ; sa mère était Pontis.

— Ah ! mais, de Preuil, Pontis, voilà des noms rassurants, dit le roi. N'est-ce pas, Luynes ?

— Certainement, sire.

— Causons toujours avec lui, nous verrons bien.

— Nous verrons bien, ajouta la reine.

Cadenet regarda son frère, qui consentit de la tête en disant :

— Le roi le permet.

Et Cadenet courut chercher Bernard. La reine respira largement le bon air tiède et parfumé.

Nous avons dit que Bernard de Preuil était de petite taille, mais bien fait, souple, robuste, et qu'il portait sur son visage une franche et spirituelle bonhomie, dont rendaient témoignage ses yeux bleus limpides et ses lèvres fraîches, toujours entr'ouvertes par un sourire loyal. Cette physionomie plut sur-le-champ à Luynes, qui l'examina en connaisseur, et au roi, dont la défiance était proverbiale.

Quant à la reine, elle tournait le dos et caressait les oiseaux avec Estefana.

Bernard intimidé, presque tremblant, changeait de pied comme un cheval à la gêne, et ne puisait, on le conçoit, aucun secours dans le froid regard de Luynes, ni même dans l'attitude empesée de Cadenet.

— Des espèces charmantes, monsieur, dit enfin le roi, charmantes !

Bernard s'inclina bien bas.

— Qu'est-ce que cela mange ? continua le prince.

— Sire, ceux-ci — les bleus — sont carnassiers ; on leur compose une mouée de cœur de bœuf et de menue viande d'oiseaux pilée avec de l'orge.

— Vraiment ! ils sont carnassiers... dit la reine, encourageant avec un regard plein d'aménité le pauvre garçon glacé par le silence général.

— La reine ! glissa Cadenet bas à l'oreille de Bernard, et celui-ci un peu rouge, mais surmontant son émotion, répliqua :

— Oui, madame, comme tout oiseau chasseur.

— Quoi ! ils chasseraient, s'écria le roi.

— Sire, c'est la pie grièche des Antilles, voyez comme elle est armée, voyez la fermeté de l'œil, la vigueur des mains.

— C'est vrai, vois donc, Luynes.

— En sorte, dit la reine, que ces charmants petits brigands...

— Voleraient, même la perdrix, madame... s'ils étaient instruits par les habiles fauconniers que Sa Majesté a près d'elle.

Luynes fut touché de ce compliment, qui ne sentait ni la flatterie ni la peur, mais plutôt la déférence à d'affectueux souvenirs.

— M. de Preuil, dit-il au roi, est très-bon chasseur au vol, et son opinion a de l'autorité.

Le roi fit un signe de satisfaction, et, après s'être un peu consulté, dit à Luynes :

— Demande-lui donc, en retour de ses beaux oiseaux ce qu'il désire.

Et en même temps le jeune prince regardait Bernard d'un air si engageant, que celui-ci se hasarda :

— Sire, dit-il, je ne demande rien que l'opinion de Votre Majesté sur la conduite qu'il me faut tenir en une circonstance si délicate. M. de Cadenet a-t-il raconté mon aventure ?...

Le roi fronça le sourcil.

— Eh bien ! n'en parlons plus, s'écria Bernard. Plutôt que de déplaire à Sa Majesté, je souffrirais mille morts, et comme l'on ne m'en promet qu'une, j'ai neuf cent quatre-vingt-dix-neuf parts de bénéfice.

— Que veut-il dire ? demanda Louis, touché par la bonne grâce de cette aimable figure.

— Il paraîtrait, balbutia Cadenet, toujours épiant l'assentiment de son frère, qu'on l'a menacé de le tuer si, dans deux heures, il n'avait pas rempli son message.

— Pauvre garçon ! dit froidement la reine.

— Le tuer !... Qui donc le tuerait ? s'écria le roi. N'est-il pas homme à se défendre ?... D'ailleurs, de quoi s'agit-il ?

— D'une simple lettre ! soupira humblement Cadenet.

— Pardon, de trois lettres ! reprit Bernard ; car il y en a trois...

Le roi releva la tête.

— Trois !... Pour moi seul ?

— Non, sire, une seule pour Votre Majesté, les autres pour la reine mère et les princes.

— Voilà qui est curieux, n'est-ce pas, dit la jeune reine en affectant de rire, tandis que Luynes réfléchissait profondément.

Louis secoua la tête.

— Peut-on les voir ? demanda-t-il.

Bernard montra les trois enveloppes, et le roi, sans les toucher :

— Pourquoi, dit-il, venez-vous à moi au lieu d'aller chez ma mère ou chez les princes ?

— Parce que le roi est le maître, parce qu'à tout seigneur tout honneur, et que si Votre Majesté m'eût ordonné de brûler tout ou partie de ces lettres, j'eusse obéi d'abord, sans m'occuper des conséquences.

Le roi se tut. Mais un frisson de joie pâlit sa peau brune et son regard s'adoucit.

— Il y a plus, continua Bernard encouragé par le changement qui s'opérait peu à peu dans les physionomies. Je n'eusse pas pris la liberté de troubler Votre Majesté, sans un double motif qui me vaudra une excuse, je l'espère. D'abord, il se pouvait que ces papiers renfermassent un avis utile, ensuite j'avais fait serment de les remettre à leur adresse.

Le roi regarda Luynes, et cette fois le coup d'œil était clair, assuré comme celui d'un homme résolu à quelque chose.

— Donnez, monsieur de Preuil, dit-il en avançant la main.

— Les trois, sire ?

— Non, la mienne, d'abord. Tiens, Luynes, ouvre et lis.

Bernard fit la révérence et se retira courtoisement hors de la portée des voix. Cadenet le suivit. La reine imita leur exemple, et, s'appuyant sur le bras d'Estefana, s'alla reposer sur le banc de marbre placé en face de la volière, et elle s'assit de manière à tout voir, sinon à tout entendre, dans la scène qui allait se passer.

Luynes décacheta lentement la lettre, et à peine eut-il parcouru les premières lignes, que le roi le vit rougir et donner toutes les marques d'une émotion qui n'était pas feinte.

— Eh bien ! qu'y a-t-il ? s'écria Louis.

— Je me doutais, sire, repartit le favori, que cette lettre devait être difficile à lire.

— Comment ! difficile !

— A tel point, que je supplie Votre Majesté de lire elle-même. Il s'agit là de choses qui ne sont pas dans les attributions de votre fauconnier.

En parlant ainsi, il tendit la lettre au roi qui la repoussa, et répondit après s'être assuré que nul ne pouvait les entendre.

— Nous sommes convenus de lire, lis.

Le favori s'approcha du prince, qui s'adossait, le front penché, au dernier pilier de la vaste volière, et d'une voix mesurée, discrète, il commença la lecture.

« Sire, vous avez quinze ans, vous êtes homme, c'est un peuple que Dieu vous a donné à nourrir, et non pas des chiens ou des gerfauts. »

Louis fit un mouvement. Le lecteur s'arrêta.

— Je croirais prudent, dit-il, de ne pas aller plus loin.

— Pourquoi non, murmura le roi avec un triste sourire. C'est une leçon — un peu amère, comme les médecines que M. de Souvré me forçait à prendre quand j'étais petit. C'est bien mauvais, mais salutaire ; va !

Luynes regarda rapidement autour de lui — à droite, Bernard et Cadenet à moitié perdus sous les feuillages — à gauche la jeune reine qui jetait des fraises aux oiseaux par les mailles de la cage, et semblait oublier l'univers pour ce puéril amusement.

Il reprit :

« Est-ce votre dessein que le vaste royaume conquis par le héros votre père soit chaque jour écorné par une bande d'étrangers, traîtres et voleurs qui s'abritent derrière le manteau royal que vous seul en France avez le droit de porter ? »

Le roi frémit, laissa échapper comme un murmure de douleur qui suspendit la lecture encore une fois. Il regarda Luynes d'un air abattu et ne proféra que ce seul mot : Va !

En vain Luynes interrogea-t-il de nouveau le groupe formé par Estefana et la reine. Pas un regard, pas un signe de curiosité.

« Faudra-t-il, poursuivit le jeune homme, que vos peuples vous confondent dans la haine et le mépris qu'ils portent aux conseillers de votre mère ? Prenez-y garde, Louis. Régnez. Les ambitieux vous disent qu'il n'est pas temps encore. Bientôt la France vous dira qu'il ne l'est plus. »

— Oh ! s'écria le roi frémissant et pâle, en arrachant la lettre des mains de M. de Luynes, qui donc ose m'écrire ainsi !...

— Eh ! pensa Cadenet de loin, on dirait que cela va mal.

La reine s'était retournée ; elle avait surpris ce mouvement convulsif, cette pâleur de Louis, et un fugiti éclair avait illuminé son visage. Puis, comme après l'éclair, tout était redevenu calme et uniforme sur son front d'enfant.

Louis relut silencieusement la lettre sans prendre souci de dissimuler ses angoisses au confident qu'il chérissait le plus.

— Voilà donc, murmura-t-il, la pensée populaire telle qu'elle court par les chemins! Et c'est vrai, n'est-ce pas, Luynes? C'est vrai, car celui qui m'écrit ainsi ne me veut pas de mal; il n'est pas l'ami des *autres*, il n'est pas mon ennemi.

— Je ne crois pas, sire.

Louis appuya une main sur son front.

— Qu'avez-vous? s'écria Luynes, qui crut le voir chanceler.

— Sais-tu, repartit le roi d'une voix troublée, il m'a semblé voir passer mon père sous ces noirs ombrages, et il me regardait sévèrement.

— Sire, s'écria de son banc la jeune reine, que décide-t-on, voilà quelques-uns de nos prisonniers qui languissent. C'est l'heure du repas peut-être?

Louis tressaillit. Il rejeta en arrière ses longs cheveux, et sans répondre à ce qu'on venait de lui dire :

— Luynes, fais avancer ce jeune homme, commanda-t-il d'une voix brève.

Cadenet, sur un signe de son frère, poussa Bernard en avant et lui murmura

— Tiens-toi bien !

— Monsieur, dit le roi, vous me jurez que ces lettres vous sont venues de la façon que vous l'avez raconté?

— Oh! sire!...

— Et que vous ne soupçonnez même pas de quelle part elles peuvent venir?

— Je le jure sur mon salut éternel.

— Le contenu de celle-ci... vous en doutez-vous?

— Pas plus que des autres, sire, s'écria Bernard éperdu, mais rayonnant d'une franchise irrésistible.

— Et bien, reprit le jeune prince avec calme, faites près de la reine, ma mère, comme vous avez fait près de moi : rendez-lui la dépêche qui porte son nom. Luynes vous accompagnera et vous servira d'introducteur. Quant à la lettre destinée à MM. les princes, notamment à mon cousin de Condé, faites selon les circonstances. Adieu, monsieur.

Le roi se retourna vers Anne d'Autriche.

— Excusez-nous, madame, dit-il précipitamment; j'ai affaire chez moi, je rentre. Venez, Cadenet.

Et il partit, hâtant sa marche, de sorte qu'il eut bientôt disparu aux yeux de la reine, qui recueillait avidement chaque nuance de sa voix, chaque tressaillement de son visage.

Luynes avait bien employé son temps pendant l'échange de ces rapides adieux. Il avait tout vu; mais ses idées flottaient encore, semblables aux brouillards qui planent sur la montagne avec l'apparence d'une réalité gigantesque, et que le pied d'un enfant déchire et dissout au passage.

Comment donner un corps à ses soupçons? Quel nom donner ensuite à ce corps? Il hésitait, bien malheureux de ne pas deviner, lorsque la reine fit un pas vers lui et l'appela du doigt :

— Monsieur, lui dit-elle avec un regard à la fois timide et scrutateur, vous êtes le meilleur ami du roi, voilà pourquoi je me hasarde à vous parler comme je fais. Notez bien que je ne vous demande aucune confidence, je respecte avant tout les secrets de Sa Majesté ; mais enfin, je suis sa femme, ses peines m'intéressent ainsi que ses joies, et je viens de remarquer beaucoup d'émotion sur son visage. Me suis-je trompée?

— Non, madame, répliqua Luynes, qui sentait l'importance de ne point perdre une parole, un geste de cet entretien, dont sa sagacité lui révélait l'immense portée. Il ouvrit donc deux yeux perçants, deux oreilles avides.

— Eh bien, poursuivit la reine, je répète que je ne questionne pas; je vous supplie même de ne me rien dire de ce qu'il y avait dans cette lettre. Seulement, confiez-moi si je dois m'en alarmer ou m'en réjouir; dites-moi sincèrement s'il peut en résulter un détriment ou un avantage pour nous.

Ces paroles, accompagnées d'un regard qui pénétrait jusqu'au fond de l'âme, d'un regard lumineux et puissant comme celui de toute femme qui veut savoir, éclairèrent enfin les ténèbres dans lesquelles se débattait l'esprit du favori, depuis le commencement de cette intrigue. Il s'était demandé cent fois en une heure à qui pouvait profiter l'impression produite par ces lettres sur le jeune roi, et par conséquent de quelle personne pouvait émaner un pareil avis. Et voilà que devant lui apparaissait la femme, isolée, humiliée, la reine reléguée loin du trône, la bru éclipsée par sa belle-mère, l'exilée espagnole réduite à regretter sa patrie. Luynes faillit se frapper le front pour se punir de n'avoir pas deviné plus tôt.

De la réponse qu'il allait faire, et qu'on attendait, et qui pouvait signifier tant de choses conciliantes ou hostiles, dépendait tout l'avenir de ce favori. On lui demandait une signature pour un traité d'alliance ou une déclaration de guerre à outrance. Il s'agissait de choisir et de choisir sans hésiter, car l'hésitation même était un aveu.

— Madame, répliqua Luynes, si je m'arrogeais le droit de révéler un secret de mon maître, je vous donnerais le droit de mépriser mes services ; mais sans rien révéler, je puis vous dire que le roi vient de recevoir un avis important.

— Bon à suivre, ou non ? demanda fermement la reine. Je tiens à votre opinion ; je la veux...

— La voici, madame. Il faut que la personne qui a écrit ainsi au roi soit bien puissante ou bien cachée, car l'avis est hardi. Mais, quant à moi, je le trouve noble ; et si, au lieu d'être fauconnier, j'étais roi, je le suivrais.

— Bien, dit la reine, qui n'avait cessé d'épier la vérité dans les yeux de son interlocuteur ; bien, voilà qui me rassure. Merci, monsieur de Luynes. Eh bien ! si telle est votre opinion, n'userez-vous pas de votre pouvoir sur le roi pour lui conseiller son avantage? Comprenez-vous que je parle ainsi, moi, la reine, sa femme?

— Je le comprends et le ferai! répliqua Luynes qui s'inclina ébloui sur la main que lui offrait Anne d'Autriche avec un radieux sourire. En devinant la ruse, il avait découvert le génie.

Elle s'éloigna, pressant avec ivresse le bras d'Estefana.

— N'allons-nous pas chez la reine, monsieur, dit timidement Bernard, dont la voix réveilla enfin le favori. Excusez-moi si j'insiste, mais on m'attend chez moi, et l'on me croit en danger.

— Le danger n'est que trop réel, pensa Luynes, si la lettre à la reine mère a été rédigée par la main que je connais maintenant.

CHAPITRE IX

Moment critique

Quelle n'eût pas été l'inquiétude du brave du Bourdet, s'il eût pu savoir au milieu de quelles complications ce malheureux Bernard allait faire son apparition chez la reine mère.

C'était par une de ces journées fatales où l'atmosphère des cours, saturée depuis longtemps des vapeurs de toutes les passions mauvaises, se dilate et vibre dans une effrayante immobilité. Qu'un souffle naisse, il devient ouragan; qu'une étincelle jaillisse, elle se fait incendie. Mais, en attendant, tout cela couve et fermente. La nuée épaissit, envahit le ciel, et malheur à la créature qui n'a pas cherché son nid, à la plante qui n'a pas affermi sa racine et courbé sa tête.

A cent pas de ces paisibles jardins d'où nous sortons, l'orage est imminent. Chacun le pressent et s'y prépare. Dans les galeries voisines du cabinet de la reine mère, les courtisans se sont d'abord inquiétés de la longueur du conseil. Ils ont vu avec défiance s'y rassembler ceux des ministres et des favoris que désigne surtout la haine du peuple, M. d'Espernon, inquiet, malgré sa suite, le maréchal d'Ancre, mal rassuré par son cortége royal. Les gardes sont consignés, les Suisses rangés en bataille devant leur caserne. Il est vrai que la sédition a éclaté dans Paris, et que tout y remue. Mais ce qui alarme le plus les observateurs clairvoyants, c'est l'attitude des maîtres, qui, au lieu de songer à réprimer cette effervescence de la capitale, semblent concentrer leurs forces et leurs plans à l'intérieur du palais, pour quelque sérieuse entreprise.

Et puis, ce qu'on appelle le conseil est terminé. Les conseillers se promènent çà et là dans les galeries ou regagnent leurs demeures. Seuls, la reine mère, le maréchal d'Ancre et M. d'Espernon avec le garde des sceaux Mangot et le ministre Barbin, continuent à s'entretenir bas au milieu du grand cabinet dont toutes les portes sont ouvertes, de sorte que rien n'est plus étrange, plus inquiétant peut-être que ce conciliabule de gens qu'on voit de loin, mais qu'on n'entend pas et dont les figures, malgré tout l'effort de la diplomatie, cachent mal une douloureuse préoccupation.

Le bruit court dans la galerie que le prince de Condé s'est ému des pétitions du peuple et qu'il doit venir, avec une nombreuse ambassade, exposer à la reine des griefs depuis longtemps envenimés.

D'autres assurent que le duc de Vendôme, fils aîné de Gabrielle et du feu roi, frère naturel de Louis XIII, est en marche avec ses gentilshommes pour apporter à la reine mère les plaintes du parlement au sujet de l'agression dont M. d'Espernon s'est rendu coupable le matin même. Et ce prince, aimé des Parisiens, qui n'ont pas oublié sa mère, ne doute pas d'obtenir justice, soutenu qu'il est par le droit et la faveur de tout un peuple qui compte sur lui.

Voilà donc la guerre civile bien engagée, bien certaine. Les vieilles rancunes dérouillent leurs épées, la Ligue, au besoin, retrouvera ses gothiques arquebuses, et si les huguenots s'en mêlent, il reste bien quelque part des tronçons de poignard usés à la Saint-Barthélemy.

Dans un angle de la galerie le plus rapproché du cabinet de Marie de Médicis, plusieurs dames s'entretiennent à voix basse, oiseaux tremblants qui frissonnent de la tempête prochaine. Parmi elles, la comtesse de Sept-Églises attend la fin des délibérations de la reine, pour donner les ordres nécessaires à son service de dame d'honneur.

En face d'elle, dans l'angle opposé, un groupe d'hommes affairés commentent les nouvelles. Il y a des Français, des Italiens, des Espagnols. Les Français soupirent, les Italiens craignent, les Espagnols espèrent. Car pour les premiers il s'agit de la patrie, pour les seconds de la fortune, pour les derniers de la conquête.

Un homme représente particulièrement ce parti dangereux, auquel la faiblesse inexplicable de la reine mère et la torpeur du jeune roi assurent l'impunité. C'est un cavalier de moyenne taille, mince, élégant, jeune de façons et de tournure, au teint légèrement bistré qui révèle sa Castille. Ses yeux saillants laissent transparaître une paillette de feu rouge sous leur noire prunelle, et son regard emprunte à ce mélange de pourpre et de jais les fauves chatoiements d'un œil de tigre. De larges pommettes qui montent jusqu'à la paupière, comme pour en dérober le jeu en certaines circonstances, des dents irrégulières sous une lèvre arabe, le front bombé de l'obstination, le nez busqué du dominateur, voilà toute la figure. L'ensemble est plutôt beau que médiocre, plutôt effrayant que beau. Quand il regarde le groupe de femmes, assurément belles et attrayantes, qui posent vis-à-vis de lui, son œil ne voit rien, et pourtant il brille. C'est qu'il n'y a là que sa femme. Quand il observe le groupe de causeurs présidé par la reine, ce même œil voit tout, et pourtant vous le diriez mort. Là est sa fortune, sa vie. Cet homme s'appelle le comte Luis Calderon de Siete Iglesias.

Un souci rongeur le dévore en ce moment. Les secrets

de la France se discutent devant lui, sans lui. Ce n'est pas que sa faveur pâlisse. Jamais la reine n'a eu pour lui de plus caressants sourires : jamais le maréchal d'Ancre, son protecteur, ne lui a plus promis. Quant à M. d'Espernon, à son retour du palais, il avait fait prier le comte de l'attendre après le conseil pour une communication importante. Mais n'importe, il se trame à dix pas de lui quelque grave événement: les joueurs combinent un coup décisif pour le gain d'une partie dont on ose ne pas le prévenir. Et pourtant il a fait dire à la reine qu'il avait à lui transmettre un avis de son gouvernement. Et il attend !

L'Espagne est humiliée.

Mais non, l'étoile de l'Espagne se rallume, le maréchal d'Ancre se retourne, cherche des yeux en clignotant, aperçoit don Luis et l'appelle. Un officier des gardes empressé devine le signe et court chercher l'Espagnol dont le cœur est soulagé. Le voilà du conseil secret.

La reine mère, belle et grande avec ses traits plus allemands qu'italiens et l'exubérante majesté de sa beauté d'automne qui resplendit dans le velours, accueille gracieusement la profonde révérence du nouveau conseiller. Le mauvais français qu'elle parle est un affront de plus pour le pays auquel elle doit sa couronne.

—On m'avertit, monsieur le comte, murmura-t-elle sans changer de visage, que vous avez reçu ce matin de fraîches nouvelles d'Espagne. Vous auriez dit à M. le maréchal d'Ancre, qui me l'a répété, que Sa Majesté Philippe III rendrait un grand service au roi de

France en occupant son trône seulement une heure.

— Je l'ai dit, madame, répliqua l'Espagnol.

— Serait-il indiscret de demander pourquoi ?

Le Castillan prit un air de componction :

— Non, madame, car si j'ai là-bas mon roi, j'ai ici une reine, dont vous êtes la tutrice et la mère. Et jamais péril plus grand n'a menacé la maison de France, du moins voilà ce que don Rodrigue, mon oncle, m'a écrit ce matin et que j'avais hâte d'apprendre à Votre Majesté.

— Ch'o detto ! s'écria M. d'Ancre.

— Basta ! basta ! dit la reine, sans qu'aucun des interlocuteurs fît cette remarque bizarre que le salut de la France se débattait en ce moment entre un Espagnol et deux Italiens.

Puis elle ajouta :

— Si le danger était si grand, pourquoi notre allié ne ne nous avertissait-il pas ?

— Parce que, madame, dit don Luis, l'Espagne se fait une loi de n'intervenir jamais dans les affaires de ce royaume sans en avoir reçu l'invitation la plus formelle de Votre Majesté.

Un sourire narquois passa sur les lèvres caustiques du maréchal d'Ancre.

— Parfandious ! s'écria d'Espernon, l'on commence par aider sa reine, et puis après l'on compte avec le cérémonial.

— Ce n'est pas ainsi chez nous, répliqua gravement l'Espagnol ; nul ne sauve reine ou roi sans ordre. On risquerait trop de les offenser en doutant de leur toute-puissance, d'ailleurs on offenserait Dieu, qui seul suffit à protéger les rois.

— C'est assurément très-noble, dit d'Espernon railleur; mais, chez nous, les rois préfèrent la méthode française.

— Vediamo, interrompit la reine, ce danger découvert par l'Espagne et que nous ignorons.

— Madame, dit solennellement don Luis, il se lève en ce moment deux armées en France, le savez-vous ?

— Deux armées !... sous quels drapeaux ?

— Au nom des princes, agissant au nom du roi.

Les cinq membres du conciliabule échangèrent un rapide regard qui n'échappa point à l'Espagnol : il révélait à la fois l'ignorance, la stupeur et la terreur.

— Est-ce bien possible ! murmura la reine.

— A ce point, madame, répliqua froidement don Luis, que le roi d'Espagne en lève une de son côté pour assurer ses frontières... et voler, en cas de besoin, au secours de la reine, sa fille.

— Et nous hésiterions après cela ! s'écria le maréchal qui semblait triompher de ce nouvel avis, comme s'il arrivait à l'appui du sien.

— Leur prétexte ? demanda la reine timidement.

— Diverses subtilités, dit l'Espagnol que la vérité embarrassait.

— Allons, madame, il faut en finir, du courage, glissa d'Espernon à l'oreille de Marie de Médicis. N'attendez pas que cette armée soit en bataille. Otez-lui ses chefs !

8*

— Faites-nous libres une bonne fois, souffla Concini à l'autre oreille.

— C'est l'affaire d'un moment pour arrêter tous les princes, ajouta d'Espernon. Il suffit de douze hommes résolus commandés par moi, et je dispose d'au moins soixante.

— J'ai en bas deux cents épées pour les conduire à la Bastille, dit Concini en italien à sa royale compatriote.

La reine hésitait, soupirait, regardait le tapis. L'Espagnol surveillait ardemment le beau jeu de l'Espagne. Brelan de guerres civiles !

C'est à ce moment si peu opportun que Luynes entra, guidant Bernard, Bernard dont les yeux éblouis ne distinguaient dans cette foule que de l'or et du bruit.

La reine mère aperçut la première le favori de son fils. Elle sentit que de ce côté encore lui arrivait une mauvaise nouvelle : mais, satisfaite de gagner quelques minutes sur la terrible mesure qu'on lui proposait, elle sortit du cercle et vint au devant de Luynes presque à la porte du cabinet.

— Madame, lui dit le fauconnier, j'ai l'honneur d'amener à Votre Majesté, de la part du roi, un jeune gentilhomme chargé de lui remettre une dépêche pressée, M. le baron Bernard de Preuil.

Marie de Médicis fit un signe, Bernard approcha, malheureux et triste comme un hibou en plein soleil.

— De la part de mon fils tout est bien venu, dit la reine très-haut pour que pas une oreille n'en perdit une lettre, donnez cette dépêche.

— Peut-être, balbutia Bernard, au comble de l'embarras, et retenant encore sa lettre tout en cherchant des yeux Luynes, son soutien, peut-être serait-il prudent d'instruire Sa Majesté de la manière dont cette missive m'est tombée entre les mains.

Luynes savait trop bien la cour pour accepter une responsabilité aussi périlleuse. Il se tut.

— La manière importe peu, dit la reine; donnez donc.

Bernard tendit l'enveloppe en s'applaudissant de tant de bienveillance et de facilité. Mais que devint-il, quand en se relevant pour profiter de l'audience et bien admirer sa belle reine, il ne vit que des sourcils contractés par la stupeur, puis des joues pâlissantes, puis des yeux étincelants, et enfin un tremblement de fureur qui changeait la majesté en Euménide.

— Ah ça? se demanda-t-il, est-ce que j'aurais oublié un de mes petits serpents dans cette enveloppe?

La reine crispa ses mains dans un accès de colère, et, appelant Luynes :

— Monsou Louines, articula-t-elle d'une voix stridente, ne dites-vous pas que c'est le roi qui m'envoie ceci?

Ceci fut prononcé de façon à faire rentrer sous terre un million d'amateurs d'oiseaux et autant de fauconniers.

Luynes répliqua tranquillement :

— Ce n'est pas *ceci*, madame, que Sa Majesté m'a chargé de vous faire parvenir, mais c'est monsieur qu'il m'a ordonné d'amener à vous.

— Et qui est monsieur?

— Bernard de Preuil, murmura le pauvre messager.

— C'est un homme hardi ! gronda la reine avec un regard de lionne blessée qui n'expliquait que trop bien le sens et la valeur du message.

— Mon Dieu, madame, se hâta de dire Bernard, on ne peut plus alarmé de ce préambule, daignez vous souvenir que j'allais vous apprendre comment j'ai été chargé de ces malheureuses lettres.

Et il conta son histoire de la forêt, des hommes masqués, du serment. Jamais narrateur ne fut plus écouté, moins cru.

Le récit était pourtant naïf et bien fait pour intéresser, car dans le groupe des dames placées près de la reine, on eût pu voir la plus jeune, la plus belle, pâlir, se troubler, se dissimuler derrière ses compagnes. C'était la comtesse de Sept-Églises, en proie à l'inquiétude, et à la compassion plus dangereuse encore.

La reine balançant sa tête avec dédain :

— Voilà une histoire invraisemblable, murmura-t-elle en se retournant vers le maréchal d'Espernon. Qu'en pensez-vous, messieurs ?

Et elle leur passa la lettre qu'ils parcoururent avec les mêmes témoignages d'indignation.

— Mauvaise affaire, pensa Bernard.

— Quoi ! une sommation de quitter le pouvoir, à vous ! la reine ! murmura d'Espernon.

— Sait-il bien ce qu'il a apporté là, dit le maréchal pâle de colère en s'approchant.

— Pas plus que je ne le savais en portant au roi la lettre qui était pour lui, répliqua Bernard piqué de ce ton hautain.

— Il en a porté une au roi ! s'écria la reine mère épouvantée — surtout quand Luynes eut baissé la tête pour dire oui.

— Et j'en ai encore une à remettre, fit Bernard croyant donner une preuve de plus de sa bonne foi ; — sur ce, il tendit sa troisième épître.

— *A M. de Condé !*

— *Aux princes !* épela d'Espernon.

— Ouvrez ! ouvrez ! commanda la reine frappée une fois de plus par ces noms malencontreux.

— Ah ! le coquin allait aux princes, grommela le maréchal d'un air de bas soupçon humiliant comme un coup de houssine.

— Eh ! monsieur, je fusse allé au diable, dit Bernard fatigué de ces roulements d'yeux et de ces demi-mots menaçants :

— Et il dit qu'on l'a arrêté au coin d'un bois ! reprit l'un en ricanant.

— Et qu'on l'a failli tuer, interrompit l'autre avec un grincement de mauvais augure.

— Et qu'on l'a fait jurer sur une croix d'épée.

— Comme si un brave homme jurait contre sa conscience, fit d'Espernon avec mépris.

Bernard sentit le rouge lui monter au visage.

— Ma foi, monsieur, je suis aussi brave homme qu'un

autre, et j'ai juré, dit-il, bien juré. J'aurais voulu vous y voir !

— La fable est heureuse, fit la reine.

— La fable est heureuse, répétèrent les courtisans.

— Mais toute fable cache une vérité, reprit Marie de Médicis d'un ton de froide menace, et nous allons aviser au moyen de lui faire avouer ses complices, à lui ou aux siens.

Le comte de Siete-Iglesias se mêla au concert. Il avait, non sans trouble, pris sa part de la lecture, et l'Espagne avait peut-être été maltraitée par le correspondant, car don Luis ajouta :

— Je connais deux moyens qui font parler tout le monde : la prison d'abord, la torture ensuite.

— Ah ! s'écria Bernard, révolté de ces paroles et du noir sourire qui les avait accompagnées, ni l'un ni l'autre ne m'arrachera une syllabe de plus que ce que j'ai dit. Quant aux miens, ils ne sont pas plus lâches que moi, et je vous défie de faire parler même le bonhomme du Bourdet, mon beau-père, même mon petit frère Aubin.

Il s'arrêta. En face de lui, sous l'ombre d'un rideau, derrière le rempart des dames d'honneur, une adorable figure de femme pâle, éplorée, lui faisait signe de se taire, un doigt sur la bouche, avec une irrésistible expression de prière et d'effroi.

La vision disparut comme il cherchait à la voir mieux, et, soudain, entra dans la galerie le capitaine des gardes, M. de Thémines, qui cherchait la reine, et vint lui dire à voix basse :

— M. le prince, madame. Il entre au Louvre suivi de gens auxquels il vient de promettre vengeance.

Le duc d'Espernon et le maréchal se regardèrent avec anxiété. La reine hésitait encore, lorsque le baron de Vitry se fraya un passage à travers les groupes, et s'approchant à son tour :

— M. de Vendôme, dit-il, descend de chez lui pour aller porter au roi la plainte du parlement.

— Lui ! parler au roi ! s'écria Marie épouvantée ; jamais ! jamais ! je ne veux pas qu'on parle au roi !

— Vous en tenez deux dans le Louvre ; donnez vos ordres, murmura le maréchal.

— Rappelez-vous que tout est prêt, dit d'Espernon. Si vous tardez, l'occasion va passer.

— Il le faut donc. Eh bien, qu'on les arrête tous les deux.

— Madame, dit M. de Thémines un peu troublé, un premier prince du sang ! la chose mérite un ordre bien en règle.....

— Et signé ! dit Vitry. M. de Vendôme est fils du feu roi !

— Vous aurez ces deux ordres, messieurs, répliqua la reine en emmenant avec elle le maréchal et les deux officiers.

— Il n'est plus temps de rien ménager, dit d'Espernon bas à l'Espagnol. Savez-vous ce que m'a dit le premier président au Palais, tout à l'heure ?

L'Espagnol approcha son oreille, le duc y versa le secret.

— Et vous restez ici tranquillement, murmura don Luis

livide, quand il ne faudrait pas que cet homme fît un pas, un geste, sans que nous en fussions informés !

— J'y ai pourvu déjà, répliqua d'Espernon ; soyez calme !

Les portes du cabinet se fermèrent sur cette scène de confusion.

Luynes s'était prudemment dérobé pendant la bagarre, afin d'aller tout annoncer au roi. Les courtisans avaient disparu au premier roulement du tonnerre.

Bernard, tremblant, désorienté, n'avait pas bougé de place ; il lui semblait voir passer et repasser des ombres ; tous ces capitaines, toutes ces colères, toutes ces épées étaient pour lui seul. Il se croyait déjà arrêté, se voyait bientôt condamné, puis torturé ; peut-être bien ne se trompait-il pas.

Soudain une main frôla son épaule, une autre main lui ouvrit doucement les doigts qu'il tenait serrés comme sur la poignée d'une épée.

Il fit un mouvement. C'était l'inconnue, au regard pénétrant, à la bouche enchanteresse, dont le signe l'avait averti un moment auparavant.

— Derrière vous, lui dit-elle bien bas, il y a une porte, celle de la chambre aux parfums, qui donne sur l'escalier des jardins, ouvrez-la ; fuyez ! et ne tardez pas une seconde ! Si la reine revient, vous êtes perdu !

Il la regardait, immobile, hébété, ivre.

— Allez donc ! s'écria-t-elle, vous avez la clef dans la main ; allez donc, ou je suis perdue comme vous !

Il se retourna d'un bond, palpa la serrure, ouvrit, s'élança, chercha vaguement encore une fois la céleste apparition ; mais tout était brouillard, délire, ténèbres autour de lui comme en lui. Après s'être heurté, froissé, déchiré à des murs, à des meubles, à des rampes, il sentit tout à coup l'air frais sur son front, le grand jour sur ses yeux ; des pieds, des épaules qui meurtrissaient son épaule et ses pieds, il était hors des Tuileries en plein soleil, en pleine foule, au milieu de gens hurlant, bondissant, aussi fous que lui.

Paris se révoltait en faveur des princes arrêtés, et Bernard, libre et sauf, se rappelait qu'il avait un père et un frère près du pont Neuf, aux *Fils Aymon*.

CHAPITRE X

Orage.

Quel autre qu'un Parisien pourrait comprendre ce qu'est Paris un jour d'orage populaire ? Et le comprendre, c'est encore bien loin de l'exprimer.

Les cloches en branle, les chariots arrêtés en travers des rues ; ce silence soudain des bruits pacifiques, ce bruit soudain des courses effarées de l'émeute, suivi des marches mesurées, solennelles de la troupe armée ; plus de femmes, plus d'enfants ; portes closes ; des regards sombres derrière un volet ; l'éclair d'une arme jaillissant du fond noir des boutiques, — et puis, tout à coup, explosion de clameurs, de voix, de multitudes, coups de feu sinistres qui violent l'air, puis, la solitude blanche, funèbre du pavé que jonche çà et là un cadavre. O Parisiens ! qui connaît tout cela mieux que vous ? Qui de vous ne le connaît pas ?

A peine l'arrestation des princes fut-elle sue, que toute la ville comprit la portée du coup d'État, et se divisa aussitôt en plusieurs partis suivant ses intérêts ou ses haines. La princesse de Condé, la mère, descendit seule à pied dans la rue, et appela le peuple à venger son fils, qu'elle disait assassiné par le maréchal d'Ancre.

La jeune duchesse de Vendôme, suivie de ses gens, enflammait de son côté la colère des Parisiens à qui elle rappelait que son mari était fils d'Henri IV, et qu'on allait l'exiler, le tuer peut-être pour le punir d'avoir voulu révéler au roi, son frère, les complots des étrangers. Et le peuple, irrité de voir maltraiter ainsi ceux qui s'étaient proclamés ses défenseurs, frémissait, s'agitait, s'armait.

Autour du palais et de la maison du président, se formaient des groupes d'écoliers, de bourgeois et de ceux qui, plus intelligents, criant moins et observant plus, savaient l'endroit bien choisi pour l'observation. Mais déjà d'autres groupes, à figures basses, suspectes, venaient occuper les abords de cette maison ; on devinait en eux des suppôts de quelque puissance masquée envoyés là pour surveiller d'abord, pour agir ensuite ; et quelles actions attendre de pareilles figures ?

Peu à peu, ces étranges gardiens firent peur aux honnêtes gens, à l'émeute elle-même, et demeurèrent seuls maîtres de la place, grossissant d'heure en heure, recrutant dans leurs rangs des soldats aussi bizarres qu'ils étaient eux-mêmes de bizarres bourgeois. Et ces rassemblements finirent par prendre, pour la maison de M. de Harlay, un caractère si alarmant que le bailli du Palais fit tout à coup sortir ses archers et ses gens, au nombre de cent hommes bien armés, bien résolus, qui, détachant ces groupes dangereux de la muraille où ils semblaient vouloir s'incruster, dégagèrent les portes, s'y placèrent en sentinelles avec un service régulier comme devant une place de guerre, en sorte que la vue des épées bien affilées, des mèches bien ardentes décida promptement la retraite de ces loups qu'on avait envoyés guetter l'occasion pour entrer dans la bergerie et dévorer, sinon les brebis, du moins le berger.

La tourbe s'éloigna, emportant dans les plis de ses manteaux fangeux bien des espérances plus fangeuses encore; et dans la maison de ce juste, intrépide et tenace, rien n'avait remué, pas même un verrou, rien n'avait tressailli, pas même son cœur.

Cette nuée passa donc en sifflant sur ces murs, que menaçaient tant de haines, et s'épandit par les rues pour se dédommager du mal qu'elle n'avait pu faire.

Chose étrange ! dans cet immense Paris, pris de vertige et de fièvre, le seul endroit peut-être que la sédition eût respecté, c'était le but véritable de la sédition.

Rue de Tournon, à l'hôtel du maréchal, où la paix était revenue depuis les scènes de la matinée, cette paix s'était installée si bien qu'on eût dit le lit de la mollesse habité par la sécurité.

Dans le grand cabinet de la maréchale, tous les rideaux bien clos laissent avarement pénétrer la clarté du jour; un rayon égaré glisse timidement sur la tapisserie et va solliciter, à l'angle d'un grand cadre, le haut relief des fleurs dorées où la lumière attache son étincelle. De larges rosiers, des résédas, des jasmins respirent dans cette ombre; sur les meubles, sur les cheminées, sur les dressoirs, c'est un entassement de merveilles semées de bizarreries: l'avarice et la superstition décorent ce splendide palais. Un lingot d'or mal façonné en statue se dresse, flanqué de cailloux pris dans le lit du Jourdain, au milieu d'amulettes juives et de papyrus, vendus pour des talismans sacrés à la crédule Florentine; un sublime tableau de Raphaël, présent du pape, a pour pendant un mauvais petit cadre noir bourré de douteuses reliques enchâssées, sous verre, dans des gaufrures de carton doré. L'angle principal du cabinet forme un dais sous lequel brûle, dans une des lampes de Saint-Marc, l'éternel feu consacré à la madone favorite; mais çà et là des petits autels dédiés aux saints les plus amis de Léonora balancent la madone par le luxe des ornements et des offrandes. La vaste salle est devenue trop petite pour le nombre des idoles. Car la maréchale adore tous ses jours de bonheur représentés par les saints patrons qui y correspondent, et, comme une païenne de Tyr ou de Lampsaque, elle a ses dieux mauvais qu'il faut fléchir à force de prières et d'encens.

L'œil fatigué du spectacle de tant d'incohérences veut-il chercher un endroit plus calme pour se reposer, c'est auprès de la fenêtre, dans un fauteuil lourd comme un édifice qu'il trouvera la maîtresse, la fée singulière de ce pandémonium.

Mince et petite, si frêle qu'elle plie à chaque mouvement, à chaque pensée, la maréchale, à peine remise de l'alerte de la matinée, s'est étendue ou plutôt s'est ensevelie dans les coussins, d'où sa tête brune et ses bras maigres parviennent seuls à s'échapper. Quelque chose cache ses pieds : c'est le jeune comte son fils, enfant de douze ans, qui dort roulé dans une peau de léopard, le front perdu sous les plis de la robe, une main sur les genoux de sa mère. Léonora, oubliant celui-là, roule et caresse dans ses doigts inquiets un bracelet de cheveux blonds, les cheveux de sa fille qu'elle a perdue.

Sans la lueur de la lampe qui brûle, sans un bruit bizarre qui grince dans cette chambre, on dirait une salle de Pompéi découverte après mille ans, avec ses morts tout assis et vêtus, avec toutes ses richesses cueillies dans les trois parties du monde, alors qu'il y avait autant de dieux frileux autour du foyer d'un riche que de rois esclaves dans le vestibule de César.

Mais ce bruit annonce la vie. C'est la plume infatigable du secrétaire-intendant de Léonora, du signor Corbinelli, Italien au crâne pointu, aux yeux doucereux, aux mains crochues, lequel, modestement perché sur un tabouret qu'a dédaigné la petite chienne Philé, noircit de chiffres un papier que la maréchale est obligée d'appeler à l'aide de sa mémoire pour dresser l'inventaire de sa fabuleuse richesse.

— Voyons, dit Léonora, le compte des articles est-il fait ?

Corbinelli se mit à lire sa liste :

Immeubles.

« Au marquisat d'Ancre : total des biens en terre et domaines, un million de livres. »

— Et les intérêts depuis trois ans ? dit la maréchale.

— Madame, ils ne figurent pas au bilan.

— On les aura détournés pour quelque jeu, quelque sottise. Toujours on me trompe, Corbinelli ; mais cela finira une bonne fois.

— « Lésigny et les annexes, deux cent mille livres ; l'hôtel rue de Tournon et son mobilier, quatre cent mille écus ; la maison du faubourg, cent mille livres. »

— C'est un million cinq cent mille livres ?

— Oui, madame. « Les charges à la cour, y compris celle de premier gentilhomme, l'intendant de la maison de la reine, de dame d'atours, plus celle du gouvernement de Normandie, et l'office de maréchal, deux millions de livres, si on les vendait. »

— Oui, mais les vendre, c'est dire qu'on veut se retirer, interrompit Léonora, d'un air sombre ; se retirer, c'est céder. Cependant il faut bien partir, n'est-ce pas, Corbinelli !

Elle lança un regard fauve à travers la vitre de l'autre côté de la rue.

— Il faut bien fuir devant ce cordonnier. Si l'on ne fuit pas, on meurt. Oh ! ne secoue pas la tête, Corbinelli, on meurt, te dis-je ; cet homme a un regard mortel. Tu sais bien qu'il existe des créatures douées de ce pouvoir terrible ; leur œil vous attire, vous saisit, vous garde et vous tue.

— Mais, madame, je crois bien que celui-là est plutôt tué par vous que vous ne le serez par lui. N'entendites-vous point les bâtons, ce matin?... Ha ! ha ! comme ses os craquaient ! J'oserais répondre à madame la marquise qu'il crève en ce moment dans quelque coin.

— Non ! dit Léonora. non ! Il reviendra ; je le verrai encore là, sous ces ignobles lambris de sa baraque. Et s'il est mort, Corbinelli, il reviendra plus que jamais ! Ah ! je ferai dévotion à saint Antoine de Padoue, qui arrête les fantômes ! — Nous disions deux millions pour les charges de cour.

— « Pierreries, vaisselle, meubles, un million. Argent comptant...

— Est-ce que le maréchal dit jamais ce qu'il a d'argent comptant ! J'estime six cent mille écus, et toi?

— Moins, madame, moins, dit l'Italien.

— Tais-toi ! tu le défends toujours ! Tu es un drôle, un veillaque ! Sais-tu ce qu'il dépense, malheureux, avec les dés, les cartes et les maîtresses !

— Jésus! M. le maréchal!

— Tais-toi! je sais ce que je sais. On me trouve vieille, on me trouve laide, on me trouve triste, et il faut bien qu'on se divertisse ailleurs. Ce jeune homme!... beau jeune homme! éclopé, rachitique, malsain!... J'en connais une de ses maîtresses — la plus fidèle — la goutte; celle-là ne le trahira pas... elle l'accompagnera au tombeau!

Léonora se mit à rire avec un éclat sinistre et Corbinelli se contenta de grimacer, tremblant d'être trop bien ou trop mal avec l'un ou l'autre de ces époux toujours en guerre.

— Oh! mais, reprit Léonora, je le laisserai à Paris moi, parmi ses fêtes, parmi ses honneurs, parmi ses femmes. J'irai là-bas, au soleil, et ce ne sera pas long. A propos, il ne revient pas. Tu vois qu'il ne revient pas? Il a dit qu'il allait au Louvre pour affaire. Oh! pour sottise!... Que fait-il au Louvre? y est-il seulement? Il n'y est pas. Il court. On me le ramènera pâle, malade, ou bien déchiré d'un bon coup d'épée, car il est exécré. — Peut-il en être autrement avec la vie qu'il mène? — Jamais tranquille, jamais assouvi. Comme s'il pouvait dévorer toute cette France à lui seul! aussi voulait-on l'égorger encore ce matin. Qu'il s'arrange...

On gratta aux portes du cabinet. Corbinelli se leva et courut voir :

— Qui est là? demanda Léonora irritée.

— C'est la Vienne, madame, le baigneur.

— La Vienne! que vient-il faire ici? est-il fou de me déranger à l'heure de ma sieste...

— Bon! s'écria une voix maigre et enjouée derrière la porte, moi qui craignais d'arriver trop tard et d'être grondé. J'entre, n'est-ce pas, madame?

— Entre, puisque tu es là.

— Et moi je me retire? demanda Corbinelli.

— Va-t'en, nous achèverons demain. Il reste l'état des placements étrangers... Et tout l'argent sur Florence.

Corbinelli salua, ou plutôt rampa, et sortit après avoir introduit le baigneur.

Celui-ci, grosse tête sur un petit corps, bras courts, jambes torses, physionomie de chat et de singe, fit son apparition avec une aisance qui révélait une longue habitude des grandeurs.

Il était vêtu comme dut l'être le cuisinier de Sardanapale, comme le fut sans doute celui d'Apicius, comme plus tard l'a été Vatel, comme l'est aujourd'hui Pascal, lorsqu'il daigne faire dîner lui-même quelque grand de la terre, bonnet blanc, pourpoint de neige, tablier de fin lin relevé à la ceinture par un étui de couteau.

La maréchale le regardait ébahie.

— Il y a donc festin ici? s'écria-t-elle.

— Sans doute, répliqua la Vienne. Ne le savez-vous pas?

— Encore quelque tour du maréchal, répliqua la Florentine.

— Précisément; il m'a fait mander ce matin. Il sait bien ce digne seigneur, qu'on ne mange nulle part que chez moi ou par moi, il veut que son cuisinier prenne une leçon.

— Pourquoi faire, bon Dieu !... on ne mange que trop ici ; et c'est toi qui corromps tout Paris avec les bacchanales de ta coquine de maison.

— Vous avez la cour à souper ce soir. Trente convives ! dit la Vienne en se frottant les mains, comme s'il eût été ravi du compliment.

— Ah ! c'est trop fort, s'écria Léonora rouge de colère. Va-t'en ! toi, tes festins et tes convives !

— Là, là, dit la Vienne, qui savait parler à cette malade et l'apaiser par la douceur, comme un enfant ; ne vous emportez pas, madame la maréchale ; je ne voulais pas vous déranger, moi. Mais ces bélîtres de l'office prétendent que tout est sens dessus dessous chez vous. Vous parliez de bacchanales ! ce n'est pas dans ma maison, allez, qu'il y en a aujourd'hui. Si vous aviez vu Paris quand je l'ai traversé pour venir ici : une chaudière d'enfer !... Calmez-vous.... Nous avons passablement de cavalerie, et l'on parlait chez moi tantôt de faire sortir un canon pour effaroucher un peu ces marauds de bourgeois. Soyez raisonnable. Nous aurons un joli souper. Je ne suis venu que pour vous donner une idée galante. Mettez donc sur la table ces deux gros paresseux de vases d'or de Benvenuto, qui ne font rien sur le dressoir de votre salle. Je les emplirai de vin épicé à ma façon, que ces aimables seigneurs boiront bouillant quand vous aurez quitté la table. C'est nouveau. J'ai inventé cela hier. Votre souper fera autant de bruit que le médianoche de madame de Verneuil. Vous savez, où tous les pages et les laquais se sont battus en sortant... C'était à mourir de rire.

— Je suis malade, grommela Léonora.

— Raison de plus pour vous distraire, illustre dame. A propos, votre vin de Chypre n'est pas en bon état. Je l'ai examiné. Je fais venir de mon Malvoisie. Votre maître d'hôtel est Italien, c'est tout dire. Vous n'aurez jamais une bouteille supportable. Jamais l'Italie n'a su faire ni garder un vin. Vous êtes décidée à avoir une maison italienne, soit; mais que la bouche au moins soit française. Je prends donc les vases de Benvenuto.

Les nerfs de Léonora commencèrent non à se calmer, mais à se soumettre, broyés par le bavardage de la Vienne. Elle ferma les yeux, s'allongea sur son fauteuil, rêva et le laissa dire.

— A propos, continua-t-il, ne vous effrayez pas, madame la maréchale, j'ai eu encore une idée : vous verrez un esturgeon vivant dans votre nacelle de cristal de Murano. Si les Vénitiens vous ont envoyé cette curiosité, ce n'est pas pour la laisser s'emplir de poussière dans le garde-meuble. Je l'ai fait emplir de belle eau de Seine, moi, et l'on y admirera sur un lit de coquilles le monstre que des pêcheurs de Poissy m'ont apporté ce matin. Quatre pieds neuf pouces entre l'œil et la fourchette de la queue ! Il se débattra quand il verra toutes ces lumières et entendra tous ces cris d'admiration. Voilà pourquoi je vous prie de n'avoir pas peur... ni ce jeune seigneur non plus, ajouta-t-il d'un air caressant en saluant le petit comte de la Pène, qui se réveillait à mesure que s'endormait sa mère... Oh mais! il est brave, lui, fils d'un maréchal de France!

Il n'y avait que la Vienne au monde pour oser dire une phrase comme celle-là.

Tout à coup un murmure sinistre gronda dans l'air et vint s'engouffrer comme une plainte sous les tapisseries de la chambre de la maréchale. Un bruit d'éperons et de pas précipités retentit dans le vestibule. On entendit crier les portes, le comte de Siete-Iglésias entra chez Léonora, précédant les huissiers qui devaient l'introduire.

Léonora bondit, réveillée en sursaut.

— Allons, madame, allons! dit le comte d'une voix vibrante comme le glas d'une cloche d'alarme.

— Comte, c'est vous!

— Moi, qui viens de la part du maréchal vous prendre et vous emmener.

— Qu'y a-t-il donc?

— M. le prince arrêté; M. de Vendôme enfermé dans sa chambre, au Louvre; le peuple en armes, la ville en feu.

— Et Concini? s'écria Léonora pleine d'angoisses.

— Il voulait venir vous chercher; je lui ai conseillé de rester au Louvre ou de chercher un abri plus sûr que sa maison. Allons, madame, allons, si dans cinq minutes vous êtes encore chez vous, l'émeute y sera aussi.

— Mais je ne puis me sauver, ce serait lâche, dit la frêle créature, dont le cœur était un cœur de lion.

— Aimez-vous mieux qu'on vous tue et qu'on massacre votre fils ?

Léonora prit son fils par la main, dans un élan de terreur.

— Vos pierreries, votre argent comptant, dit le comte.

— Oui, oui. Corbinelli!... prends ce coffret, petit. Corbinelli! le traître s'est enfui, peut-être...

— Vite! dit l'Espagnol.

— Corbinelli!... rugit la maréchale.

— Mes gens sont en bas et vous porteront le plus précieux. Mais, alerte! alerte!

La maréchale ouvrit ses armoires, fit, défit des paquets, prit, rejeta des boîtes, sa tête s'exalta, sa raison s'égara.

— Ah! madame, dit don Luis d'une voix tremblante, vous vous perdez, vous me perdriez avec vous si je vous laissais faire. Allons, enfant, sois homme pour une minute, viens avec moi. Ta mère te suivra, j'en suis sûr.

L'enfant comprit et s'élança vers la porte. La maréchale au désespoir trépigna sur ses coffrets, sur ses reliques mais suivit son fils en poussant de sourdes imprécations. On descendit ainsi l'escalier; mais il était trop tard; la foule, semblable aux lames échevelées qui déferlent sur les grèves dans la tempête, fondait à la fois sur la maison, par la rue, par les jardins, par le voisinage. Picard, ressuscité, conduisait l'émeute. Sa voix infernale dominait toutes les autres.

— Nous sommes morts! dit Léonora.

Le comte jeta autour de lui un regard sûr et rapide.

— Comment ne sont-ils pas encore montés, se demanda-t-il en prêtant l'oreille, qui peut les retenir en bas ?

Il s'approcha de la fenêtre, mais aussitôt recula et ferma le rideau en pâlissant. Le peuple avait reconnu dans la cour l'un des valets qui avaient battu Picard, et ce malheureux, saisi, déchiré, hurlait en vain pour implorer grâce. Voilà ce qui occupait en bas la populace.

— Il faudrait fuir pendant qu'ils massacreront ces gens-là, pensa l'Espagnol. Oui, ils courent tous du même côté. Dirigeons-nous de l'autre ! Venez, madame. Portez l'enfant, dit-il à deux de ses écuyers, et ils avaient fait la moitié du chemin quand un homme, pâle comme la mort même, les cheveux hérissés, l'écume à la bouche, accourut, et se jetant aux pieds de la maréchale :

— Sauvez-moi, dit-il, sauvez-moi... Ah ! monsieur le comte, vous ici !... quel bonheur.

— Hugues ! s'écria l'enfant.

— Hugues, votre capitaine, qu'ils veulent égorger comme ils égorgent les autres, dit le misérable, fou de terreur.

Un bruit formidable de vociférations et de coups furieux annonça les chiens altérés qui couraient sur cette piste. Le comte ferma la porte avec sang-froid et dit à ses gens : Aidez-moi à pousser ce bahut en travers. Là... Maintenant, madame, sortons par le petit escalier. Passez devant, vous autres.

— Oui, sortons, s'écria Hugues. Ah ! monsieur le comte, c'est vous qui nous aurez sauvés...

Une clameur effrayante partit de la cour voisine. Hugues! Hugues! criaient mille tigres affamés de carnage. Ils sont pendus. Au tour de Hugues maintenant! qu'on nous livre Hugues!

Don Luis s'arrêta court, et dit au capitaine :

— Entendez-vous ?

Le malheureux ne répondit que par un frisson d'épouvante.

— Vous comprenez par conséquent, reprit froidement l'Espagnol, que c'est à vous qu'on en veut, et qu'en vous montrant avec nous vous nous faites tous égorger sans vous sauver.

— Mais où irai-je? bégaya Hugues, éperdu.

— Hugues! Hugues! hurla le peuple en secouant la maison, dont les parquets tremblaient sous le poids et les secousses.

— Allez où vous pourrez; mais ne nous suivez pas, dit l'Espagnol, inflexible comme un dieu d'airain.

— Oh! s'écria Hugues en s'approchant du comte avec un regard que rien ne saurait traduire. C'est à moi! à moi que vous refuseriez la vie !...

— Eh bien? fit l'Espagnol, après?

— Même si je vous rappelais le couvent de Boissise? murmura Hugues tout bas; même si j'invoquais le nom de ma sœur?

— Allons donc, maître, répliqua don Luis avec un mépris féroce, entre nous deux et ce souvenir-là, il y a deux ans et dix mille pistoles, dont vous avez eu votre bonne part. Ce qui est payé doit être effacé. Croyez-moi, laissez là ces souvenirs ridicules, et jouez des bras, des jambes. Passage !

Il achevait à peine, quand la porte barricadée craqua sous les efforts des assaillants. Don Luis courut à l'extrémité opposée, sur les cris de ses écuyers, qui tenaient une issue libre. Là était le salut. On voyait dans la cour la tête des chevaux du comte encore respectés, grâce à la bonne contenance des écuyers qui criaient : Espagne !

Mais, par les trous de la porte enfoncée, apparaissaient déjà des coutelas, des bras tendus, de même que derrière les chevaux et l'escorte espagnole, accourait une bande nouvelle, guidée par Picard ivre de vengeance et infaillible dans sa haine.

La maréchale ferma les yeux et serra son fils sur son cœur. Tout, cette fois, était bien perdu.

— Ah ! mes amis, hurla Picard, les voici, les voici, je ne m'étais pas trompé. Sus ! sus aux Concini ! Pendant que les autres expédient là-haut le capitaine, culbutez ces chevaux ! En avant !

— Un moment ! cria l'Espagnol en s'avançant pâle et l'œil en feu, ces chevaux auxquels vous touchez, prenez-y garde ! c'est l'abri sacré de l'Espagne ! dont je suis, moi, le représentant.

Les masses hésitèrent, elles n'avancèrent plus.

— Soit ! répliqua Picard, mais on ne veut rien vous faire à vous, monsieur l'Espagnol. Seulement, la Concini que voilà et son petit louveteau, c'est l'Italie, et non l'Espagne. Quant au terrain qu'ils foulent, c'est la France, si je ne me trompe! Retirez-vous donc, vous, vos chevaux et vos gens. Mais à nous la France! à nous les Concini! prenons-les!

Le peuple applaudit par des rires effrayants à cette logique sinistre. La maréchale saisit alors de ses bras défaillants l'écharpe de Don Luis et la dénoua en s'y cramponnant.

— Cette femme a raison, murmura le comte, de se suspendre à mon écharpe; elle nous sauvera tous!

Aussitôt, par une inspiration digne de ce noble pays où le crime lui-même a sa grandeur, Don Luis déroula l'écharpe et l'étendit sur le pavé depuis les pieds de la maréchale jusqu'aux pieds de ses chevaux.

— Allez! dit-il, madame, ce morceau d'étoffe c'est l'Espagne encore. Au nom de l'Espagne, je demande pour moi et ceux que je protége, passage et salut! faites ce que vous voudrez des autres.

La foule si intelligente comprit et ne résista pas.

Picard rugit de colère, mais ce fut tout. Il sentait bien que tel prince le soutenait tout bas quand il s'agissait de piller le maréchal d'Ancre, qui le désavouerait et le laisserait pendre en cas d'insulte aux Espagnols.

Don Luis, en un clin d'œil, remit la maréchale à ses écuyers, prit lui-même l'enfant en croupe et fendit au galop la foule, qui cède toujours à l'audace, quand l'audace accompagne l'esprit.

— Si ces Ancre-là, pensait-il en gagnant au large, ne

me sont pas reconnaissants plus tard, il faudra que je sois bien maladroit.

Le peuple, pour se dédommager, recommença à crier : Hugues ! et à chercher sa proie, mais il ne trouva qu'une escouade de cuisiniers, précédés par la Vienne, dont la figure, si connue, si populaire, excita les rires comme ses casseroles et ses marmites excitaient l'admiration.

On laissa passer la Vienne et ses marmitons sur l'ordre de Picard, à qui l'illustre cuisinier avait serré les mains, et qui n'eût pas ri de si bon cœur, s'il eût su que la Vienne emportait dans ses casseroles toutes les pierreries de la maréchale et cachait, sous l'auvent d'une marmite énorme et sous un complet costume de marmiton, le malheureux capitaine Hugues. Celui-ci, plus livide que son tablier, faillit tomber à la renverse, lorsqu'en sortant de l'hôtel, il vit accrochés aux deux piliers de la porte deux cadavres qui semblaient attendre le sien.

Dix minutes après, la riche maison était déménagée de fond en comble, et tandis que les plus vigoureux pillards se sauvaient avec leur butin, les moins heureux se dédommageaient en démolissant les murailles et en brûlant ce qu'ils n'avaient pu démolir.

CHAPITRE XI

Passe-temps et propos de grand chemin.

Pendant que le soleil éclairait ces horribles scènes, il éclairait aussi les champs, les bois; il dorait les nuages qui courent dans l'azur, il mûrissait la vendange sur les coteaux, et fécondait l'eau verte dont les gouffres diaphanes nourrissent un peuple qui, lui aussi, fait la guerre civile.

Mais sur terre, quel beau spectacle ! La route s'allonge en tournoyant sous l'ombrage des pommiers et des ormes. Les derniers rayons du soir font au loin petiller, comme des feux follets, les vitres des châteaux sur le penchant des collines. Ce petit bruit universel que l'oreille entend et que l'esprit ne définit pas, c'est le bruit de l'air, de la vie. Il pénètre avec la lumière, avec la chaleur. Il est à l'âme ce que la verdure est aux yeux, un rafraîchissement, un repos.

Sait-on bien le bonheur de l'homme qui sort de la ville, fatigué de voir des maisons, dégoûté de la boue, des cohues, des tumultes, froissé à force d'avoir été heurté ? Ses muscles, tendus si longtemps pour l'incessante lutte qu'il faut soutenir contre les obstacles, sa volonté roidie, ses passions irritées, tout cela s'émousse et se détend quand, après les barrières et les laides banlieues, il voit s'élargir l'horizon, et sent un air nouveau chasser de sa poitrine et de son cerveau les noires vapeurs de la cité brumeuse.

Elle est si belle et si riche cette campagne, ceinture de Paris ! Elle a pour tissu les moissons, les vergers, les humbles chaumières brodées de mousse, le fleuve bleuâtre, guilloché de saules et de roseaux. Puis, sur cette ceinture magique, s'arrondissent en relief comme des onyx, des sardoines ou des malachites les montagnes moelleuses, polies, ciselées, les fiers châteaux, les vieilles églises. En sorte que l'orgueil du pays natal accompagne le Parisien à quelques lieues hors de sa ville.

Certes, ce n'était pas d'orgueil que battait le cœur de trois voyageurs courant à cheval sur la route de Melun. Ils songeaient peu aux magnificences du soleil, aux splendeurs du paysage. Uniquement occupés de pousser leurs chevaux hors de l'enceinte des maisons, l'un, c'était du Bourdet, recommandait à Bernard de ne point ménager sa monture; l'autre, c'était Aubin, secouait de ses genoux un petit cheval trop pacifique pour un maître si ardent à courir.

Trois heures et demie sonnaient à Charenton quand ils traversèrent la Marne. La route était déserte, la verdure joyeuse et fraîche. L'œil de ces fugitifs absorba aussitôt l'impression salutaire, et leurs montures, non moins intelligentes du véritable intérêt de la créature, passèrent du grand trot au pas, soufflèrent puissamment deux tourbillons de vapeur, et, à partir de ce moment, ne songèrent plus qu'aux tentations de l'herbe grenue et des broutilles croustillantes, dont l'arome et les tiges flexibles caressaient leurs naseaux.

On comprend, sans que nous ayons à l'expliquer, qu'après sa miraculeuse évasion du Louvre, Bernard était allé embrasser son beau-père et son petit frère, que du Bourdet avait frissonné des pieds à la tête au récit des aventures de Bernard, qu'il l'avait même perdue, cette tête trop éprouvée dans une si cruelle matinée, et que, sans perdre une minute, sans retourner chez le président, trop bien gardé par les mauvaises figures signalées plus haut, le digne homme avait payé généreusement dame Salomon, s'était réconforté à la hâte, lui et ses fils, d'une rôtie trempée dans un bourgogne bien sucré; puis, aidant à faire les valises et gourmandant la lenteur de tout le monde, avait enfourché son bon cheval Jonas, espèce d'alezan d'une couleur bien plus capricieuse que son caractère.

Et les jeunes gens ayant imité son exemple, on avait laissé les oiseaux et le chariot à la garde du laquais champenois et du voiturier normand, le cidre et le vin, fort bien ensemble, grâce à ce trait d'union qu'on appelle un bon fromage.

Du Bourdet trotta sans se retourner jusqu'après Charenton; là, rassuré par le calme et la solitude, plus encore par le bruit de la sédition qui lui garantissait un voyage sans poursuite, le bonhomme consentit à sourire et à respirer.

Aubin regardait tendrement son frère, qui, rêveur,

peut-être fatigué, s'était laissé conduire par son cheval et paraissait dormir plutôt encore que songer.

— Bernard, dit du Bourdet, je gage que vous pensez au bonheur que vous avez eu. Ah ! Bernard, vous avez raison de vanter votre chance ; c'en est une inimaginable d'avoir réussi à sortir de l'antre, sans y laisser un peu de votre peau ! Mais j'y songe ; vous nous avez mal raconté cela. Dites-nous donc maintenant que le danger... Eh ! que vois-je là-bas... cette poussière... hum !...

— Des moutons, mon papa, répliqua Aubin en se levant sur les étriers.

— Dieu le veuille ! J'aime mieux des moutons que des chevaux derrière nous. Voyons, cher Bernard, dites-moi encore la fin de l'histoire, vous savez, au moment où vous vous êtes trouvé tout seul dans cette galerie maudite. C'est palpitant.

— Eh bien ! monsieur, répondit Bernard avec un complaisant sourire, on m'a ouvert la porte d'une petite chambre noire, par laquelle j'ai gagné le jardin, puis le quai. Voilà tout.

— Très-bien ! très-bien ! mais qui cela vous a ouvert ? Je me disais à moi-même : Bernard oublie quelque chose dans sa narration, et je cherchais quoi. Je suis l'homme du détail, moi ; vous savez. A présent je me rappelle. Qui donc vous a ouvert ? quel dieu ?... quelle déesse ?...

Bernard rougit... Et pourquoi ? Enfin, il rougit, et au lieu de dire la pure et simple vérité, il répliqua :

— J'avoue que je n'ai pas bien vu ; je sais qu'on m'a

parlé, je sais qu'on m'a glissé une clé dans la main, et que je me suis échappé. Voilà tout.

— Voyez, Aubin, dit doctoralement le bonhomme, ce que c'est que l'esprit humain ; peu de chose ! Comptez donc sur la force de votre génie ! Ayez donc l'orgueil de votre supériorité ! Enivrez-vous donc de cette fumée qu'on appelle l'intelligence ! Au moment critique, la fumée s'échappe. Là où une simple brute ne perdrait pas un coup d'œil, que dis-je ? un coup de dent, — car on voit les bêtes brouter dans le plus imminent péril — eh bien ! là, une cervelle humaine se détraque ! Voilà votre frère, un homme bien organisé, sur qui le danger produit une telle impression, qu'il ne distingue pas même le bienfaiteur, dont l'élan généreux lui sauve la vie. Ah ! misérable humanité !

Aubin écouta cette superbe dissertation sur la vanité de la puissance humaine, avec ce respect et cette bonne foi que l'enfant, hélas ! ne perd jamais sans perdre le plus précieux bonheur de sa vie.

Quant à Bernard, il se laissa écraser ainsi sans se défendre. Encore un coup, pourquoi ne disait-il pas la vérité ?

N'avait-il pas vu, en effet ? Ne se souvenait-il de rien ? La fumée motrice, comme disait du Bourdet, s'était-elle échappée de son cerveau ? Malheureusement pour Bernard, nous ne saurions douter qu'en cette circonstance l'honnête et loyal oiseleur n'ait commis un mensonge énorme. Jamais mémoire ne garda plus fidèlement un souvenir, une image; jamais âme ne grava en traits plus profonds la reconnaissance du bienfait. Et si Bernard ne révélait pas sa bienfaitrice, s'il ne consentait à retracer ni son sourire, ni son geste ni l'expression de son regard enflammé, c'est qu'il craignait, même en présence d'un père et d'un frère, que son aveu bruyant, banal, entrecoupé de commentaires maladroits, peut-être railleurs, ne profanât si vite le charme et la fraîcheur de cette vision, et n'affaiblît le contour déjà trop incertain d'une image qu'il s'efforçait de retenir vivante et inaltérable au fond de son cœur.

Mais plus une âme se couvre, plus elle excite l'attaque. Du Bourdet revint à la charge avec opiniâtreté.

— Eh bien, dit-il, moi, tout ému que je puisse être en des circonstances périlleuses, je ne manque pas trop de sang-froid ; je suis assez content de moi-même. Tenez, ce matin, après l'algarade de la rue de Tournon, quand Aubin évanoui penchait dans mes bras, comme un épi coupé, *purpureus veluti cum flos succisus aratro*, je crois que le moment n'était pas agréable, n'est-ce pas ? je crois qu'on eût eu le droit de perdre la tête. Cependant je suis en mesure de raconter jusqu'aux plus menus détails de la rencontre que nous avons faite.

— Il est vrai, mon papa, dit Aubin, que vous connaissiez déjà la personne que vous rencontriez, M. la Fougeraie votre vieil ami ; cela aide la mémoire, tandis que mon frère....

— Ramassez votre filet, Aubin, et laissez tomber la bride, cela reposera votre cheval que vous mettez en écume, je ne sais trop pourquoi... car enfin nous ne risquons plus rien, j'imagine. Vous m'écoutez, n'est-ce pas, Bernard ?

— Certes, monsieur, dit le jeune homme réveillé encore une fois.

— Il n'y a pas de doute à cela. Je connais la Fougeraie, et cela facilite la mémoire. Mais la dame qu'il accompagnait, sa parente, cette aimable personne dont je n'ai pu voir le visage, qui ne peut être que charmante — j'en juge d'après son cœur — voulez-vous que je vous dise la couleur de sa robe, les broderies de sa housse, et jusqu'à ses gants ?

— Oh ! oh ! ses gants, murmura en riant Bernard, pour dire quelque chose.

— Oui, ses gants, reprit du Bourdet, car d'après Cicéron il y a corrélation entre les souvenirs par l'intermédiaire et l'analogie des choses, *constat, e serie rerum inter se junctarum,* et je dis donc les gants, parce que les gants couvrent la main, et que j'ai admiré plus d'une fois, en me retournant, la main nerveuse et souple qui étreignait ce petit drôle sur le manteau moelleux de la dame.

— Voilà une bienfaitrice, s'écria Aubin, envers laquelle ma mémoire est bien ingrate, sinon mon cœur. Mais cependant, il m'est resté d'elle, je ne sais comment, un souvenir agréable et qui m'attache à elle sans que j'y puisse résister.

— Quoi donc ? demanda Bernard.

— Un parfum, reprit Aubin, que son manteau sans doute

a laissé sur mon pourpoint, et que j'aime, il faut l'avouer, au point de me surprendre chaque minute à le chercher avec un flair avide. Malheureusement cette charmante odeur s'efface par degrés, et le grand air aura bientôt dissipé jusqu'au dernier atome de ma reconnaissance.

— Eh! petit sensuel, dit du Bourdet, comme vous caquetez!

— Voyez, mon frère, ou plutôt respirez, reprit Aubin en se penchant, plein de grâce et de tendresse, dans les bras de Bernard, tandis que leurs deux chevaux, épaule contre épaule, se souhaitaient un muet bonjour.

Bernard embrassa l'enfant, et respira dans ce baiser l'odeur de son col blanc et frais.

— C'est étrange, murmura-t-il, l'œil un moment ranimé par une sensation qui engourdit jusqu'à son cœur.

— Quoi donc? dit du Bourdet peu expert à deviner les idées qu'un demi-mot révèle, qu'est-ce qui est étrange?

— Il y a, en effet, encore un reste de parfum sur le collet et la poitrine d'Aubin, répondit Bernard troublé... et je m'étonnais qu'après si longtemps cette odeur fût encore sensible.

— Allons, allons, s'écria le bon père qui n'avait vu dans cette courte scène qu'un charmant tableau d'amitié fraternelle; je crois que maître Aubin saura faire son petit câlin pour conquérir les bonnes grâces de son frère.

— C'est conquis, répliqua Bernard sincèrement.

— Oh! tant mieux! dit le bonhomme avec une gravité touchante, tant mieux! Que le petit se fasse chérir du grand, que le grand protége le petit : c'est la seule grâce que je demande à Dieu désormais.

— Comme vous demandez cela tristement, s'écria Aubin ; ne voyez-vous pas, mon papa, que Dieu vous a déjà dit oui. Réjouissez-vous donc, au lieu de courber ainsi la tête.

En effet, du Bourdet se laissait aller à un accès de sombre mélancolie, à un souvenir désormais douloureux comme une sourde plaie au cœur. Il songeait à l'engagement terrible qu'il avait pris envers le président. Il étendait, avec la triste rapidité de l'imagination humaine, un crêpe de deuil sur les dernières années — peut-être déjà comptées — d'une vie qu'hier encore il espérait si heureuse.

— Ah ! mes enfants, reprit-il lentement, ma tristesse vient de ce qu'après une grâce accordée par ce Dieu de miséricorde, j'aurai trop vite à lui demander une nouvelle grâce, puis, après cette dernière, une autre encore ; car nous vivons dans un temps où chaque minute écoulée est un danger de moins, où chaque minute à venir est un danger de plus !

— Allons ! allons ! mon papa, dit Aubin tout bouleversé par cette subite invasion de la tristesse, est-ce que vous oublieriez vos leçons de philosophie? Est-ce que vous me donneriez le mauvais exemple, vous, de qui j'ai appris qu'il ne faut rien craindre et rien ambitionner en ce monde?

— Jamais la vie a-t-elle été plus belle ? s'écria Bernard

dans un de ces transports qui jaillissent du cœur... libres, saufs, heureux!... Ne sommes-nous pas tous bien heureux, dites?

— Oui, balbutia du Bourdet, faisant effort sur lui-même... oui, nous le sommes!

— Et même, ajouta Bernard, redoublant de vivacité, d'entrain, pour mettre en déroute le nuage opiniâtrément fixé sur le front du père, il m'arrive, à moi, un bonheur de plus.

— Quoi donc?

— J'ai faim! oui, j'ai faim, et je me sens tout autre; mes idées s'épanouissent, j'aime la route, j'aime les maisons, j'aime l'univers!

— Vous aimeriez peut-être aussi une bonne omelette et quelque quartier de volaille rôtie? dit du Bourdet redevenu souriant; eh bien! à Montgeron, où nous allons entrer dans vingt-cinq minutes, nous dînerons, si vous voulez.

— Volontiers. Qu'en dit Aubin?

— Aubin, s'écria l'enfant d'une voix pleine de joyeux rires, dit qu'il remplacerait volontiers par l'odeur et la solidité d'une aile de poulet le parfum qu'il n'a plus sur sa manche. Aïe, l'aile; que dis-je à présent, l'aile!... Je l'avais autrefois quand nous n'étions que deux, mon père et moi. Mais maintenant mon frère aîné est revenu, je passe au pilon de la volaille.

Cette critique du droit d'aînesse acheva de dérider tous les fronts. L'allusion aux poulets rôtis fut également comprise, même des chevaux, qui traduisirent poulet par avoine; car ils prirent un trot rapide et montèrent allégrement la côte assez roide de Montgeron.

On ne s'occupa plus qu'à examiner avec soin les extérieurs d'auberge, pour deviner laquelle fournirait en moins de temps le bon repas qu'on réclamait. Mais si l'estomac propose, l'auberge dispose. Les broches ne tournaient plus; les foyers étaient noirs. On ne trouva dans Montgeron qu'un poulet froid, du veau froid, des flancs de viande froids également, et encore ne fut-ce qu'à l'extrémité du village, au moment où l'on regrettait de n'avoir pas fait halte à Villeneuve-Saint-Georges.

Bernard eut une inspiration. Il fit ses emplettes qui consistaient en un quartier de bœuf piqué figé dans la gelée, comme un navire dans le Zuiderzée en décembre; deux bouteilles de vieux mâcon tirant sur le jaune; pain, menues salaisons et une tarte aux prunes, destinée à Aubin. Celle-là sortait du four. Bernard ordonna que toutes ces bonnes choses fussent placées sur une table à condition que la table serait dressée en plein gazon, en plein air, sous des poiriers qui laissaient filtrer les derniers rayons du soleil.

Et tandis que les chevaux dévoraient l'avoine promise, les voyageurs, dont l'un avait été délégué pour assister au repas des animaux, dressèrent leur couvert et préparèrent les parts.

C'était à gauche de la route, à l'endroit où les bois commencent et montent jusque dans le ciel bleu. A droite, la vue plongeait sur une vallée, et découvrait, au delà de la rivière, les prairies vertes que l'Orge arrose, et les coteaux de Juvisy et d'Athis. Une tiède vapeur montait des plaines échauffées par cette journée sereine. De loin venait un chant plaintif, celui des bateliers descendant le fleuve sur leurs trains de bois et se perdant derrière le village dans le détour que fait la Seine.

— Nous aurons un petit repas délicieux, dit du Bourdet.

— Et tel que ne le font pas les Parisiens à cette même heure, répartit Bernard. Ah! voici Aubin. Les chevaux ont-ils fini l'avoine?

— Oui, monsieur.

— Déshabitue-toi de dire monsieur, dis : mon frère, ou même Bernard, sinon je ne t'achèterai plus de tarte chaude. Assieds-toi, et buvons tout d'abord à notre santé.

— Aussi à la santé de votre future, dit le bonhomme, car il me semble que nous parlons bien rarement d'elle.

— Nous n'avons pas eu le temps! s'écria Bernard avec une nuance d'indifférence qui n'échappa pas à Aubin, car le spirituel enfant regardait son frère à la dérobée.

— Et puis, dit-il alors en levant son verre, si mon papa le permet, je porterai la santé d'un absent qui nous est bien cher, et qui nous attend peut-être aux Bordes à l'heure qu'il est.

— Qui donc? demanda Bernard.

— Mon oncle Pontis, donc, répliqua Aubin.

— Oh ! oui, dit du Bourdet, deux verres à sa santé, à son bonheur !

— Je bois, monsieur, ajouta Bernard, car j'aime tendrement le frère de notre bonne mère, mais il y a douze ans que je ne l'ai vu, et je ne le connais pour ainsi dire pas. Parlons de lui, voulez-vous ? cela nous aidera à bien dîner.

CHAPITRE XII

D'un oncle malheureux, d'une tante polie et d'une nièce incomparable.

— Et d'abord, reprit Bernard, partagé entre le plaisir de calmer sa faim et le désir de satisfaire sa soif, expliquez-moi comment nous ne l'avons pas vu depuis douze ans, ce cher oncle Pontis.

— Oh ! que de raisons je vais avoir à vous donner, répliqua du Bourdet. Cependant il faut bien les donner toutes et les donner bonnes. En effet, depuis le jour de mon mariage avec votre chère mère, il s'est tenu bien loin de nous, mon digne beau-frère. Il est un peu sauvage, disons-le, et puis c'est un homme attaché à ses devoirs.

— Il est lieutenant de roi à Grenoble, je crois, dit Bernard, pourquoi à Grenoble seulement, car c'est un gouvernement un peu humble pour un officier du mérite et de la réputation de M. de Pontis? Ce nom-là est bien connu, allez, je l'ai entendu prononcer partout, même sur les mers.

— C'est lui qui a choisi Grenoble ; le Dauphiné est sa patrie. Quant à l'obscurité des fonctions qu'il exerce, nul que lui ne pourrait l'expliquer. Aimé, estimé du feu roi, qui l'avait pris dans ses gardes ; chéri de M. de Crillon, qui l'employait dans les occasions difficiles, toujours loyal, toujours sans peur, le chevalier de Pontis pourrait, devrait peut-être, à l'heure qu'il est, tenir le bâton de maréchal de France. Mais, mes enfants, l'homme ne fait pas seul sa vie ; ce fil mythologique n'est pas toujours l'ouvrage d'un tisserand de bonne volonté. Souvent, dit Eschyle, un brin de vile laine rompt, en s'y enroulant, le fil d'or le plus pur.

— Mon oncle a été malheureux, dit Bernard. On lui aura nui.

— Je crois, repartit du Bourdet, qu'il est un peu l'artisan de son malheur. Et ce malheur se compose de deux parts distinctes : fatalité, remords.

— Remords ! s'écria Bernard... des remords, dans cette âme généreuse !

— Il y a là, continua du Bourdet gravement, une vieille histoire que la famille a dû cacher à des enfants, mais qu'elle peut révéler à des hommes. Aubin profitera de la circonstance. Un secret confié à propos suffit pour mûrir une jeune tête.

— Oh ! mon papa, dit l'enfant, traitez-moi en homme, vous ne vous en repentirez pas.

— Et puis, ajouta le père, cette révélation n'est pas seulement une confidence que je vous fais. C'est une précaution qui devient indispensable. En vous prévenant comme je vais le faire, j'empêcherai que par inadvertance vous rappeliez à votre oncle des événements dont la mémoire le ferait trop souffrir.

— J'écoute, et je profiterai comme Aubin, dit Bernard.

Toutes les têtes se rapprochèrent, bien qu'autour de cette table l'espace fût libre sur la terre comme au ciel, et que nul regard, nulle oreille ne songeassent à intercepter soit la confidence, soit l'expression des physionomies qui allaient la refléter.

— Eh bien, Bernard, continua du Bourdet, la fatalité dont votre oncle a été victime, la voici : Il a tué quelqu'un, et ce quelqu'un, mort si douloureusement, était, à ce qu'on dit, le meilleur ami de Pontis. Vous frissonnez, cependant un pareil malheur n'est pas rare, à une époque où la noblesse de ce royaume cherche toujours quelque querelle dans l'ivresse et trouve toujours à son côté une épée pour trancher la discussion.

— Son ami! murmura Aubin.

— L'épée est aveugle comme l'ivresse et la colère, reprit du Bourdet. On tue un ami, croyant ne tuer qu'un homme; c'est après que le regret se change en remords.

— Et vous pensez, monsieur, dit Bernard, que c'est la douleur qui a jeté M. de Pontis dans la solitude?

— J'en suis sûr. Il n'avait pas de secret pour votre

mère, sa sœur aînée. Il l'aimait tendrement et lui a confié la plus grande partie de cette déplorable affaire.

— Qui eut lieu... y a-t-il longtemps ?

— Ce fut, dit-on, à Fontainebleau, dans le palais même, aux environs de l'Orangerie, la veille du jour où vint mourir à Paris la belle Gabrielle.

— Cet ami de M. de Pontis était sans doute un officier, un gentilhomme comme lui ? demanda Aubin.

— C'était un jeune seigneur accompli, dont la fortune était immense, la naissance quasi royale, un ami du feu roi, que toute la cour recherchait pour son esprit, sa magnificence et sa rare beauté. On l'appelait Espérance, une sorte de surnom sous lequel il dissimulait, disait-on, l'origine la plus illustre. Ce jeune homme était surtout aimé de M. de Crillon, qui, après sa mort, quitta la cour et se retira chez lui à Avignon. L'histoire de ce combat mystérieux ne s'est jamais répandue. Je l'ai sue, moi, à cause d'un commencement d'enquête que la ville de Fontainebleau avait cru devoir faire, et qui fut arrêté court par ordre du roi.

— Je comprends parfaitement, dit Bernard. Le roi, qui aimait ce jeune seigneur, aura pris M. de Pontis en disgrâce.

— Nullement... le roi a tout fait pour rappeler à lui votre oncle, et lui faire oublier son malheur. Car je vous le répète, l'amitié qui unissait ces deux jeunes gens était proverbiale à la cour. Espérance avait sauvé la vie à Pontis, il le protégeait, il le logeait. De son côté, Pontis eût donné mille vies pour son protecteur. En sorte que, je le répète, nul n'a jamais bien compris la cause de cette lutte fratricide. Pontis fut nommé deux ans après lieutenant dans les gardes; il fit avec le roi toutes les campagnes de la Savoie. Il avertit Sa Majesté des complots de M. de Biron, auquel même il résista l'épée à la main, un jour que le maréchal voulait forcer l'armée à trahir son maître. Mais au lieu de venir à Paris, recevoir la récompense de services si éminents, il continua de vivre obscurément en province; il voyagea beaucoup et se tint éloigné de la cour avec une obstination que peut-être maintenant vous comprendrez, car ses regrets sont ineffaçables, car ils ont creusé une plaie éternelle en son cœur, et vous remarquerez que jamais votre oncle ne boit de vin, que jamais il ne rit, que jamais il ne prononce le mot *espérance*, usant d'une périphrase lorsque l'idée représentée par ce mot vient à s'offrir dans la conversation.

Ce récit avait jeté comme une teinte de deuil sur le joyeux festin savouré par les trois voyageurs. Et puis, le soir avec sa brume bleuâtre, avec son religieux silence, commençait à tomber du ciel. Du Bourdet secoua la fraîcheur de ses épaules, demanda son manteau à Aubin sur qui la confidence avait produit l'effet annoncé. L'enfant, recueilli, sérieux, méditait. Bernard, involontairement, se trouvait mieux d'une disposition d'esprit mélancolique.

Quelque chose réclamait en lui cette harmonie. Et dans les profondeurs du crépuscule, il retrouvait plus aisément le dessin vague de son gracieux fantôme.

La Seine dormait au bas du coteau, sous les mourantes lueurs du couchant cuivré ; elle ressemblait, dans sa courbe élégante, à un cimeterre égyptien dont la lame, posée sur un tapis sombre, reflète le ciel bleu dans sa nappe d'opale. Tous ces bois, naguère encore diaprés de lumière, s'étaient éteints, confondus en une masse profonde ; l'horizon s'estompait dans un brouillard violacé ; les clochers montaient, sévères et noirs, dans les dentelures nacrées du ciel.

Bernard fit amener les chevaux qu'une heure de repos et de repas avait rafraîchis et égayés. Chacun, sans se communiquer ce reste d'inquiétude, donna un dernier regard à la route de Paris, et l'on pénétra d'un trot relevé dans les massifs de la forêt de Sénart.

Ce premier moment de course fut silencieux. Chacun des trois voyageurs en profitait pour se livrer à ses réflexions particulières. Et peu à peu, l'influence des ténèbres rapprochant les trois angles du triangle, on se reprit à se coudoyer, on combattit les tristesses de l'ombre par un entretien plus vif.

Du Bourdet revint encore une fois à son thème favori.

— Il faut avouer, Bernard, s'écria-t-il, que vous me donneriez, si j'étais soupçonneux, des doutes sur l'état réel de votre esprit, sur votre sincérité, même. Nous n'avons pas bu à la santé de votre future, et vous ne m'avez adressé sur elle aucune question. Où est donc cette ardeur du mariage, cette soif du bonheur intérieur qui se trahissaient à chaque ligne dans vos lettres ? Ne souhaitez-vous plus ce bonheur depuis que vous l'avez sous la main? Faut-il que je m'écrie avec Horace :

    Qui fit Mécenas...

— Ne vous écriez rien, cher monsieur, reprit Bernard qu'on entendit rire franchement à cette apostrophe, mais qu'on ne vit pas rougir, grâce à la profonde nuit. Non, pas de conjectures qui vous soient désobligeantes, ni en latin ni en grec, ni même en français.

— Eh bien alors, comment se fait-il que, remis ainsi que nous le sommes de nos secousses, elles étaient de nature à nous désarçonner, je l'avoue, mais enfin l'équilibre est rétabli ; comment dis-je, revenu à l'état ordinaire, ne vous inquiétez-vous pas un peu de ce qui vous attend au bout de la route que nous aurons achevée dans trois heures ?

Bernard sentit qu'il fallait cette fois répondre, et catégoriquement.

— Rien ne vous prouve, monsieur, reprit-il en riant toujours, que je ne m'en inquiète pas, mais chacun s'inquiète à sa manière; moi, je ne vois rien que de très-gai dans tout cela. Se marier, épouser une fille que vous dites aimable, jolie, honnêtement riche, et douée d'une foule de vertus et qualités, c'est réellement trop peu alarmant pour que je vous fatigue de questions à tous propos. D'ailleurs, je sais de quoi il s'agit, vos lettres m'en ont soigneusement instruit. Je sais que la demoiselle s'appelle Sylvie, qu'elle est d'une bonne famille de Touraine, les des Noyers, noblesse d'épée par les hommes et de robe par les femmes.

— Naturellement, dit Aubin.

Et ici l'enfant se mit à rire si follement que l'exemple gagna les trois cavaliers, et que leurs chevaux, étonnés de ces éclats bruyants, prirent un temps de galop dans le sable épais de la route.

On se remit, cependant ; mais cette explosion d'hilarité avait compromis tout le sérieux de l'explication pour au moins une grande lieue.

— Il ne faudrait pas trop vous habituer aux coq-à-l'âne, dit du Bourdet à Aubin ; c'est un genre d'esprit vulgaire et qui a ses inconvénients.

— Oui, monsieur, répliqua Aubin, on risque quelquefois d'être pendu comme, ce matin, le cordonnier Picard.

— Il vaut encore mieux se marier, s'écria Bernard. Ainsi, monsieur, vous me voyez toujours le même, sauf examen, n'est-ce pas ? Car enfin, vous n'avez rien noué que sous cette condition !

— Sans doute ! sans doute ! répliqua du Bourdet, je n'ai même rien noué du tout. C'est vous qui, après confrontation, expertise et réflexion, déciderez souverainement. Je ne vous aurai là-dedans rendu qu'un seul service, celui de découvrir la petite perle. Voilà, du moins, mon avis. Et une perle isolée — sans famille. — Précieuse condition !

— Oui, monsieur, dit Bernard ; car je ne saurais trouver aucune famille qui pût se comparer à la mienne. Quel père vaudrait celui que j'ai !

— Merci, Bernard, merci, balbutia du Bourdet tout ému et fort heureux de l'obscurité, grâce à laquelle cette émotion ne se trahissait que par un tremblement de sa voix.

— Quant au nom de mère, continua Bernard, on ne peut plus le donner à personne quand on a perdu la mère que nous avions, n'est-ce pas, cher Aubin? Il reste donc à mademoiselle Sylvie des Noyers une tante. Ce n'est pas gênant.

— Et un frère, ajouta du Bourdet, un frère qui n'est guère plus gênant que la tante; car on ne le voit jamais, et depuis deux ans nous n'avons pas réussi à le rencontrer, quelques instances que j'aie faites. Il est au service, à l'armée, on ne sait où. Je ne le crois pas un héros, entre nous soit dit, car la tante, scrupuleuse personne, ne laisse jamais la conversation se fixer longtemps sur ce sujet.

— Ah! la tante est scrupuleuse, l'est-elle réellement beaucoup, je veux dire trop? demanda Bernard.

— C'est une aimable vieille dame, d'un monde fort étudié, fort raffiné même.

— Vous m'avez raconté souvent, cher monsieur, et j'ai lu, je m'en souviens, à Madagascar, des récits fort intéressants des parties d'hombre que vous faisiez, elle et vous, tandis que mademoiselle Sylvie brodait ou bâillait, la pauvre fille; c'était édifiant.

— Je voulais vous prouver ainsi la monotone tranquillité de notre vie aux Bordes. Sylvie sortait du couvent. Elle avait gardé l'espèce de pruderie mystique que les pensionnaires y contractent, comme toute fleur éclose dans la serre prend une sorte de pâleur terne, bien vite dissipée par l'air et le soleil. Moi, voyant ce calme, cette régularité, cet isolement absolu, connaissant les principes de la tante chez laquelle le frère avait mis sa sœur au sortir du couvent, je me suis pris à penser, sachant aussi qu'il y a dans un coffre que j'ai vu, six mille pistoles bien comptées, auxquelles la tante doit joindre cinquante mille livres en bonnes rentes, — j'ai pensé, dis-je, que 's aviez là, — si vous vouliez, — une aimable petite compagne toute trouvée pour votre retour, et j'avouerai qu'après vous en avoir fait l'ouverture, que vous accueillîtes très-bien, je me suis arrangé, par degrés, de façon à préparer l'esprit de la jeune personne. J'ai lu tout haut vos lettres lorsqu'elles contenaient des choses convenables pour une oreille de jeune fille. J'ai vanté les mérites que vous avez; l'on sait votre bien qui est au soleil, et je pense pouvoir vous dire que vous serez admirablement reçu, ayant été peut-être attendu avec quelque impatience.

— Voilà qui est à merveille, répondit Bernard en étouffant un soupir que nul ne soupçonna, tant le geste et le débit de son exclamation brillaient de joyeux entrain. Maintenant, que dit maître Aubin? Donnera-t-il son consentement à ce mariage?

Bernard croyait faire la meilleure plaisanterie du monde, et s'attendait à quelque réplique aussi joyeuse. Mais l'enfant, d'une voix calme et circonspecte, se contenta de répondre sèchement :

— Monsieur, je suis bien petit pour donner mon avis ; et, si je le donnais, on ne m'écouterait pas.

Ce ton bizarre surprit le frère aîné. Mais du Bourdet prit complétement le change, et, attribuant cette réserve à la seule modestie, complimenta Aubin de sa réponse. L'incident se termina là.

Cependant la route avait fini par se dévider sous les pieds des chevaux ; les tours et les clochers de Melun apparurent dans la nuit. Nos trois cavaliers firent un détour assez long par les bois pour éviter la ville, et bientôt, retrouvant le bord de la rivière, entrèrent vers l'ouest dans un chemin creux bordé de peupliers, qui les conduisit au château des Bordes.

Il faut dire aussi que le cœur de Bernard battit bien fort lorsqu'il vit les toits aigus des pavillons carrés du petit domaine où sa jeunesse avait grandi, où vivaient ses plus frais souvenirs de bonheur, et où, si souvent, il avait embrassé sa mère, qui, cette fois, n'arriverait plus au devant de lui les bras ouverts.

En entrant dans le chemin de traverse, Aubin siffla d'une façon particulière, et bientôt l'on entendit comme un grognement mêlé d'éclats joyeux ; puis les fenêtres s'éclairèrent au rez-de-chaussée, une lumière courut dans le parterre, à travers les arbres, et avant qu'on n'eût distingué encore ni une voix ni une figure humaine, Bernard entendit quelque chose sauter, en fourrageant l'herbe, jusqu'à l'étrier du petit Aubin, puis recommencer ses gambades et ses caresses dans les jambes du cheval Jonas.

— C'est mon vieux basset Ramonneau, dit du Bourdet, le favori de la maison, le maître de chasse d'Aubin. Vous le rappelez-vous, Bernard, ce chien que m'a donné La Fougeraie?

— Parfaitement; et, si je ne me trompe, j'aperçois la bonne Marcelle qui se hâte là bas avec sa lanterne.

— Et qui pousse en avant le bataillon des laquais et des servantes, ajouta du Bourdet, de peur que nous ne soyons pas reçus avec tous les compliments et les honneurs qui nous sont dus. Je gage, Bernard, que Marcelle, qui ne devrait pas nous attendre, car je ne lui ai rien fait dire, a deviné notre arrivée, grâce à ses calculs et supputations, et que la broche tourne comme autrefois chez Marc-Antoine, à qui son cuisinier tenait toujours un souper prêt à point, quelle que fût l'heure de son caprice.

En parlant ainsi, l'on était à vingt pas du château, et Marcelle, qui, par un détour, avait su arriver la première, tenait l'étrier de son maître tout en saluant respectueusement Bernard, et en envoyant un baiser à Aubin.

Bernard embrassa la bonne femme dont le visage rayonnait de joie. Marcelle, avec ses cinquante-cinq ans, ses cinq pieds deux pouces, sa vaste poitrine, était tendre et faible de cœur comme une enfant. Elle pleurait, et criait des ordres confus à faire damner toute la maison.

— Laurent, les chevaux! Germaine, les valises! Antoine, le feu aux cheminées! A la cuisine, Bastienne! Le couvert, André! Et cependant elle tenait trois brides cherchait à accrocher un porte-manteau, et les clefs sonnaient dans sa poche comme les grelots d'un cheval pressé.

— Là, là! dit du Bourdet, Marcelle va rendre fou tout le monde. Tenez, Bernard, il fait bien nuit, mais vous pouvez voir le changement que j'ai fait dans le parterre.

— Je cherche, dit Bernard, écarquillant ses yeux en vain.

— Ne regardez pas; écoutez.

— En effet, j'entends de l'eau, ce me semble...

— Vous verrez demain une jolie fontaine que nous avons en face du château, et dont les eaux traversent toute la prairie jusqu'à la rivière; mais ce n'est rien, cela, vous en verrez bien d'autres demain; nous visiterons les bâtiments nouveaux, et les garennes, et les cent arpents que j'ai achetés derrière le verger, avec vos économies, Bernard, en sorte que vous êtes maintenant le maître d'un château qui fait le centre exact d'un cercle de six cents arpents, autrefois bien morcelés par le voisin. Vous verrez demain comme vous êtes bien tenu et riche, mon cher Bernard.

— En vérité, monsieur, répliqua le jeune homme d'un air humilié, on dirait que vous me rendez des comptes.

— Si j'en rends! parbleu, oui, mon fils; j'en rends, et m'en flatte! N'est-ce pas le moment de l'inventaire, quand le propriétaire se marie? Ce que je vous dis ce soir, le notaire de la future vous le demandera peut-être demain. A propos, Marcelle, a-t-on des nouvelles de mesdames des Noyers? Tout est-il préparé, comme je l'avais commandé, pour les recevoir?

— Ces dames sont arrivées après-midi, répliqua Marcello, et je les ai fait conduire aux Fossés, selon les ordres de monsieur. Je puis dire qu'elles n'ont manqué de rien, et, à l'heure qu'il est, elles dorment dans de bons lits, après un souper comme le roi n'en fait pas de meilleur au Louvre... A propos, mon petit Aubin, tu l'as vu, le Louvre : est-ce beau, hein?

— Oh oui ! nourrice, c'est bien beau, va, répliqua Aubin.

— Ah ! ces dames sont déjà ici, reprit Bernard, tandis que du Bourdet se frottait les mains.

— Vous voyez, Bernard, tout marche, tout marche, nous ne nous endormons pas, nous autres vieux. Ces dames, à partir du moment où je leur avais fait des propositions de mariage, s'étaient, selon les convenances, retirées à la ville, pour attendre quelque chose de définitif. Elles viennent passer huit jours à ma maison des Fossés, comme pour prendre le lait à la ferme. Vous les verrez là d'une façon tout à fait indépendante. Si on se convient, la noce se fera vite, sinon, elles retourneront à la ville comme s'il ne s'était jamais agi de rien. Ne trouvez-vous pas tout ce plan dressé de la bonne manière.

— On ne saurait plus délicatement, dit Bernard.

— Eh bien ! mon cher enfant, avez-vous faim? Non. Alors couchez-vous sans perdre de temps, et venez me prendre demain vers sept heures, et nous irons rendre visite aux dames, qui nous inviteront sans doute à déjeuner. Je vais vous conduire à votre chambre.

— Toujours la même? demanda Bernard.

— Certes! de l'autre côté du palier, en face de la mienne.

— Permettez-moi seulement d'aller rendre une visite au portrait de ma mère qui est chez vous; je ne dormirais pas sans avoir reçu le bonsoir de cette chère image.

— Venez, dit du Bourdet brusquement, pour cacher le trouble de son cœur.

Il amena les jeunes gens dans sa chambre où souriait en effet le portrait de leur mère. Tous trois s'embrassèrent tendrement sous son regard qui semblait revivre.

— Maintenant, s'écria du Bourdet, une caresse à l'oncle Pontis, qui vous appelle du fond de son cadre.

— Qu'il est jeune, qu'il est riant! dit Aubin.

— Ce portrait-là le représente à vingt ans, répliqua le père, un an avant l'aventure que vous savez. L'oncle était jeune alors, alors encore il riait; mais pardonnez-moi, je me sens plus impressionné que je ne le voudrais, pardonnez-moi, j'ai le cœur très-faible. Ne soyez pas comme moi, Aubin; il faut qu'un homme soit fort. Allez, allez dormir, mes enfants! Et vous, Bernard, faites-vous beau demain matin pour la présentation.

CHAPITRE XIII

Entrevue.

Après une nuit étoilée, le soleil reparut à l'autre rive de la Seine, et ses premiers feux teignirent en rose la façade du château des Bordes, qu'on put alors distinguer avec ses jardins et son riant horizon.

Le corps de logis, à deux étages, était flanqué de deux ailes en tourelles, surmontées d'un long toit conique en ardoises. Pour ornements, la chaux, teintée d'ocre, formait ses refends en quadrilatères sur le champ de briques. Les hautes fenêtres à petites vitres carrées et deux perrons à balustres de pierres donnaient à la façade un caractère de noblesse en même temps que de simplicité; le parterre, constellé de fleurs robustes et violentes de ton, comme les roses d'Inde, les amaranthes, les marguerites blanches, les mauves, étalait son gazon dru et vert, rafraîchi chaque nuit par un large ruisseau bordé de cressons et de pourpiers.

Derrière le château montaient les grands arbres d'un parc immense, et derrière ce parc on eût pu distinguer la ferme, séparée par les cent arpents de plaine dont le bonhomme du Bourdet avait parlé la veille au soir à son beau-fils.

Du parc à cette ferme le chemin était ravissant, sous les pommiers et les vieux poiriers à cidre.

On eût dit un tapis de verdure à bandes brunes. Ces bandes parfaitement égales, c'était la double ornière tracée dans l'herbe par le passage des chariots, après la moisson.

Mais le domaine avait encore d'autres richesses. Adossée à la ferme, sans en ressentir les incommodités, s'élevait une petite maison blanche et gaie, décorée de pampres dans lesquels montaient et éclataient des fusées de roses pâles, mêlées aux raisins déjà rougis. Cette modeste habitation, destinée aux amis que l'ample hospitalité du château n'eût pu loger sous le toit du maître, renfermait deux appartements complets, meublés à la mode du dernier siècle, et offrait à ses hôtes la liberté la plus absolue, la plus riante, comme supplément de béatitude.

En effet, soit que l'habitant voulût se distraire au spectacle des travaux champêtres et admirer les lourds chevaux à l'œil sournois dans l'ombre des écuries, les brebis dans l'immense hangar, les innombrables pigeons tourbillonnant autour du colombier, soit qu'il préférât la promenade des bois et des allées moussues, il n'avait qu'à pousser la porte de communication qui ouvrait sur la cour de la ferme ou à traverser le chemin qui séparait la maison du taillis; mais de quelque côté que l'œil consentît à se poser, il ne trouvait que calme, solitude, douce verdure, immense étendue de la nappe du ciel, douce perspective de la plaine bigarrée; toujours un oiseau fendant l'air, toujours un lièvre arpentant la plaine, toujours un lapin grattant et grugeant dans l'épaisse broussaille de ronces et d'églantiers, qui hérissait le fossé des bois et donnait à la maison des pampres son nom : *les Fossés*.

C'est là, s'il plaît au lecteur, que, laissant Bernard auprès de ses oiseaux rares qui sont arrivés dans la nuit, nous irons, parmi les parfums et la rosée, donner un coup d'œil à cette partie si intéressante du domaine. Qu'il vienne donc, le lecteur, en notre société, par le parc, d'où l'on descend au moyen d'un petit pont un peu roide;

par le chemin des pommiers, rouges de pommes; par la plaine, où repousse vaillamment le trèfle dans lequel chantent les cailles. La maison blanche rit tout à coup sous un bouquet de chênes. Poussons la porte en treillage de la haie touffue. Respirons... entrons.

Un petit jardin de trente toises carrées précède l'habitation. Tout y pousse pêle-mêle; c'est le potager de la ferme; c'est un verger aussi; c'est encore un promenoir ombragé. Des sureaux énormes s'y confondent avec des groseillers nains; sur l'arbre s'épanouissent ces larges corbeilles de graines noires, sortes de tartes sucrées par le soleil, que viennent picorer les fauvettes friandes. Sur l'arbuste, des grappes oubliées de groseilles noircies par la maturité semblent provoquer les verdiers, les pinsons, les grives, et dans les allées étroites, car à la campagne, si l'homme perd du terrain, la nature le rattrape aussitôt, des touffes de pensées, de thym, de liserons, disputent le pas à d'énormes soleils, d'abord parasites, qu'on a laissés grandir pour la joie des enfants du fermier qui en croqueront les pepins comme des noisettes.

Ce jardin, dont nous n'énumérerons pas les légumes, rassurez-vous, lecteur, avait sa pelouse et ses espaliers. Il avait son berceau de chèvrefeuilles, son labyrinthe, son kiosque. Ces curiosités, il les possédait en tout temps. Mais au jour dont il s'agit, vous y eussiez trouvé une autre curiosité, que nous qualifierons d'incomparable.

C'était une vieille dame de soixante ans, petite et sèche, roide comme un busc, coiffée d'un de ces étranges bonnets plissés, à tuyaux, datant de Henri II, que les religieuses de nos jours revendiqueraient, sans l'espèce de houppe de soie qui le surmontait comme une aigrette. Dans sa robe à fleurs quinquagénaire, la bonne dame ne ressemblait pas mal à un vieux portrait de Velasquez. Visage anguleux, ridé, œil sans cils et sans sourcils, cheveux blancs dissimulés sous le bandeau de fin linge, bouche circonspecte aux lèvres bienveillantes, dont le sourire, hélas! rapprochait désastreusement le nez et le menton, séparés autrefois par deux remparts de dents à jamais démantelés.

La tante des Noyers, car c'était bien elle, ne manquait pourtant ni de majesté, ni d'une certaine bonne grâce inséparable du savoir-vivre. Peut-être perdait-elle de ses avantages debout, en plein jour, forcée de soutenir encore une démarche, une tournure, et de mouvoir ses bras trahis par de vilaines manches collantes. Mais on sentait que la même figure devait gagner cent pour cent à trôner dans un fauteuil, alors que toute la personne, dégagée du soin de se tenir en équilibre, se réduirait à un visage affable, et à deux petites griffes délicates, agiles, excellant à traduire toutes les nuances d'une conversation de bonne société.

Elle marchait pour le moment dans la grande allée du jardin, cherchant à ne pas perdre une ligne de sa taille : scrupuleusement habillée par sa servante à six heures du matin, et faisant tous ses efforts pour faire franchir la haie à son regard vif et sûr; car il lui importait de ne pas être surprise par l'arrivée du prétendu et de son père. Aussi la voyait-on se retourner à chaque instant tout d'une pièce, et interroger — le front soucieux — une fenêtre du premier étage derrière laquelle, entrebâillée qu'elle était, le soleil levant se glissait sans cérémonie pour visiter une forme blanche, vermeille, alerte et ronde, qui dans ses mouvements brusques faisait gonfler et voltiger le rideau.

— Cette petite fille n'aura jamais fini de s'habiller, dit la tante. Et l'on va venir, et elle se présentera toute seule. C'est impossible. — Manotte !

Manotte était la servante, qui travaillait en haut à la toilette de sa maîtresse, et qui, à la voix perçante de la tante, vint sous le rideau montrer un visage grêlé d'assez mauvaise humeur.

— Sylvie ne descendra-t-elle pas ? demanda madame des Noyers. Qu'on se hâte !

— Me voici, me voici, ma tante, répliqua sous le rideau une autre voix pleine d'impatience.

Et, dans le triangle noir que découpa l'étoffe en se relevant, l'on eût pu voir d'en bas paraître et s'effacer une tête malicieuse, ombragée de boucles brunes qui caressaient les épaules d'une dryade de l'Albane.

— Au fait, murmura la vieille dame en recommençant un tour d'allée, se parer, se rendre aimable, c'est un devoir pour Sylvie ; d'ailleurs, le jeune homme ne paraît pas encore ; ce qui, soit dit en passant, peut s'appeler un retard. Six heures et demie ! Ah ! la jeunesse d'aujourd'hui !...

Constatons qu'alors une visite se jugeait tardive à six heures et demie du matin, et que la jeunesse donnait déjà aux tantes des sujets de récriminer.

Mais bientôt, en poussant jusqu'au labyrinthe, véritable guérite d'observation, madame des Noyers vit quelque chose de grisâtre mêlé à du noir se détacher sur le fond vert des feuillages, aux environs du château. Ses yeux, perçants comme à vingt ans, devinèrent les visiteurs qu'elle attendait, bien qu'ils fussent éloignés d'au moins deux mille pas, c'est-à-dire d'un gros quart d'heure. Alors, elle frappa dans ses mains, appela Sylvie ! Sylvie ! avec tant de vigueur et d'obstination, que la jeune fille si désirée accourut, accrochant sa dernière épingle et redressant les plis de sa robe neuve.

La tante gourmanda vivement sa lenteur, examina la tenue et posa un baiser sur le front blanc que Sylvie mit au niveau de ses lèvres avec une révérence.

Les épaules de la dryade avaient complétement disparu sous la guimpe modeste d'une jeune fille. Mais les boucles soyeuses se jouaient sur un col d'ivoire. Mais deux yeux mutins, fourrés de cils touffus ; mais une bouche de pourpre à coins profonds, un menton modelé sur celui de l'Hébé antique suffisaient avec un corps d'une printanière fraîcheur, pour enorgueillir la plus ambitieuse mortelle.

Madame des Noyers s'appuya sur le bras de Sylvie, dont les yeux s'emportaient déjà par-dessus la haie.

— Allons, allons, mademoiselle, ce n'est point de ce côté qu'il vous faut regarder. Oui, l'on vient ; oui, c'est possible, mais que vous importe. N'oubliez pas que vous êtes censée ne rien savoir, moi pas plus que vous. Après tout, que résultera-t-il ? Rien peut-être. C'est le plus probable. Un jeune homme qui revient de voyage a tant vu de choses. Il en peut souhaiter voir tant de nouvelles encore, qu'une jeune personne niaise comme vous ne sera pas un ragoût bien friand pour lui.

A ce mot de niaise, Sylvie baissa la tête comme pour s'humilier en demoiselle bien apprise. Mais elle rougit au point que son oreille se changea en une feuille de pourpre, et son œil brun lança de côté un tel éclair de malice ou de dépit que le diable seul eût pu traduire un si singulier regard.

— Profitons, poursuivit la tante, des cinq minutes qui nous restent, car ces messieurs sortent seulement du grand parc et ne vont pas vite. Non, certes, ils ne vont pas vite. Ils ne se hâtent pas très-chaleureusement. Ne regardez pas.

L'œil de Sylvie avait désobéi dix fois déjà avant la recommandation.

— Ils observent les formes, ma nièce. Imitons-les. Comme il est convenu que cette entrevue n'est qu'une rencontre fortuite, gardons-lui le caractère de l'imprévu. Ne parlez que si l'on vous interroge, mais faites-le librement, de peur de paraître embarrassée par quelque arrière-pensée. Et puis, ne me quittez pas, à moins que je ne vous en donne l'ordre ; ne témoignez pas non plus au jeune Aubin trop de bienveillance familière, ce serait indiquer comme une préférence qui sentirait sa fraternité anticipée.

Sylvie, évidemment, n'écoutait pas un mot de ces sages prescriptions ; ses prunelles, ardentes, infatigables, roulaient à l'ombre de ses cils, et attrapaient incessamment quelque bribe du paysage et des figures qui le peuplaient.

Déjà l'on entendait par-dessus les épines et les sureaux le murmure des voix qui s'approchaient de la maison. Sylvie pétillait, trépignait sous la pression de la main prudente qui n'enchaînait que l'élan de son corps.

— Oui, ils approchent, murmura la tante s'éloignant de la haie par une manœuvre habilement calculée ; mais écoutez-moi toujours, Sylvie : au cas où ce jeune homme aurait quelque mérite personnel, n'oubliez pas qu'il convient non-seulement que vous n'en témoigniez rien, mais même que vous combattiez cette impression en vous-même.

— Ah ! par exemple, s'écria Sylvie, rongeant ou plutôt secouant son frein, pourquoi combattrai-je une bonne impression... enfin, ma tante...

— Alors, mademoiselle, dit la tante, surprise de ce mouvement séditieux qu'elle voulut réprimer par quelque sévérité, tâchez d'inspirer vous-même une impression favorable à un jeune homme qu'on dit sage et plein de bons sentiments. Je doute que vous y parveniez avec cette pétulance qui s'allume bien mal à propos chez vous, et que je n'avais pas encore remarquée. Mais voilà que ces messieurs entrent dans le jardin. J'ai encore le temps de vous dire que le parti qui se présente n'est pas de ceux qu'une honnête jeune fille laisse échapper sans le regretter longtemps. Conduisez-vous donc si modestement, si convenablement, qu'en cas de déconvenue les torts au moins ne soient pas de votre côté.

Sylvie avait repris son calme et son immobilité comme un bon soldat devant l'ennemi. Elle vit à cinquante pas et détailla Bernard d'un seul coup d'œil, sans pourtant que nul pût dire l'avoir vue lever les yeux, et, le cœur ému, la tête froide, elle répliqua :

— Merci, ma tante, je tâcherai.

Bernard, paré d'un habit tourterelle, et, mieux encore, de sa radieuse jeunesse, flanqué d'Aubin qui le tenait par la main, suivait du Bourdet dans l'allée principale.

Le bonhomme n'avait pas adressé de recommandations à son beau-fils. A la vue des dames il lui avait serré les doigts, et pour toute harangue :

— Observez, épluchez, soyez impitoyable, lui avait-il dit, et ne vous décidez que si la somme du bien vous paraît l'emporter sur celle du mal dans la proportion de quatre-vingts à vingt. Par exemple, ne dépassez pas ce terme, déjà fort satisfaisant dans l'analyse de toute créature humaine.

Puis, le digne beau-père se lança en avant et apostropha d'un vigoureux : — Eh ! bonjour, mesdames ! les dames qui tressaillirent dans toute la rigueur des convenances.

— Quoi ! c'est vous ! cher monsieur du Bourdet ; si matin ! répliqua la tante, précédant aussi sa nièce qui, fixée, enracinée à sa place, gardait à un pouce près la distance voulue.

— Oui, chère madame des Noyers, nous sommes arrivés cette nuit.

— Je l'ai appris ce matin avec bien de la joie.

— Et aussitôt levés, nous avons formé le projet de vous apporter nos hommages. Vous permettrez bien que je profite de l'heureuse rencontre pour vous présenter mon fils Bernard, comte de Preuil, qui nous revient sain et sauf après de si terribles pérégrinations.

Du Bourdet s'effaça, Bernard s'avança dans l'allée, jusqu'au point suffisant pour faire une révérence bien réussie à la vieille tante.

La révérence réussit à souhait de part et d'autre. Madame des Noyers se releva satisfaite.

— Bernard, ajouta du Bourdet, la jeune personne que vous voyez derrière madame des Noyers, est sa nièce, mademoiselle Sylvie des Noyers, qui permettra aussi qu'on la salue.

La tante s'effaça comme avait fait le père, Sylvie s'approcha, décemment rouge et guindée ; elle salua d'un air modeste et poli à la fois. Bernard tâcha d'être aimable. Les parents observèrent, et après la cérémonie, l'un et l'autre avaient sur les lèvres un sourire de bon augure.

— Chère madame des Noyers, dit du Bourdet lorsqu'Aubin eut aussi rempli ses devoirs, j'ai à vous remercier d'avoir consenti à venir prendre le lait de la ferme que votre médecin vous ordonne depuis si longtemps. Vous faisiez des façons désobligeantes. Avez-vous donc oublié nos bonnes soirées quand vous n'aviez pas vendu encore le château des Noyers et que vous daigniez voisiner avec nous ?

— Je n'ai rien oublié, cher voisin, et ma visite aux Fossés en est la preuve, répondit la vieille dame, qui sut gré à du Bourdet de lui sauver toute apparence de préméditation. Seulement, je crains que l'arrivée de monsieur votre beau-fils ne dérange un peu mes plans de solitude. Savez-vous que c'est un jeune homme charmant, ajouta-t-elle plus bas, en acceptant la main de du Bourdet, qui la conduisait vers un banc du jardin.

— Et Sylvie est, aujourd'hui, fort à son avantage, répliqua le bonhomme du même ton d'intelligence

— Vraiment, voisin ?

— Fraîche comme une giroflée.

Ils marchaient en disant cela. Bernard se trouva seul en arrière, et voyant Sylvie rester seule aussi, lui offrit la main sans demander permission à personne. Ce deuxième couple suivit le premier.

Aubin secoua la tête étrangement, l'écolier, et se mit à marcher derrière, poitrine effacée, nez au vent, les mains dans ses poches d'habit, avec une expression de physionomie railleuse et boudeuse que rien ne saurait reproduire.

— Cette jeune fille est fort attrayante, se dit Bernard qui, à la dérobée, détaillait, épluchait même, d'après le conseil de son beau-père. Cela peut bien valoir dix sur quatre-vingts. Oh ! oui ; blanche, grasse, satinée, une main dont la fraîcheur est plus pénétrante que l'ardeur d'une autre main. Eh! un œil superbe... Oh!... elle a vu que je la regardais... et elle sourit... des dents de nacre. Mettons vingt sur quatre-vingts.

On était arrivé au banc. La tante, déjà assise, donnait ses petits ordres pour la collation du matin. On voyait Sylvie empressée, attentive, épier, absorber le moindre caprice de la vieille dame, et exécuter si prestement, si ponctuellement, chaque opération du service, que tout en elle, de son pied mignon à son sourcil mobile, révélait l'activité, la décision, l'adresse. Et cependant elle s'oubliait si peu elle-même en paraissant s'occuper seulement de tous les autres, que pas un de ses agréments ne manqua d'être mis en lumière, le bras arrondi, la taille souple, les beaux cheveux qu'on écarte, la jambe fine et pure qu'une précipitation de bon goût laisse deviner, la main potelée aux ongles roses qui se pose si spirituellement aux parois de la tasse à crème.

— Oh! oh! pensa Bernard de plus en plus intéressé à l'examen, industrie, tact, bonne grâce, ce sont des qualités solides; mettons vingt points pour ces qualités-là.

Mais ce sont quarante d'acquis, si je ne me trompe : la moitié! — Il est vrai que les défauts ne se sont pas encore fait jour. Les défauts... diable! cherchons bien, il doit y en avoir. Et pour commencer, j'en tiens un.

Oui, c'en est un incontestablement. Elle affecte de faire la bonne âme. Oh! jamais nièce qui passe sa vie avec sa tante ne se donnerait tout le jour un pareil mouvement pour la contenter. Le soir venu elle aurait une courbature. Donc, mademoiselle Sylvie, absence de naïveté, hypocrisie. Voilà qui efface dix bons points pour ne pas dire quinze.

— Vraiment, mademoiselle, dit le malicieux Aubin, qui semblait lire dans le cœur de son frère, si vous nous servez ainsi sans vous servir vous-même, et si vous ne gardez pas un œuf et un peu de crème pour vous, mon papa va me gronder d'accepter tout ce qu'on m'offre.

— Malin singe, pensa Bernard avec un sourire à Aubin.

Et Sylvie, qui surprit ce sourire après l'observation d'Aubin, s'arrêta un moment pour examiner ces deux physionomies et tirer à son tour un diagnostic.

— Défiante, pensa Bernard, astucieuse au besoin.

Mais Sylvie répondit à Aubin avec une sincérité pleine de grâce :

— Monsieur votre cher père ne vous grondera pas autant, mon cher Aubin, d'accepter ce que je vous offre, que ma tante me gronderait si je ne vous l'offrais pas. Préférez-vous me voir gronder?

Cela fut répliqué si galamment, si finement, qu'Aubin se pinça les lèvres, et que Bernard sourit à Sylvie.

— Allons, allons, pensa-t-il en savourant le bon lait, le pain au beurre et les fruits qu'on lui choisissait sans avoir l'air de choisir, elle est toute aimable, cette fille. Oui, bien décidément, c'est quarante points qu'elle a gagnés sur quatre-vingts.

Mais les autres quarante... hélas ! ne se composeraientils pas de ces mérites aléatoires, enfouis, qu'on ne déterre qu'avec le temps, avec le mariage, que souvent même on ne déterre pas du tout, et qu'on ne songe jamais à exiger de la femme qui vous plaît au premier regard, comme cela se rencontre par le monde?...

Tout en parlant ainsi, Bernard, qui n'était certes pas de complexion mélancolique, se prit à rêver malgré lui, sa tasse à la main, l'œil fixé sur Sylvie, qui perdit toute contenance, se figurant, la pauvre fille, que c'était elle que le regard de Bernard poursuivait ainsi. La tante même commençait à se formaliser.

Du Bourdet appuya son pied sur le pied de son beau-fils, et croyant lui rendre un grand service en lui fournissant quelque chose à dire au moment où il se réveillerait en sursaut :

— A quoi donc pensez-vous, Bernard? s'écria-t-il; on dirait que vous n'êtes plus avec nous. Excusez-le, mesdames — pauvre garçon, — il est bien excusable... — Est-ce que vous vous croyez encore dans la galerie du Louvre?

Le fait est que, sans s'en douter, c'était bien de là que le pied du beau-père venait de ramener Bernard. Bernard, cette fois, n'analysait plus; il comparait.

CHAPITRE XIV

Cas de conscience.

Cependant, comme rien ne dure éternellement en ce monde, pas plus la crème parfumée que les gentillesses de deux prétendus qui se voient pour la première fois : lorsque les assiettes furent nettes, et les politesses épuisées, du Bourdet remmena ses fils aux Bordes, non sans avoir échangé avec madame des Noyers un coup d'œil et un serrement de mains des plus significatifs.

Il fut convenu tout haut entre les grands parents qu'on se retrouverait au château pour souper vers la fin du jour. Il fut convenu tout bas que le beau-père et la tante se feraient part réciproquement des impressions du jeune couple. Madame des Noyers reconduisit cérémonieusement les hommes jusqu'aux limites des Fossés. Il se dépensa encore, sur ces frontières, une somme honnête de saluts et de courtoisie. Puis la séparation eut lieu.

Alors la tante et la nièce se trouvèrent seules ; la nièce gardant un silence armé, la tante cherchant ce qu'elle pourrait dire sans rien compromettre ni de ses plans ni de sa dignité.

— Eh bien ! commença-t-elle lentement, supposez-vous, Sylvie, qu'on ait pris de vous une opinion favorable ?

— Ce n'est guère à moi de répondre, ma tante, seulement, j'ai agi de mon mieux.

— Pas mal, en vérité. Je suis satisfaite. Oui, vous été convenable. Quant à M. de Preuil, je n'en dirai pas autant.

— Quoi ! ma tante...

— Bien distrait... bien singulier... mais les jeunes gens sont inexplicables aujourd'hui. Que vous a-t-il dit, s'il vous plaît, pendant que vous marchiez derrière moi, lui, tenant votre main ?

— Il ne m'a rien dit, ma tante.

— A la bonne heure... c'est au moins de bon goût. Il eût bien dû ne pas vous regarder plus qu'il ne vous parlait.

— Ah ! il me regardait ?...

— Vous l'avez bien vu, puisque vous fûtes forcée de baisser les yeux ; cela, un moment, a failli m'irriter.

— Je n'ai pas remarqué, dit Sylvie, rouge de plaisir, et j'eusse plutôt pensé que M. Bernard...

— M. de Preuil, s'il vous plaît, interrompit sèchement la vieille dame. Ce n'est M. Bernard que pour sa famille... Qu'eussiez-vous pensé plutôt, Sylvie ?

— Que M. de Preuil rêvait à autre chose qu'à moi ; j'ai si peu de mérite, vous l'avez dit vous-même, pour attirer les regards de quelqu'un... Du reste, ma tante, oserai-je vous demander à mon tour si je n'ai pas produit une impression trop désagréable ?

— Le sais-je, mademoiselle ; voilà bien de ces questions de fillette !..

Sylvie modestement :

— J'avais cru remarquer, madame, répliqua-t-elle, que vous causiez avec M. du Bourdet...

— Bon ! j'irais lui demander, n'est-ce pas : « Que pense votre fils de ma nièce ? » Est-ce au couvent qu'on apprend ainsi le monde !...

— Excusez-moi, ma tante. J'ai heureusement en vous un guide infaillible pour redresser mes imperfections.

La rusée prononça si mielleusement ces paroles, que la bonne dame en fut charmée. Mais elle ne s'en laissa pas plus pénétrer pour cela. Toutefois, comme Sylvie voyait briller l'animation sur les traits de sa tante, comme elle sentait poindre la bonne humeur du triomphe sous chacune de ses rebuffades, elle devina que le résultat de l'entrevue n'avait pas tourné à son désavantage. D'ailleurs, l'instinct presque toujours sûr de la femme le lui disait mieux encore que tous les raisonnements. A la façon dont une fille est regardée, au degré de chaleur de ce regard, à sa durée, elle mesure, sans erreur possible l'effet que ses petits agréments ont produit.

Ce fut donc sans bouder, sans questionner plus longtemps, que Sylvie reconduisit la tante dans sa chambre. Elle l'entoura de soins et de mièvreries pendant assez longtemps pour ne pas faire une transition trop brusque entre le zèle de la prétendue qui pose devant son futur, et la nonchalance de la nièce quotidienne. Coussins, oreillers, bonne place au soleil, jujubes et recommandations à Manette, occupèrent un gros quart d'heure, après lequel

Sylvie, voyant que le soleil commençait à alourdir les paupières de sa tante, consulta maintes fois l'horloge et la hauteur du soleil. Puis, après avoir chargé Manette de dire, si madame des Noyers se réveillait, que mademoiselle était allée jusqu'au bout du parc, Sylvie se glissa par la porte du bois, plus vive et plus invisible qu'une couleuvre, gagna par un sentier l'avenue principale, s'enfonça dans le taillis jusqu'à ce qu'elle eût rejoint la route des Bordes; et là, essoufflée, anxieuse, elle se blottit dans l'herbe, au pied d'un hêtre, un livre à la main par contenance; car, en réalité, elle guettait de loin, sous le dôme de feuillages, l'arrivée de quelqu'un qui se faisait attendre.

Plusieurs fois elle entendit du bruit dans les broussailles et tressaillit; mais ce n'était rien, peut-être un chevreuil effarouché, peut-être un brin de bois mort tombant de l'arbre; enfin, à l'extrémité du cintre que formait la voûte ombreuse, c'est-à-dire à l'entrée de la route, sous le bois, elle aperçut un cavalier et se leva rapidement pour s'avancer à sa rencontre.

Celui qui arrrivait n'était ni beau ni séduisant pour faire ainsi courir une jeune fille : casaque râpée, bottes rougies, chapeau farouche comme la figure qu'il ombrageait; laide et vulgaire mine passablement avinée. C'était un soldat, porteur d'une outre aplatie par un trop fréquent usage, et d'une large et longue épée qui battait le flanc de son cheval.

Sylvie s'approcha de cet homme qui, la voyant, prit un air gracieux :

— Ne venez-vous pas aux Fossés? demanda-t-elle à voix basse et vivement.

— Oui, mademoiselle.

— De la part de M. le chevalier des Noyers?...

— Que nous appelons nous autres au régiment...

— Il suffit. Vous apportez une lettre aux Fossés?

— A une respectable vieille dame, sa tante, m'a-t-il dit.

— Et la mienne, interrompit Sylvie.

— Ah! mademoiselle, vous êtes donc.....

— Que vous a dit M. des Noyers, mon frère, en vous expédiant ici?

— Que je rendrais une lettre à madame des Noyers, aux Fossés.

— Mais, qu'avant d'arriver aux Fossés...

— Je trouverais une jeune dame sur le chemin du bois.

— A qui vous remettriez une autre lettre.

— Parfaitement, dit le soldat.

— Où est cette lettre?

— Voici.

Sylvie tendit la main, prit une lettre que le soldat tirait d'un portefeuille gras comme son buffle, et, après avoir offert un écu au messager, qui s'épanouit d'aise.

— Bien, dit elle, continuez maintenant votre chemin. Vous ne m'avez point rencontrée. Vous ne me connaissez pas. Allez aux Fossés donner à ma tante la lettre qui est pour elle, et comme vous ne serez pas encore parti quand je reviendrai, si le vin qu'on vous a offert n'est pas bon, je saurai vous en trouver du meilleur. A propos, mon frère se porte bien ?

— A merveille, ma belle demoiselle. Mais je vous serai obligé de revenir bientôt, si vous tenez à m'offrir cette bienheureuse bouteille, car le capitaine ne m'accorde qu'une demi-heure de rafraîchissement aux Fossés.

— Oui, oui, allez ! s'écria Sylvie.

Le soldat partit en chantant. La jeune fille se mit à l'écart, ouvrit la lettre, la lut et la relut avec un sérieux sombre qu'on n'eût pas soupçonné sur cette physionomie éveillée.

Et quand elle eut plusieurs fois secoué la tête avec un pâle sourire, comme pour approuver le contenu de la lettre :

— Oui, murmura-t-elle, mon frère a raison, pourquoi manquer l'occasion favorable?... Chacun pour soi en ce monde. Bien fou celui qui écoute, dans l'intérêt des autres, des scrupules que les autres n'ont pas eus envers lui. La conscience! eh bien la conscience... en a-t-on eu pour moi? Duperie! Il a raison, mon frère. M. Bernard me plaît : il est confiant, il est riche, il peut me rendre heureuse; je l'épouserai.

Elle étouffa un soupir par quelques notes d'un refrain joyeux, puis redevint rêveuse, et s'en retourna effeuillant en mille et mille bribes plus menues que des miettes de neige la lettre mystérieuse, dont le vent dispersa le secret dans les bois.

Au détour du chemin elle se retourna encore pour

regarder le parc des Bordes, ruisselant de fraîcheur au dedans, éblouissant de soleil au dehors, et dit avec une intention profonde, obstinée.

— Salut donc, mon parc! bonjour mon mari!

Elle sauta le fossé d'un bond, qui trahit sa jambe fine et ronde, gagna le talus et disparut.

En ce moment, celui qu'elle appelait déjà son mari arpentait au bras de du Bourdet les allées de ce qu'elle appelait son parc.

Du Bourdet s'efforçait de tirer une conclusion quelconque des raisonnements plus ou moins logiques qu'entassait son beau-fils pour faire semblant de raisonner; mais la matière était stérile, ou stérile l'esprit du logicien. Toujours Bernard revenait au point du départ.

— Monsieur, répliquait-il, vous voulez me faire aller plus vite qu'il n'est dans ma nature de marcher. Votre jeune personne est bien, très-bien, et je ne trouve rien à lui reprocher, mais...

— Mais quoi?... Bernard.

— Mais... enfin, je ne suis pas amoureux. Vous me répondrez que cela n'est pas nécessaire.

— Eh non! Bernard, non! D'ailleurs, qui vous prouve que vous ne le deviendrez pas en lui faisant la cour?

— Ah! vous voilà bien! s'écria Bernard, la cour! faire la cour!... Est-ce plus nécessaire que de devenir amoureux?

— Mais sans doute...

— Je conteste... je nie!... je me révolte!... Faire la cour!... Eh! monsieur, combien de temps?...

— Le temps de connaître votre future femme.

— Erreur, monsieur! erreur! Plus j'irai, moins je la connaîtrai. Songez donc un peu, je vous prie, ce que c'est que faire la cour! Tenez, regardez-moi ; j'ai mon habit colombin, des bas gris-perle, des chausses violettes ; mon manteau est neuf, les broderies reluisantes, est-ce vrai?

— Parfaitement vrai.

— Avez-vous vu ma figure pendant la visite aux Fossés? Comment l'avez-vous trouvée, dites?

— Avenante, souriante...

— Ma bouche?

— En cœur.

— Eh bien, cher monsieur du Bourdet, je vous arrête là. Supposez-vous que tous les jours de la vie je me résolve à garder cet habit colombin, ces parures et cette bouche en cœur? Non, au grand jamais!... Pas plus que cette jeune fille ne gardera tous les jours sa robe neuve, ses dentelles, son sourire, et son frénétique amour pour sa tante, et cette abstinence pendant le déjeuner... Admettez maintenant que je me mette à ce régime, et elle aussi, pendant quinze jours, pendant un mois, de ce que vous appelez notre mutuelle cour... Nous connaîtrons tous deux, elle, mon habit; moi, sa robe; elle, ma bouche gracieuse ; moi, sa piété filiale. Mais ce qu'il y a là-dessous, ni elle, ni moi, nous ne le connaîtrons que trop tard! Oh! ne secouez pas la tête. Vous sentez bien que j'ai raison.

— Je ne dis pas Bernard, que vous ayez ce qui s'appelle tort.

— Abrégez donc le temps des épreuves préliminaires. Réduisons la question à ceci : faut-il que Bernard se marie? ne le faut-il pas?

— Oh! oh! dit du Bourdet, ce n'est pas discuter, cela. Il est bien sûr qu'il faut que tôt ou tard Bernard se marie. Est-ce que tout le monde ne se marie pas?

— Très-bien! c'est tranché! Puisqu'il faut que je me marie, puisque *tard* me causerait infiniment plus de contrariétés que *tôt*, je choisis tôt. D'ailleurs, la fille n'est-elle pas de votre goût, de votre main? ne la connaissez-vous pas pour l'avoir étudiée?

Du Bourdet se récria, et d'un air solennel :

— Si jamais on pouvait répondre d'une femme, dit-il, si jamais on pouvait se croire le droit de déclarer : ceci est une jeune fille naïve, candide, ingénue, s'ignorant elle-même, c'est une fleur d'innocence; je le dirais de Sylvie. Au couvent à huit ans, sortie à dix-huit, dix ans, monsieur, dans le sanctuaire de la vertu, de la piété! Pas une mauvaise note! La supérieure l'a renvoyée l'année dernière...

— Comment renvoyée?

— Parce qu'elle n'avait plus rien à apprendre, et que, — ce sont ses expressions, — la jeune fille était devenue une femme parfaite. Alors le frère l'a conduite à la tante qui, venant de perdre une petite fille à elle, a consenti à prendre Sylvie. Trouvez-moi des renseignements pareils, une fois sur dix mille, je vous en défie.

— Eh bien! dit Bernard en se croisant les bras, que

pourrait ajouter à cela une cour aussi longue que la guerre de Troie? Tenez, vous êtes satisfait que je me marie; ne le dissimulez pas.

— Je l'avoue, répliqua du Bourdet d'un ton pénétré. Vous heureux, il me semble que j'aurai payé toutes mes dettes sur la terre.

— Pas un mot de plus, mon cher père. Le mariage est fait, conclu, paraphé. Mais, de grâce, plus de circuits autour de ce bonheur si pressé. Je suis revenu de voyage, moi, pour me divertir à ma manière, pour chasser, pour pêcher, pour mener bonne vie avec nos voisins.

— Sans rien regretter ailleurs? demanda du Bourdet, tremblant qu'on ne répondît pas à sa question aussi résolûment qu'il le souhaitait. Sans retour sur le passé? sans douloureux abandon des rêves?...

— Oh! s'écria Bernard, qui par degrés se rembrunit, vous finirez par m'en trop demander. Que diable, cher monsieur, si l'on disait au soldat qui escalade un bastion et veut faire bonne figure : — Dis-moi, gaillard, est-ce que tu ne regrettes pas ce bon vin du dimanche, et ces minois qui t'agaçaient, et le bon cheval qui galopait si vite, et le ciel qui vermillonnait si doux! — Peste! le moyen serait pitoyable pour engager ce malheureux à s'aller faire casser la tête.

— En êtes-vous là, Bernard, dit le bonhomme, de regarder le mariage comme un arrêt de mort?

— Non pas, mais vous parliez de retour sur le passé, de rêves; quel homme de mon âge n'a pas les siens? Je ne vaux pas mieux que tout le monde, allez. Seulement, d'humeur plus complaisante, je traite les rêves comme les Flamands la fumée. Un gros soupir, lancé de mes robustes poumons, un immense éclat de rire, qui dilate ma poitrine, et toutes ces vapeurs se dispersent. Oh! j'ai mes rêves aussi, cher monsieur du Bourdet, et peut-être me sera-t-il salutaire de les combattre au plus vite, ces illusions chimériques, par la réalité du mariage. Vous voyez que je parle avec franchise.

— Vous parlez comme un charmant garçon que vous êtes, répliqua du Bourdet. Mais comme je n'ai en vue que votre bonheur, si quelquefois la fumée vous plaisait plus que le corps...

— A quand le mariage, mon cher père? dit Bernard, riant et décidé en lui serrant les mains avec effusion.

— Eh bien! nous attendons votre oncle. Il nous donnera son avis. L'avis sera bon, le conseiller étant homme de mérite et d'expérience. En outre, nous ne saurions arrêter rien sous peine de lui manquer de respect. Il est plus pour vous que je ne suis, en sa qualité de frère de votre mère.

— Quand supposez-vous qu'il arrivera?

— J'ai envoyé, voilà trois semaines, ma réponse à sa lettre, dans laquelle il m'annonçait que le roi lui a donné un congé de quinze jours, pendant les réparations de son château-fort. Dans cette réponse je lui mandais votre prochain retour et les projets que vous m'aviez encouragé à poursuivre touchant ce mariage. J'ajoutais que s'il voulait nous combler de joie, il passerait aux Bordes ce congé, le seul peut-être dont il ait profité depuis qu'il a quitté la cour.

— C'est-à-dire depuis...

— Depuis la mort du feu roi. Trois semaines se sont donc passées sans réponse à ma réponse; or, d'ici à Grenoble, il faut compter neuf jours pour le courrier; neuf pour le retour font dix-huit. M. de Pontis, homme de devoir et d'exactitude, n'eût point tardé au-delà de deux jours à me répondre. Donc, si je n'ai rien reçu de lui aujourd'hui, vingt-deux jours après ma lettre, c'est qu'il viendra au lieu d'écrire.

Du Bourdet achevait à peine ces paroles, en comptant sur ses doigts, qu'un bruit confus de cris et de trépignements lui fit tourner l'oreille du côté du château.

Bernard regarda le bonhomme comme pour lui demander, à lui plus exercé par l'habitude, ce que signifiait un pareil vacarme.

— J'entends je ne sais quoi, répliqua du Bourdet, mais dans ce je ne sais quoi il y a de l'Aubin.

— Eh! s'écria Bernard inquiet, peut-être s'est-il blessé; si nous courions?

— Non, Bernard, ces cris ne sont pas alarmants; Aubin aura commis quelque espièglerie dont Marcelle fait un tumulte, et dont les chiens font une émeute.

— En effet, je me souviens qu'Aubin annonçait l'intention de préparer tous nos harnais et tout l'attirail du chenil, pour une chasse demain : il n'en faut pas davantage.

— Attendez, dit du Bourdet, posant doucement sa main devant les lèvres de Bernard ; non, il ne s'agit ni de chiens, ni de chasse, ni d'espièglerie. Voyez, voilà Aubin qui accourt.

On aperçut l'enfant qui arrivait à perdre haleine dans le parterre ; trois ou quatre chiens lancés comme la foudre, le devançaient en massacrant les herbes et les fleurs.

— Que crie-t-il ? car il crie, dit du Bourdet, mais ces damnés chiens crient plus fort que lui.

Bernard secoua son mouchoir en l'air sur la lisière du parc.

— Ah !... mon papa !... fit Aubin pâle et riant, mais à bout de souffle.

— Quoi donc, petit malheureux, te vas-tu étouffer. Qu'y a-t-il ?

— Mon oncle Pontis ! au château ! acheva l'enfant, qui roula pêle-mêle avec ses chiens dans un massif de fleurs d'automne.

Du Bourdet leva les mains au ciel, Bernard poussa un cri de triomphe, et tout ce monde, essoufflé ou non, prit sa course vers la maison en bousculant et culbutant les chiens, qui bondissaient et hurlaient, fous de la joie qu'ils devinaient chez leurs maîtres.

CHAPITRE XV

Le coup d'œil de l'oncle.

L'objet de tant de joie et d'empressement, M. de Pontis, n'avait pas encore quitté des yeux son cheval que Laurent, maître général des écuries du château, emmenait par la bride en le caressant.

Nom déjà célèbre dans les fastes de l'armée, M. de Pontis avait mérité sa renommée par une de ces bravoures folles à la fois et intelligentes, comme on en compta plusieurs modèles dans cette période de transformation de la guerre européenne. Au temps de Duguesclin, Pontis, grâce à son indomptable vigueur, eût passé, sous une armure complète, pour un des plus rudes champions de France. Mais depuis que la balle irrésistible ou le boulet vainqueur commençaient à généraliser les chances de mort ou de gloire; depuis qu'un pygmée ingénieux pouvait terrasser Goliath, les héros, maintenus à distance des projectiles comme le dernier cavalier d'un escadron, voyaient diminuer les occasions, si nombreuses jadis, de s'immortaliser un contre cent par la vaillance et la force. Et comme les escadrons n'étaient guère commandés en ce temps-là que par des princes, il avait fallu des miracles pour que Pontis obtînt le commandement d'un escadron. Sa fortune s'était arrêtée là.

D'ailleurs, nous le savons, il n'était plus ambitieux. Certains souffles contraires courbent prématurément les têtes les plus hautaines. Celle-là était plus que courbée. A le voir de loin, médiocre de taille, ferme et vigoureux, irréprochable dans sa tenue de soldat gentilhomme, la botte bien tirée, l'épée bien pendue, le chapeau bien planté, le gant collé à la main, l'on eût cru pouvoir à peine mettre sur cette figure les trente-cinq années qui composaient son âge. Mais s'il approchait, s'il découvrait son front dévasté, à voir le pli profond creusé entre ses yeux, la froide fixité de son regard d'oiseau, la courbe sévère du nez, la double ride dans laquelle glissait son épaisse moustache argentée ; à voir la bouche inflexible dont l'arc ne se détendait jamais complétement pour sourire, ce n'était plus la jeunesse, ce n'était plus l'ardent courage qu'on lisait sur ces traits flétris, mais la vieillesse aux mépris stoïques, mais le travail pénible d'un esprit découragé qui combat chrétiennement le désespoir.

Cette apparition glaça Bernard au premier coup d'œil. Aubin, enfant, n'avait vu dans cet austère visage que la majesté de l'oncle. Du Bourdet ne regretta plus autant ses cinquante ans, dont la fraîcheur enjouée ne marquait souvent que trente-cinq.

Après les premiers embrassements, qui furent tendres et longs, après l'échange de questions qui renouent les chaînes de famille, interrompues par l'éloignement et l'absence, Pontis, qui déclara n'être point fatigué, fit compliment à du Bourdet sur ses fils, sa maison et sa bonne mine. Les fils, il s'appuyait sur eux; la maison, il la parcourait; la bonne mine, elle éclatait aux yeux de Pontis, en avant duquel marchait à reculons le bonhomme, cordialement pénétré de tendresse et de joie.

Aubin, muet, ravi, examinait en levant la tête le noble profil, l'encolure martiale et l'épée chevaleresque, dont le lourd pommeau venait parfois l'avertir, à la hauteur de l'épaule, qu'il avait l'honneur de donner le bras à un héros.

Du Bourdet se fit expliquer les réparations des redans, contrescarpes et lunettes de Grenoble, détails dans lesquels Pontis se montra excessivement sobre. On découvrit ainsi que l'art des fortifications n'était pas le thème favori de l'oncle; ce dernier en revenait plus volontiers aux voyages de Bernard et à la ressemblance d'Aubin avec sa mère.

Quant au sujet principal du voyage, chacun observa que Pontis ne l'abordait point. Il y avait entre l'oncle et les neveux, à cet égard, une singulière sympathie. Du Bourdet, après s'être bien consulté, résolut cependant de donner un premier assaut.

— Cette maison paraît être en fête avait dit Pontis.

— Ce n'est point extraordinaire, pendant les apprêts d'un mariage, répliqua du Bourdet.

Pontis laissa tomber le mot sans avoir donné le moindre signe d'intelligence. Aubin faisait toujours sa petite moue jalouse. Bernard semblait se reposer sur l'engagement qu'il venait de prendre, comme l'athlète qui a parfait son tour de force.

— Ah çà! pensa du Bourdet, est-ce qu'il n'y a que moi ici qui se soucie de ce mariage? Suis-je à ce point ridicule? Mais non; je me crée des fantômes. Tous ces gens-là sont enchantés. Essayons d'une seconde attaque.

— Savez-vous, cher beau-frère, dit-il à Pontis, que vous faites les choses avec une bonne grâce qui en double le prix. C'est tout au plus si le courrier eût eu le temps de vous annoncer aux Bordes... Vous avez dû courir.

— Oui, je me suis hâté, répliqua le chevalier.

— Bernard vous est bien reconnaissant de la peine que vous avez prise pour assister à son mariage.

— Je vous dirai, interrompit Pontis, comme si ce malheureux mot eût encore fait naufrage à l'entrée de son oreille, que mon habitude est de bien marcher sur la route. Mon cheval sait mes goûts, il trotte sans relâche jusqu'à ce qu'il soit las. Alors il s'arrête; la journée est faite. Il a la mesure de mon désir dans ses pieds. Je suis arrivé de la sorte à fournir des étapes de vingt lieues par jour, et ma bête se repose dix-sept heures de suite.

— Oh! pensa du Bourdet dépité, tu t'obstines donc à éluder ma question; je serai plus entêté que toi.

— D'ici au souper, reprit-il, le cheval va faire collation; mais le maître? Est-ce sérieusement que vous avez refusé même de vous rafraîchir?

— Je ne bois qu'en mangeant, répondit Pontis, et je ne mange jamais qu'une fois par jour.

— Oh! mon Dieu! pourvu que ce ne soit pas le matin, s'écria Aubin.

— C'est le matin, en effet, dit l'oncle.

— Quoi! interrompit du Bourdet, se jetant habilement à la traverse, vous ne souperiez pas ce soir avec nous et ces dames?

— Ah! vous avez des dames? demanda Pontis.

— Sans doute, mesdames des Noyers. Vous savez, riposta du Bourdet, nos dames...

— Très-bien, très-bien, dit froidement Pontis.

— Elles sont ici, aux Fossés, continua l'avocat, et nous font l'honneur de venir souper au château. Je suis bien heureux, allez, que vous les puissiez voir tout de suite; l'heure approche. Vous aurez faim, n'est-ce pas, mon frère?

— Oh! oui, dit Bernard, par amitié pour la maison.

— Si je ne soupe pas, répondit le chevalier, mon temps n'en sera que mieux occupé. Je serai tout entier à la conversation. J'observerai.

Du Bourdet se mordit les lèvres. Aubin regarda son oncle avec admiration. Bernard, s'interrogeant, ne reprocha point à Pontis cette observation, qu'il se promettait de faire si scrupuleuse. Peut-être Sylvie n'eût-elle pas été enchantée du ton avec lequel fut prononcé ce : « J'observerai. »

— Au reste, reprit le bonhomme en prenant à son tour le bras du chevalier et en le cajolant par un aimable sourire, vous savez aussi bien que nous, grâce à mes lettres, tous nos projets; figures, caractères, position sociale, je vous ai tout communiqué, et il ne vous manque plus qu'un coup d'œil pour acquérir la certitude que je suis un peintre de portraits fidèle.

Pontis s'inclina comme pour dire : Je le souhaite.

— Voilà une charmante fontaine, s'écria-t-il ; l'eau est-elle bonne ?

Et avant la réponse il s'était baissé pour la goûter.

— Excellente ; c'est une nouveauté dont je vous fais mon compliment.

— N'avez-vous vu que cela de nouveau en traversant notre pays ? dit du Bourdet, qui cherchait à se faire complimenter aussi sur ses mille améliorations de bon propriétaire.

— Qu'y a-t-il encore ? demanda Pontis.

— N'avez-vous rien vu ?... cherchez bien... de la lisière des bois ici ?

— Je n'ai vu, dit Pontis, que trois choses qui ne sont pas du tout nouvelles, et qu'on voit partout où l'on va : un enfant qui volait des pommes, un homme à cheval qui, déjà ivre, achevait de s'enivrer, et une fille qui recevait un billet doux.

— Une fille qui recevait un billet doux ! s'écrièrent Bernard et du Bourdet en riant. En effet ce n'est pas rare, partout ailleurs, mais ici, dans un désert !

— Bah ! ajouta Pontis avec un sérieux que rien ne saurait rendre, est-ce qu'il n'y a pas des filles même dans les déserts ?

— Je parie que l'on n'en compterait pas, dans un rayon d'une lieue, quatre en âge de recevoir des poulets.

— Ce sera une de ces quatre-là, dit Pontis.

— Où l'avez-vous surprise? demanda Bernard toujours riant.

— Surprise est bien le mot. Car en arrivant, comme je voulais aller revoir une petite rotonde où ma sœur et moi nous nous étions dit adieu à mon dernier départ, j'entrai sous bois avec mon cheval, la bête broutait, moi je rêvais, lorsque sans songer à guetter, je vis, à travers les feuillages, cette fille arriver sur le chemin, et prendre son billet doux de la main du cavalier. Voilà.

— Comment, du cavalier! Quel cavalier! demanda du Bourdet.

— Un homme à cheval, celui qui s'enivrait si bien chemin faisant.

— Quelle espèce de fille? interrogea Bernard à son tour.

— Jolie, mignonne, comme elles sont toutes...

— Plus ou moins, dit Bernard, mais de tournure, d'habits?

— Propre, ajustée.

— Comme une demoiselle ou comme une paysanne?

— Demoiselle... Mais en vérité, comme vous me questionnez tous!

— Écoutez donc, dit du Bourdet rembruni, je vous accordais tout à l'heure un chiffre rond de quatre fillettes mûres pour les billets doux; mais si vous parlez de demoiselles...

— Je n'en vois pas quatre par ici, dit Bernard.

— Je n'en vois même qu'une, dit Aubin à qui du Bourdet lança un regard écrasant accompagné de ces mots :

— J'aime à croire que vous allez vous taire !

Au même instant Marcelle entra dans le parterre, annonçant l'arrivée des dames, et du Bourdet s'élança galamment pour les recevoir ; Bernard, entraîné par les convenances, dut laisser l'oncle seul avec Aubin.

Sylvie et sa tante firent alors leur entrée de manière à séduire les plus difficiles observateurs : madame des Noyers noble et compassée, Sylvie toute gracieuse, toute modeste. Du Bourdet la conduisait.

Pontis, qu'amusait le habil d'Aubin, s'occupait beaucoup plus de son petit neveu que des dames. Il ne se retourna qu'au bruit des pas et à la voix de son beau-frère qui le désignait à madame des Noyers. Celle-ci vint saluer le chevalier avec toute la grâce bienveillante de ces femmes d'autrefois, qui, jeunes, savaient se faire respecter des vieillards, vieilles, forçaient les jeunes gens à les aimer. Une douzaine de phrases bien pensées sur l'ancienne cour, autant d'éloges de M. de Crillon, disposèrent favorablement Pontis pour la tante. Il ne s'agit plus alors que de lui présenter la nièce.

A la vue du minois frais et piquant de Sylvie, la figure du chevalier exprima si soudainement, si naïvement la surprise que pour ne s'en pas apercevoir il eût fallu être aveugle. Pontis faillit reculer comme devant une embuscade tout à coup découverte. Ses yeux perçants s'illuminèrent d'un feu sombre. Il appuya ses mains sur ses hanches et s'absorba dans une muette et désobligeante contemplation.

Pendant ce temps-là, madame des Noyers défilait son chapelet.

— Voici ma nièce Sylvie, que j'ai prise au sortir du couvent, bonne petite tête, un peu frivole, mais qui mûrira, etc., etc.

— Je rêve! pensait Pontis, tandis que la tante, qui avait accompli les cérémonies de la présentation, faisait demi-tour avec sa nièce.

— La trouvez-vous jolie ou non? demanda Bernard, que ce commencement d'inspection gênait un peu.

— Mais... oui, répliqua Pontis, tournant lui-même sur ses talons, pour se débarrasser du neveu comme de la nièce et de la tante.

Bernard, appelé près de ces dames, courut à l'ordre. Du Bourdet, plus clairvoyant, n'avait pas perdu un seul mouvement, une seule impression de Pontis. Il s'approcha de lui brusquement :

— Vous avez quelque chose, dit-il.

— Moi?

— Vous... et fussiez-vous homme à cacher la vérité, votre figure parlerait quand même. — Qu'avez-vous? soyez sincère.

— Oh! répliqua Pontis, je connais ces façons-là. Soyez sincère!... et si vous l'êtes, foin de vous!

— Je vous supplie de me répondre net. Vous avez regardé cette jeune fille d'un air si étrange que je vous somme, vous, l'oncle de Bernard, de me dire la vérité.

— La vraie?... Oh! monsieur, seriez-vous homme à l'entendre?

— Et à en profiter...

— Eh bien ! soit. Je ne regardais pas cette jeune fille ; je la reconnaissais...

— Vous l'avez déjà vue?

— Tout à l'heure, dans le bois, prenant une lettre des mains du cavalier, et après avoir lu cette lettre, la déchirant en cent morceaux qui ont volé par le chemin.

Du Bourdet écouta cette confidence de l'air d'un homme à qui on lit un arrêt de mort. Mais, nous le savons, chez le digne avocat, le premier choc essuyé, l'âme rebondissait opiniâtre comme un ressort d'acier. Composant son visage, il s'approcha du groupe formé par Bernard et les deux dames.

— Savez-vous ce que me raconte le chevalier? dit-il à brûle-pourpoint à Sylvie en la couvant des yeux.

— Je voudrais le deviner, répliqua doucereusement la jeune fille, surtout si ce n'est pas trop désagréable pour moi.

— En tout cas, ce ne l'est pas pour lui, mademoiselle, continua l'avocat lancé dans la voie des explications à tout prix, car il tenait à se bien poser dans l'esprit du terrible beau-frère. M. de Pontis prétend vous avoir déjà vue.

— Quand donc? demanda la tante.

Du Bourdet alluma ses yeux aux flambeaux de l'inquisition.

— Il y a deux ou trois heures, dans le bois, causant avec un cavalier.

Ces trois coups rapides, impitoyables, frappés en pleine poitrine, étonnèrent la jeune fille, qui balbutia.

— Croyez-vous?...

— Il en est sûr, ajouta du Bourdet.

— Comment, comment? interrompit la tante; que signifie cela?... quel bois?... quel cavalier?... Sylvie.

— Je vais vous dire, ma tante, répondit la nièce, passant du rouge au blanc si visiblement qu'on eût cru voir monter et descendre le niveau de son sang à travers sa peau diaphane.

— Dites! dites! mademoiselle.

— J'étais allée au devant du courrier de mon frère que nous attendions aujourd'hui.

— C'est vrai que nous l'attendions aujourd'hui, dit tranquillement la tante, et il est venu. Eh bien! après!

— Eh bien! avant, dans le bois, je lui ai demandé s'il avait une lettre pour nous. C'est alors que M. le chevalier m'aura vue.

— Tout s'explique, s'écria du Bourdet radieux, avec un regard intraduisible à l'adresse de Pontis. Cette lettre, le messager l'a remise à mademoiselle.

— Mais non, mais non, dit la tante. A moi!...

— Mais si, mais si, dit l'avocat, à mademoiselle puisque mademoiselle l'a lue et déchirée.

— Déchirée! s'écria madame des Noyers à son tour... allons donc! la voici.

Et elle tira de sa vaste poche la lettre du neveu, qu'elle déplia comme pour en donner lecture.

— Si j'ai déchiré quelque chose, je ne m'en souviens pas. ajouta précipitamment Sylvie.

L'œil de Pontis brilla. Cette flamme avertit l'intelligente fille, qui reprit naïvement :

— Ou bien ce sera quelque papier insignifiant, quelque papillote vide que j'aurai mise en pièces sans savoir ce que je faisais.

— C'est vraisemblable, dit le conciliant du Bourdet, enveloppant du même regard onctueux Bernard assez étonné, Sylvie déjà remise et Pontis impassible.

— Rien de plus vraisemblable, répéta Bernard, n'est-ce pas, mon oncle ?

— Rien de plus vraisemblable, ajouta Pontis avec le sérieux d'un mort.

— C'est égal, M. le chevalier avait raison s'écria du Bourdet pour conclure, il avait bien vu mademoiselle Sylvie.

— Je dois l'avouer, répliqua Sylvie avec candeur, et voilà ce que c'est que de cacher quelque chose, on est toujours trahi. Tandis que ma bonne tante dormait, la curiosité, l'impatience m'ont prise, la crainte aussi, car ce courrier pouvait apporter de mauvaises nouvelles de mon frère. Et en ce cas j'eusse voulu les adoucir à ma tante.

Pontis mordit sa moustache.

— Elles ne sont pas déjà si bonnes, ses nouvelles,

interrompit madame des Noyers. Mon neveu me mande qu'il a failli périr dans le soulèvement du peuple contre la maison de M. le maréchal d'Ancre, et que, sans le baigneur la Vienne, qui lui a facilité la retraite, c'était fait du dernier mâle de notre maison.

— Hum! la Vienne, pensa du Bourdet fronçant le sourcil à ce nom gros pour lui d'orageux souvenirs.

— M. d'Ancre... Est-ce qu'on l'a mis à mal? demanda froidement Pontis.

— Il paraît que non, dit la tante; mais ce qui manque un jour peut réussir un autre. J'ai peur que ces gens-là ne finissent misérablement.

Pontis jeta sur toutes ces figures un étrange coup d'œil qui résumait la scène entière. C'était un tel dédain pour ceux-ci, une si splendide admiration pour ceux-là, que nous dépenserions un chapitre à faire l'analyse des sentiments qu'un haussement d'épaules et un clignement d'yeux lui suffirent à exprimer.

Les valets avertirent alors que le souper était servi. Chacun se dirigea vers le château : Bernard entre les deux dames, Aubin chassé en avant par son père.

Du Bourdet demeura à l'arrière-garde avec Pontis et lui dit tout bas :

— Vous voyez, beau-frère, que rien n'était plus innocent. Un courrier du frère!... contrôlé par la tante. Est-ce que tel n'est pas votre avis?

— Oui, mille fois oui! répondit Pontis; mais elle a déchiré...

— Un brinborion, une enveloppe, assurément.

— Assurément, dit le chevalier.

— Supposons un moment, poursuivit du Bourdet, qu'elle ait reçu du cavalier, — voyez jusqu'où je vais! — un mot particulier, c'était de son frère.

— Et... elle aurait déchiré une lettre de son frère?

— Ce serait absurde! Voilà pourquoi elle n'a pas reçu et par conséquent pas déchiré de lettre, conclut du Bourdet.

— Vous avez raison, il n'y a rien à répondre, s'écria Pontis désarçonné, n'en parlons plus.

On entra au château, on soupa; Pontis fut froid, réservé, mais poli et combla de caresses le petit Aubin qui lui énumérait tous les préparatifs qu'il avait faits pour une bonne chasse le lendemain dans la garenne.

Après le repas on reconduisit les dames aux Fossés. Pontis demanda sa chambre. Aubin l'installa, le choya, veilla au feu, aplanit l'oreiller, prépara l'eau de sucre à la fleur d'oranger, et ne quitta son hôte qu'après l'avoir conquis irrévocablement.

Pontis, resté seul, poussa un soupir et murmura :

— C'est égal, elle a lu et déchiré une lettre, et quand on déchire une lettre, même de son frère, c'est qu'on ne veut pas qu'elle soit vue.

Pontis éteignit sa lampe sur cette réflexion.

CHAPITRE XVI

Opinion de l'oncle Pontis sur le mariage.

Un rayon d'or glissant par les volets dans la chambre du chevalier le trouva debout, bien disposé à savourer les loisirs de la campagne, et persuadé qu'il était le premier levé de la maison.

Mais il se trompait; en bas s'agitait déjà Aubin, sanglé à la ceinture, botté jusqu'aux jarrets, son cornet de chasse au col, son fouet à la main, et distribuant à droite et à gauche l'ardeur exubérante qui l'avait tenu éveillé toute la nuit.

Cette fièvre, que les chasseurs appellent le feu sacré, dévorait Aubin depuis le jour où son père lui avait confié une petite arquebuse, et depuis le jour surtout, jour mémorable, où il avait foudroyé son premier lièvre au coin du bois.

Il fallait le voir affairé, alerte, battant de ses grosses semelles le pavé de la cour, surveiller la sortie des chiens, l'équipement des valets, sans oublier le panier aux provisions, car il se rappelait que l'oncle mangeait le matin, et probablement en chasseur.

Autour de l'enfant bondissaient deux chiens favoris dont les gambades brutales dépassaient souvent le niveau de sa tête, tandis que, paisible et l'œil vigilant, un autre chien, le basset Ramonneau, lisait son devoir et son plaisir futur dans chaque geste du jeune maître, dans chaque détails de sa toilette.

Une longue habitude avait enseigné à Ramonneau les pratiques d'une journée de chasse, il en devinait le programme à l'intonation d'un ordre, au nombre de valets commandés, au nombre et à l'espèce des chiens ses confrères que couplaient les gardes. Et ce petit calcul, Ramonneau le faisait en tout bien tout honneur, car il savait, l'honnête chien, que jamais une attaque quelconque ne se fût faite sans lui.

Tout basset qu'il était, et par conséquent destiné légitimement aux guerres contre le renard et le lapin, Ramonneau avait su, par des qualités aussi solides que brillantes, se rendre indispensable dans une chasse au chevreuil, aussi bien qu'au lièvre.

Il menait un sanglier au besoin; haleine, adresse, persévérance, logique, telles étaient ses qualités solides; ruse, mémoire, imagination, courage, étaient le côté splendide qui, tant de fois sur le champ de bataille, avait valu au brave chien plus d'éloges, de caresses et de butin que jamais paladin n'en mérita et n'en reçut de Charlemagne.

Aussi Ramonneau, vieux et considéré, vivait-il dans la la maison, — voire dans la cuisine, — jamais au chenil, où l'appelaient vainement les jeunes chiens ses admirateurs et ses élèves. Et lorsqu'il arrivait à ce Mentor d'honorer l'écuelle commune d'un souffle de son museau dédaigneux, on voyait les plus voraces s'écarter avec respect jusqu'à ce qu'il eût fini de prélever l'os ou la carotte qu'avait distingué son caprice.

Ce respect, que toute brute accorde à la vieillesse et au mérite de ses pareils, Ramonneau se l'était acquis aussi par de rudes coups de dents qu'il savait distribuer avec une rare intelligence. Ni garde ni valet n'eût osé le contredire en rien. Infaillible à la chasse, irréprochable dans sa vie privée, il n'avait pas la banalité des chiens courants, qui écoutent tout le monde ou n'écoutent personne. Ramonneau aimait et craignait du Bourdet, adorait Aubin, auquel il se piquait d'enseigner la chasse, et, en dehors de ces deux personnes, il faisait fi du genre humain. Parfois, peut-être, accordait-il un regard amical et un tressaillement de sa queue à Marcelle, mais quand celle-ci l'avait mérité par quelque attention délicate.

L'auteur supplie ceux qui le liront de ne se pas formaliser s'il accorde plus de lignes au portrait d'un chien qu'à celui de certains personnages. Il allèguera pour son excuse la supériorité incontestable de la race canine sur la race humaine, puis l'importance du rôle dévolu à ce basset dans un chapitre de l'ouvrage.

C'est pourquoi, donnant à Ramonneau le dernier coup de crayon, nous déclarerons qu'il était d'un gris fauve, avec une tête allongée qui respirait la probité, la sagesse, l'intelligence ; coiffé d'oreilles immenses et monté grotesquement sur des jambes si tordues et si absurdes que son aspect faisait éclater de rire tous ceux qui ne regardaient pas ses yeux.

Pontis, en arrivant dans la salle basse, donna le premier bonjour à ses neveux, le second à Ramonneau.

— Voilà un fier chien ! s'écria-t-il.

— Ce n'est pas ici qu'il faut le voir, répliqua du Bourdet en paraissant à son tour, tout équipé pour la chasse. C'est au bois, c'est à la plaine, partout ailleurs que dans une chambre. Ah ! cher beau-frère, l'ami qui me l'a donné savait bien quel cadeau il me faisait.

— Le coup du matin, monsieur, dit Aubin, s'approchant le flacon d'une main, les verres de l'autre.

— Rien avant le déjeuner, répliqua Pontis ; mais plus tôt nous partirons, plus tôt l'appétit sera venu pour le repas.

— Partons ! s'écria Aubin.

Les chasseurs se mirent en marche avec cette douce gaieté qu'inspire toujours la vue de l'espace verdoyant, embaumé, l'espoir du succès, la folle joie des chiens, et le sourire de la chance invisible.

On arriva, après une demi-heure de marche, dans un vaste carrefour au centre duquel s'élevait un châtaignier gigantesque. De là partaient, toutes flamboyantes dans la rosée que buvait le soleil, six allées tapissées de mousse qui s'allaient perdre en l'immensité des bois.

— Tenez, dit du Bourdet à Pontis, nous voici au rendez-vous de chasse, lieu bien connu de Ramonneau. Voyez comme il m'écoute ; il sait par cœur, cependant, l'histoire que je vais raconter. C'était ici que mon vieil ami la Fougeraie venait m'attendre quand nous devions chasser ensemble. Il demeurait alors aux Fossés; Ramonneau était à lui, et pour s'épargner les dix minutes de chemin qu'il y a des Fossés aux Bordes, la Fougeraie attachait, soit son mouchoir, soit son gant, soit même une brisée au collier du basset, et lui disait de m'aller trouver chez moi. Ramonneau arrivait, se montrait; je comprenais et décrochais mon arquebuse. Alors, suivant le chien, j'arrivais à ce rond-point, où la Fougeraie se promenait en long et en large; plus d'une fois même, je le voyais tirer quelque lapin que Ramonneau avait levé sur sa route. Ah! temps heureux!... où es-tu? où-est ce bon la Fougeraie?... où est notre jeunesse, mon brave chien !

L'animal, pendant ce discours, ne perdait pas de vue le visage de son maître. Il clignait des yeux avec mélancolie et respirait comme un homme eût soupiré.

— Il me semblait, reprit Pontis, avoir ouï dire à Aubin hier au soir que vous aviez rencontré la Fougeraie à Paris.

— C'est vrai, mais comme l'ombre qui passe; la mort du roi l'a ruiné, lui et tant d'autres !

Pontis baissa la tête.

— Et pour vivre, ajouta du Bourdet, la Fougeraie, qui n'a jamais voulu rien accepter de moi, l'ingrat! s'est placé en qualité d'écuyer chez je ne sais plus quelle comtesse à la cour. Fier !... il l'est plus encore que Ramonneau, il n'a seulement pas voulu me dire le nom de ses maîtres !

Mais assez de souvenirs, assez de tristesses ! Tenez, voilà le chien qui rencontre ; nous sommes ici pour chasser, chassons !

Les chiens découplés aussitôt attaquèrent dans l'épaisseur du bois. Aubin prit son frère par la main et lui dit tout bas : « C'est un lièvre, je veux vous le faire tirer, mon frère. Venez, que je vous place où il débuchera.

Sur ce, les deux jeunes gens partirent comme des flèches, et l'on entendit encore longtemps le bruit de leurs pas et le froissement des feuillages.

Quant à Pontis et à du Bourdet, ils avaient jugé leurs places assez bonnes, sachant en vrais et sages chasseurs que la bête revient à son lancer, tandis que les jeunes jambes préfèrent l'émotion du hasard et les surprises de l'imprévu.

Ils se mirent donc l'un et l'autre derrière un arbre, écoutant la voix des chiens qui s'éteignait insensiblement.

— La bête a pris un parti, nous en avons pour un gros quart d'heure, dit Pontis. D'ailleurs, je ne tiens pas à tuer un lièvre comme au temps où j'avais vingt ans. Asseyons-nous sur cette mousse déjà chaude. Voulez-vous. Rien n'est bon comme de se figurer qu'on chasse.

— Vous êtes donc insensible à tous les plaisirs, cher beau-frère, dit du Bourdet avec une engageante affectuosité. Quoi ! pas même la chasse, cette passion dernière des gens qui fuient le monde et ne respirent à l'aise que dans les bois.

— Mon cher du Bourdet, vous vous trompez, répliqua Pontis gravement, j'use de tout, au contraire, mais c'est avec impartialité, sans fureur. Voilà pourquoi, aimant la chasse, mais aimant aussi le soleil, et aussi le repos, je m'arrange de façon à jouir de ces trois biens à la fois. Mon arquebuse et la voix des chiens suffisent à me représenter que je chasse; le soleil, nous ne saurions le nier; quant à cette charmante place d'herbe moelleuse, adossée à ce frêne, est-ce que vous en feriez fi?

Du Bourdet répondit avec finesse :

— Non certes, mais voyons, mon ami, vous qui prétendez aimer toute chose également, que dites-vous du mariage de Bernard?

— Oh! oh! asseyons-nous, s'il vous plaît.

— Et vous me répondrez sincèrement, n'est-ce pas? dit du Bourdet, avec une amicale insistance.

— Tout de suite.

Ils s'assirent côte à côte. Les yeux lisant bien dans les yeux, le bras droit de Pontis passé sous le bras gauche de du Bourdet. Les deux arquebuses s'étendirent prudemment sur un beau lit de fougères.

— Comment êtes-vous si pressé de marier Bernard, dit Pontis, il est donc amoureux?

— Non, pas trop, mais ne faut-il pas tôt ou tard qu'il se marie, répartit le bonhomme commençant par son plus gros argument. Imprudence!

Pontis le lui montra sur le champ.

— Je n'admets pas du tout cela, moi, qu'un homme doive se marier. La preuve, c'est que je ne le suis pas.

— Quelle raison en donneriez-vous? dit l'avocat un peu hésitant, dans la crainte des personnalités et par conséquent des indiscrétions.

Mais avec Pontis, les ménagements étaient un luxe inutile. Esprit carré, il se défendait assez par ses quatre angles.

— La raison que je donne, répondit-il, c'est que les femmes sont toutes mauvaises, toutes pernicieuses, et qu'il faut, pour s'attacher à une, être fou comme un amoureux, bête comme un mouton, ou bien sûr d'être plus scélérat que la femme elle-même.

Du Bourdet regarda stupéfait l'homme sage qui lui tenait de sang-froid un propos pareil.

— Eh! répliqua-t-il lentement, ne supposez-vous pas qu'on puisse avoir la main heureuse et bien choisir son billet? Votre mère, votre sœur, Pontis! voilà des arguments!

Le chevalier haussa les épaules.

— Est-ce une femme comme ma mère ou ma chère sœur, que vous répondez de donner à Bernard, dit-il avec tranquillité. D'ailleurs, j'admets qu'il s'en trouve de bonnes, de parfaites même, êtes-vous content? Eh bien! lorsqu'il faut qu'on s'en sépare, lorsqu'il faut qu'on les perde, répondez! Combien de temps après la mort de ma sœur, avez-vous passé la nuit sans sommeil, vos yeux ne se pouvant plus fermer, tant ils étaient douloureux à force d'avoir pleuré! Et, tenez, que fait cette larme encore au bord de vos paupières?

Du Bourdet ébranlé balbutia :

— Si j'ai eu cet affreux malheur, d'autres peuvent y échapper.

— Allons ! s'écria Pontis, est-ce que jamais ce qui est bon survit à ce qui est pire ? Est-ce que l'homme ne perd pas toujours en chemin les louis d'or, gardant seulement les sous de cuivre ? Mon frère, quand un corps est brillant, superbe, parfait, quand une âme est généreuse, excellente, quand un esprit rayonne et charme, remarquez bien que ces dons précieux sont autant de chances de ruine et de deuil. La mort choisit toujours et choisit bien sa moisson ! J'ai vu des créatures belles et adorables comme nul n'en retrouvera jamais sur la terre ; admirer ces beautés était une extase, respirer le parfum de ces âmes, c'était respirer le bonheur de la vie éternelle. Il m'a été donné de vivre avec le génie, avec la victoire, avec l'amour, incarnés dans des corps humains habités par de nobles âmes qui m'aimaient... Où est tout cela ?... pourquoi suis-je seul, pourquoi voyez-vous mes cheveux blancs ? pourquoi, si vous appuyez la main sur ma poitrine, sentirez-vous le vide du désespoir, là où Dieu aurait pu permettre que je sentisse palpiter mon cœur ?...

— Cher, bien cher ami, dit du Bourdet, c'est la faute du destin et non d'une femme.

— C'est la faute d'une femme, toujours ! s'écria le chevalier, l'œil troublé, les lèvres tremblantes : méchantes, elles torturent lentement ou assassinent avec férocité, celles-là on les combat, on les tue, — elles sont les moins dangereuses. Bonnes, accomplies, elles sèment autant de discordes que de regards. Le feu de leurs passions dévore ceux qu'elles aiment : phares menteurs, elles attirent toujours quelqu'un dans un gouffre ou sur un écueil. Croyez-moi, du Bourdet, tout ce que je vous dis là est bien vrai, et je ne le réduis à des proportions si douces que pour ne pas vous épouvanter en vous laissant apercevoir la vérité terrible qui habite au fond de ma pensée.

En disant ces mots, Pontis fit un effort violent pour chasser les souvenirs funèbres qui étaient revenus se poser sur son front.

— Homme d'un temps héroïque, reprit du Bourdet affectueusement, vous avez eu les gloires et les douleurs des héros de l'épopée. Mais nous autres, pauvres bourgeois vivant obscurément, tombant plus obscurément encore, ne devons-nous pas nous préoccuper uniquement du repos du jour? Les joies qu'il nous faut et qui nous suffisent, sont : médiocrité, égalité, habitude. Si Bernard, âme paisible, ne doit pas être par son mariage un de ces hommes favorisés du ciel, il ne saurait non plus, en raison même de l'insignifiance de cette union, y trouver de bien grands chagrins. Or, se marier, pour nous, vulgaire, c'est s'établir. Je voudrais qu'il fût établi, je me croirais dégagé du serment que j'ai fait à sa mère, ma dette serait payée : je pourrais songer à d'autres soins très-graves aussi qui m'occupent. Car, ajouta le digne avocat en pressant avec émotion la main de son stoïque beau-frère, chacun a ses soucis, souvent inconnus, d'autant plus amers qu'il sont plus inconnus. Cher ami, que ne puis-je vous dire, à vous, ce que j'ai de trouble dans l'âme lorsque je songe aux malheurs qui arriveraient si... à un certain moment... mon fils Bernard n'était pas bien complétement pourvu et en état de protéger mon pauvre Aubin. Allez, allez, mon bon ami, les petites forces portent souvent de lourdes charges !... Et si Dieu, qui nous soutient par un sourire, détournait seulement la tête... Tenez, Pontis, laissez-moi marier Bernard.

— Oh! mon ami, s'écria le chevalier, qui ne put comprendre tout ce qu'il y avait de sublime dans la lutte de ce cœur humain contre l'agonie, vous êtes tout absous de ma part. Je suis venu pour faire toutes vos volontés, car personne n'est meilleur que vous ni plus prudent, personne n'aime Bernard autant que vous, et avec plus de sagacité. Moi, je suis un chagrin vieillard, bourrelé de visions funèbres ; vous, au contraire, vous inspirez la joie, la consolation à quiconque peut vous voir et vous entendre. Ces soucis, ces charges dont vous me parlez, est-ce que vous ne les exagérez pas un peu ? Si, n'est-ce pas ?... Il ne peut y avoir d'homme plus heureux que vous sur la terre.

— En effet, répondit du Bourdet avec un courageux sourire que contrariait sa voix étranglée, comme un coup de lointain tonnerre insulte un vif rayon de soleil, j'exagère mes chagrins ; oui, et je rabaisse mon bonheur. Mais voilà qui est convenu, nous allons mettre les fers au feu et achever promptement cette affaire. La jeune fille a quelque chose comme cent mille livres et du bien en Normandie par sa tante. Vous verrez le frère...

— Eh! je vois bien autre chose, s'écria Pontis en indiquant à du Bourdet une forme grise, rapide, qui passait à gauche, entre les arbres.

— Le lièvre! il va sauter, dit du Bourdet en saisissant son arquebuse.

— Tirez! lui dit Pontis galamment, j'espère qu'il est beau!

L'animal franchissait le fossé, puis l'allée, et se dirigeait vers la route voisine.

— Tirez vous-même, répliqua le courtois avocat... Tirez vite!

Pontis abaissa son arme.

— Peste! ne tirez pas du tout, cria tout à coup une voix enjouée derrière les feuillages. Ce n'est pas moi qui suis la bête!

Et l'on vit apparaître au bout du sentier un cavalier qui gesticulait le plus bruyamment possible.

— Voilà un importun visiteur, dit Pontis redressant l'arquebuse.

— Pardon, monsieur, le chemin du château des Bordes, s'il vous plaît?

— M. de Cadenet! s'écria du Bourdet.

— Eh! cher monsieur, dit le jeune homme sautant à bas de son cheval, quelle chance de vous rencontrer au moment où j'étais perdu!

— J'espère que vous ne nous apportez pas de mauvaises nouvelles, murmura le bonhomme à qui la vue de ce Parisien rappela les dangers de Paris?

— J'en apporte d'excellentes, au contraire, dit Cadenet joyeusement. Ne vous figurez pas que j'eusse accepté une méchante commission près de vous. C'est déjà bien assez de vous avoir fait manquer votre lièvre.

— Soyez le bien venu mille fois, interrompit du Bourdet un peu rassuré. Mon cher Pontis, je vous présente M. de Cadenet, frère de M. de Luynes, ami du roi. Et je pense que M. de Cadenet connaît assez le nom de Pontis pour que je n'ajoute aucun commentaire.

— C'est tout honneur pour moi de faire connaissance avec un gentilhomme aussi célèbre, répliqua le nouveau venu d'un air de respect et de sincérité qui lui gagna le cœur du chevalier. J'entends les chiens, ce me semble... Bernard chasserait-il avec vous?

— Vous allez le voir avec son frère ; mais avant, pouvez-vous me dire si réellement votre présence ici n'a rien dont nous puissions nous inquiéter. Nous avons quitté Paris dans de si fâcheuses circonstances. Le savez-vous, beau-frère ?

— Aubin m'a conté tout cela, interrompit Pontis, et aussi les visites forcées de Bernard au Louvre, mais il me semble que ce qui est passé est passé.

— C'est à ce sujet que je viens, dit Cadenet. Mon frère a vu dans quel embarras Bernard s'était trouvé chez la reine mère ; il a tout rapporté au roi qui n'a pas voulu que notre ami fût inquiété pour une affaire dans laquelle il n'était coupable que d'un excès de zèle et de loyauté. J'ai été expédié pour savoir aux *Fils Aymon* ce que vous étiez devenus; on m'y a appris votre départ, rapide comme une fuite. Alors M. de Luynes a cru comprendre que vous redoutiez les suites de l'aventure — et, entre nous, c'était naturel. — Il a sollicité du roi sa protection pour Bernard; en sorte que Sa Majesté a dit en propres termes — la reine était là : — Luynes, fais assurer ce gentilhomme que je ne souffrirai pas qu'on l'insulte; qu'il vive en paix, qu'il se marie à son aise; et de plus, en retour du plaisir qu'il nous a fait avec ses oiseaux, qu'on lui porte en présent de noces un de mes joyaux.

— Vraiment ! s'écria du Bourdet avec joie.

— Voici l'objet, dit Cadenet en montrant un petit écrin soigneusement enveloppé d'une peau scellée aux armes royales; je crois pouvoir vous dire que c'est une bagatelle assez précieuse. Allez ! je ne voudrais pas recommencer le voyage que je viens de faire au milieu de tous les batteurs d'estrade et fourrageurs qui tiennent la campagne autour de Paris, et détroussent les voyageurs sous prétexte de les surveiller. Le sceau du roi n'aurait pas empêché ces drôles de confisquer la petite boîte.

— Qu'y a-t-il donc pour que cette cavalerie se démène ainsi? demanda Pontis.

— Ah ! monsieur, vous ne savez donc pas, dit Cadenet en s'essuyant le front; quoi ! vous ignorez tout le remue-ménage dans lequel s'agite notre pauvre cour depuis... Mais en vérité j'étrangle, et suis incapable, par une chaleur pareille, de raconter seulement la moitié de ces événements sans gagner une pleurésie.

— J'en connais le remède, dit du Bourdet. Holà! ho! Antoine, les bouteilles!... Laurent, ho! les paniers!

Les chiens, avec un bruit furieux, venaient de débucher sur la piste du lièvre, et devant eux Ramonneau, que tous consultaient, interrogeait la voie à l'endroit difficile. Aubin, tout en nage, et Bernard, non moins échauffé, se précipitèrent hors du bois à l'appel de du Bourdet.

Mais, lorsqu'à la place du lièvre ils virent Cadenet, ce furent des cris et des questions à n'en plus finir. On s'embrassa, on se mit à l'ombre. Paniers, bouteilles arrivèrent, et, sous le prétexte d'offrir un rafraîchissement à Cadenet, on se mit à déjeuner, Pontis tout le premier, dont c'était l'heure.

Cependant les chiens couraient toujours, et leurs voix, presque effacées dans les profondeurs de la forêt, se distinguaient à peine du coassement des grenouilles blotties sous les roseaux de la mare voisine.

Cadenet donna d'abord à Bernard le présent du roi, une agrafe de manteau formée d'une grosse émeraude entourée de petits diamants. L'objet se recommandait par le travail plus encore que par la matière, car c'était un joyau florentin du dernier siècle, et le roi l'avait reçu enfant du roi son père.

On y lisait, sur un fond d'or, le mot latin *fide* en lettres d'émail.

Bernard rougit de plaisir.

— C'est trop beau, dit-il, une si riche agrafe pour quelques pauvres oiseaux ; le roi s'est trompé, beaucoup moins suffisait.

— C'est que le roi n'a pas à choisir, répliqua naïvement Cadenet, souvent l'on donne trop faute d'avoir assez peu.

Et il se mit à rire, on l'imita, mais on but à la santé du roi et de ses vrais amis, Pontis avec de l'eau comme toujours.

— Et moi, dit Aubin, regardant son oncle timidement, je boirai à la mémoire du feu roi Henri IV, qui eut tant de bons serviteurs !

Un nuage passa sur le front de du Bourdet, un éclair sur celui de Pontis. Bernard prit une cuiller d'argent et la tendant en guise de gobelet à son frère ?

— Verse-là dedans, dit-il, une goutte de vin, une seule pour que mon oncle puisse boire à la santé de son maître !

Aubin obéit. Pontis prit la cuiller d'une main presque tremblante — regarda tendrement Bernard et but. — Puis comme pour en finir avec l'émotion qui avait gagné tous les convives, et le dominait lui-même :

— M. de Cadenet, interrompit-il, était en train de nous conter des choses singulières qui se passent à la cour.

— Oh ! mais maintenant, s'écria Cadenet, j'ai repris des forces ; les chiens chassent, et je ne me sens pas le courage de vous faire perdre et de perdre moi-même une journée si belle ; car je n'ai pour demeurer aux Bordes qu'un congé fort limité. Voici donc le fait : la reine mère avait fait arrêter M. le prince et M. de Vendôme, ce dernier prisonnier dans sa chambre. — Bien. — Mais, tandis qu'on menait M. le prince à la Bastille, quelqu'un, génie, fée, diable, nul ne sait qui, mais il faut que ce soit quelqu'un de la maison, a ouvert la porte à M. de Vendôme, qui s'est enfui.

— Ah bah! s'écrièrent les convives en battant des mains.

— Chut! fit Cadenet. De là, poursuites, cavalerie, arrestations de tout ce qui porte éperons ou manteau, visites domiciliaires, blocus et terreur de toute la campagne. — On rattrapera ou on ne rattrapera pas M. de Vendôme. — En attendant, rattrapons le lièvre, voulez-vous?

Il se leva pour éviter d'en dire plus devant les valets. Bernard le prit par la main et l'emmena en chasse. Pontis garda Aubin. Du Bourdet, après les avoir suivis de loin et assisté à la défaite du lièvre et de nombreux lapins, se consulta, réfléchit qu'il était l'heure de rendre une visite aux dames et s'achemina seul vers les Fossés.

CHAPITRE XVII

La battue au prince.

Comme il est impossible que tout le monde s'accommode du laconisme trop diplomatique avec lequel Cadenet, ce prudent ambassadeur, venait de raconter l'évasion de César de Vendôme, nous retournerons pour un moment à Paris, et, soit pour le roman, soit pour l'histoire, nous n'aurons point perdu nos pas.

Tandis que la reine mère, excitée par le maréchal d'Ancre et le duc d'Espernon, enlevait au peuple les deux chefs qui l'eussent dirigé dans la guerre civile, et croyait avoir reconquis par ce coup de vigueur et d'adresse le souverain pouvoir que lui contestait le parti vaincu, le roi, au nom duquel toute cette exécution de ses amis venait d'être faite, se renfermait, irrité, sombre, impénétrable, et Luynes avait seul le secret de ses soupirs, le spectacle de son impuissance.

Invisible aussi, mais infatigable et décidée à tout, Anne d'Autriche veillait.

Alors se passa dans le Louvre une scène qui paraîtrait invraisemblable, bien que vraie, si les témoignages les plus imposants ne venaient prouver une fois encore que les fictions les plus ingénieuses des poëtes sont toujours au-dessous des réalités inscrites dans l'histoire des cours.

Par ordre de la reine mère, des ouvriers avaient grillé de barreaux épais les fenêtres de l'appartement où était enfermé M. de Vendôme. À cette chambre de M. de Vendôme, dit un comtemporain, il y avait une antichambre, et ces deux pièces donnaient chacune par sa porte sur une même montée. La porte de la chambre, bien fermée à double tour de la serrure ordinaire, était munie, en outre, d'un cadenas dont la reine mère avait la clef. Aussi n'entrait-on que par l'antichambre, gardée elle-même par huit archers qui y séjournaient, sans toutefois, par respect, pénétrer dans la chambre du duc. Un exempt, nommé la Borderie, commandait ces huit archers.

Comme le soir fut venu, le prince dit qu'il ne se trouvait pas bien et refusa de souper, de façon que l'exempt, qui devait manger à sa table, fut obligé d'aller souper ailleurs. Il s'inquiéta, et voyant le prince se mettre au lit, courut chez la reine mère pour lui donner avis de cette indisposition de son prisonnier. On pense bien qu'il recommanda la vigilance à ses archers; leur tâche était aisée, ils n'avaient à garder qu'une issue, à laquelle nul n'eût pu arriver sans leur passer sur le corps.

Cependant, lorsque après une demi-heure environ la Borderie revint pour annoncer à M. de Vendôme qu'on lui enverrait un médecin, il ne vit plus personne dans la chambre. La serrure en était bien fermée, le cadenas aussi. Les archers n'avaient rien vu ni entendu. La Borderie, fou de peur, chercha sous le lit, dans les rideaux, croyant à une mauvaise plaisanterie du prince, mais n'ayant rien trouvé, il se mit à crier : Je suis perdu ! Fermez les portes du palais ! M. de Vendôme est parti !

On comprend l'émotion qui remplit le Louvre à ces étranges paroles; comme si la cour n'eût pas été déjà assez troublée par l'incendie et le pillage de la maison de la maréchale d'Ancre, et les plaintes de cette dernière que l'Espagnol avait ramenée au Louvre, on crie aux armes! chez la reine-mère, tout le monde y court. Les compagnies des gardes se rassemblent et occupent les barrières.

Dans les différents escaliers chacun monte, descend, se précipite, capitaines, exempts, archers, gentilshommes. On visite dans toutes les chambres, on s'appelle, on tremble. La reine mère, appuyée sur Léonora, pâle et menaçante, fait arrêter le malheureux la Borderie et conduire au Fort-l'Évêque, malgré ses protestations d'innocence et de bonne foi. Les archers de garde commencent à parler sérieusement de quelque intervention magique.

Mais le maréchal d'Ancre, beaucoup moins superstitieux, comprend que le prisonnier ne doit son évasion qu'à certains amis cachés dans le palais. La serrure évidemment vient d'être ouverte, le cadenas aussi, et la reine mère en retrouve pourtant la clef dans son coffre. Ce coffre, elle ne l'a perdu de vue que pendant sa visite à la maréchale. Quel est le coupable ? Parmi tant de courtisans, de gens de service, parmi tant de pages, de dames, quel est le démon assez adroit pour avoir fait un coup si hardi sans qu'on l'ait aperçu ou même soupçonné ? Qui peut avoir eu intérêt à protéger cette évasion au risque de sa vie. Les gens du prince avaient tous été éloignés ; l'escalier par lequel M. de Vendôme est parti ne communique qu'avec une aile toujours inhabitée du château. Que croire ? que décider ?

Mais le danger n'est pas moins réel. M. de Vendôme a dû se réfugier quelque part. Animé des sentiments les plus hostiles, il peut remuer tout un parti déjà en fermentation. Le peuple est pour lui ; la province, révoltée par les exactions de la vieille cour, l'accueillera comme un libérateur, d'autant qu'il s'est posé en fils d'Henri IV, redresseur des fautes commises contre la politique de son père. Et puis, M. de Vendôme ne dira-t-il pas pourquoi on l'a arrêté ? N'expliquera-t-il pas que c'était au moment où il se rendait chez le roi, son frère, pour lui ouvrir les yeux et mettre à sa disposition les forces d'une nouvelle ligue du bien public.

D'Espernon, Concini se consultent ; le comte de Siete-Iglesias se joint à eux, leur raconte l'état d'exaspération où est Paris. Ces trois hommes, liés par le danger qui les menace, et les menace presque seuls, retournent chez la reine mère et grossissent à ses yeux le péril d'une trop longue inaction.

Il faut que le duc soit poursuivi, traqué. Il faut que sur ses traces, qu'on retrouvera, dût-on éclairer la moitié de sa route par l'incendie de l'autre moitié, il faut à tout prix qu'on lance une armée de cavaliers bien montés, bien commandés. Si le duc est à Paris, on le saura vite aux cris de joie de l'émeute ; s'il est hors de la ville, cinq compagnies de gendarmes, d'archers, de gentilshommes dévoués à la reine mère, sans compter les serviteurs particuliers des trois seigneurs intéressés, sauront bientôt le rejoindre et le ressaisir.

Marie de Médicis, déjà toute troublée par les terreurs et et les suggestions haineuses de Leonora, accorde au triumvirat ce qu'il désire. Aussitôt, pareil à un ouragan que le vent chasse, en le déchirant, sur tous les points du ciel, un gros d'éclaireurs, munis de pouvoirs absolus comme les donne la peur, se répandent autour du Louvre, interrogent, torturent. On apprend que dans une rue voisine du château un homme a été vu courant à peu près à l'heure où s'était enfui M. de Vendôme. Le signalement de cet homme paraît s'appliquer au duc. Plus loin des gens affirment avoir vu deux chevaux attendant un maître. Un bourgeois bien blême et bien effaré raconte, le cœur défaillant, qu'il a vu un homme changer, en pleine rue, ses souliers pour des bottes qu'on lui offrait : un de ces souliers est retrouvé, c'est celui du prince. Plus de doute : M. de Vendôme a monté à cheval, il a quitté Paris. Porteur de cette bonne nouvelle, l'éclaireur revient au château ; plus de deux cents hommes attendaient en selle le résultat de l'investigation. Un mot du maréchal ébranle toute cette cavalerie qui se divise en plusieurs corps, et, attendu que nul n'a pu, dans Paris, retrouver le fil trop savamment embrouillé des ruses du fugitif par les rues obscures, ces différents escadrons s'élancent par des portes différentes, et commencent leur battue sous les murs de la ville, élargissant le cercle à mesure qu'ils s'éloignent du centre.

Cependant, le prince, qui réellement avait trouvé dans la rue des Bourdonnais un cheval et un compagnon masqué, courait derrière son guide et avait franchi la porte Saint-Antoine, non sans regarder avec un frisson certaine fenêtre éclairée dans la tour du Coin, à la Bastille, peut-être celle derrière laquelle M. le prince de Condé déplorait sa liberté perdue.

Hors de Paris, sur la route de Charenton, M. de Vendôme, qui respirait plus librement, essaya de questionner son compagnon. Mais celui-ci lui fit signe de se taire et de garder son haleine pour mieux courir. Le prince obéit et courut.

On arriva ainsi à un village que le guide tourna, le long d'une pente assez escarpée. M. de Vendôme ne le connaissait pas, mais supposa qu'il pouvait être éloigné de cinq lieues environ de Paris. Là, le premier cavalier s'arrêta sous un bouquet d'arbres, mit pied à terre, et l'on vit dans les ténèbres s'avancer deux chevaux frais, menés par un autre cavalier, dont la monture hennit à l'arrivée de ses compagnons baignés de sueur.

— Voyons, dit le prince, essayant de s'orienter et de distinguer au moins un visage dans l'obscurité, que faut-que je fasse maintenant? Peut-on parler, ne fût-ce que pour remercier mes libérateurs?

— Vous le pouvez, mon prince, répliqua une voix si douce que le duc en tressaillit. Seulement, parlez bas.

— Mais c'est une femme que j'entends, s'écria-t-il.

L'inconnue s'approcha, souleva les bords de son chapeau et découvrit au prince un si charmant visage, qu'il n'était pas besoin de s'appeler Vendôme, d'être fugitif et reconnaissant pour se sentir ému à son aspect.

— Vous, comtesse!... murmura le duc stupéfait de retrouver dans celle qu'il venait d'appeler sa libératrice une des plus zélées parmi ses ennemis. Quoi! madame de Sept-Églises, dame d'honneur de Marie de Médicis, est la personne qui m'a rendu la liberté ! Quoi ! ce billet glissé sous ma porte pour m'avertir de gagner la rue des Bourdonnais, c'est vous qui me l'auriez écrit ! C'est vous qui auriez ouvert ma prison !

— Duc, ce n'est pas moi qui vous ai fait libre, et ce n'est pas moi, par conséquent, qu'il faut remercier. Je ne suis ici, à votre premier relais, que pour vous apprendre le nom de la personne envers qui vous avez contracté obligation.

— Obligation éternelle ! s'écria le jeune prince, si je suis réellement sauvé.

— Mais pour cela, reprit la comtesse, nous perdons beaucoup trop de temps; veuillez monter à cheval, et nous achèverons, en gagnant du terrain, l'entretien que l'on m'a chargée d'avoir avec vous. Nous allons vers Montereau ; cela vous convient-il ?

— Parfaitement, répliqua le duc étonné. C'est là que j'eusse choisi ma retraite.

Les chevaux quittés rentrèrent dans le chemin creux, où ils disparurent bientôt ; les chevaux frais partirent, animés par l'exemple de la comtesse, qui, prenant les devants, attira ainsi le prince sur ses traces. Il était facile de deviner à la réserve subite, à l'espèce d'hésitation de M. de Vendôme, combien de défiances germaient et grandissaient en son esprit depuis l'apparition de cette femme, dont le nom et les fonctions à la cour inspiraient le contraire absolument de ce qu'il eût désiré ressentir en un pareil moment.

L'écuyer suivait, toujours aussi discret, aussi impassible. Plus d'une fois, le prince, qui se voyait sans armes, observa du coin de l'œil l'attitude de son avant-garde et celle de l'escorte, et il récapitulait mentalement le nombre d'ennemis qui avaient intérêt à se débarrasser de lui.

— Mon prince, dit enfin la comtesse lorsque les chevaux eurent atteint la calme et large route qui longeait la rivière, je vous prierai de me donner ici ma dernière minute d'audience. Vous êtes, je l'espère, en sûreté. Le cheval que vous montez est une bête rare qui fournira quinze lieues, s'il le faut, sans vous laisser dans l'embarras. Vous n'avez pas d'argent : voici deux cents pistoles dans cette bourse. La Fougeraie ! donnez votre épée à monseigneur; deux bons pistolets sont dans vos fontes, mon prince. Vous allez pousser jusqu'à ce que vous trouviez un nouveau relais sur la route ; arrivé à Montereau, vous n'avez plus rien à souhaiter : vous y avez des amis et des intelligences.

— Comment sait-on cela ? dit le prince surpris.

— La personne qui m'envoie sait tout. Elle sait, par conséquent, monseigneur, que votre liberté importe au salut du royaume, à la dignité du roi. Elle sait que votre captivité était le triomphe de toutes les intrigues qui ruinent ce malheureux pays. Une fois hors de tutelle, vous pourrez agir comme bon vous semblera. Nulle condition ne vous est imposée, nulle reconnaissance envers vos libérateurs; seulement, voudrez-vous bien charger votre mémoire d'un nom ?

— Comtesse !... peut-être me trouvez-vous un peu froid ; mais tout ce que j'entends renverse mes idées. Je me demande si je vis et si c'est bien vous qui me parlez, vous, la femme d'un des plus perfides ennemis de ma maison ; pardonnez... L'Espagne n'aime pas la race d'Henri IV.

— Je suis l'amie d'une autre personne que peut-être vous jugez aussi votre ennemie ; car elle est aussi Espagnole ; et pourtant elle vous sauve ce soir d'un danger mortel. Voyez combien les apparences nous déçoivent.

— Le nom de cette personne, je vous en prie.

— Anne d'Autriche.

— La reine ! s'écria M. de Vendôme avec stupeur ; la petite reine !...

— Votre belle-sœur, monseigneur, que vous n'avez peut-être pas jusqu'ici appréciée comme elle le mérite, et qui, sans vous demander votre amitié, me charge de vous offrir la sienne, persuadée qu'il est temps enfin que tous les enfants du feu roi se serrent autour du trône de Louis XIII, votre frère et votre maître.

A ces paroles prononcées avec une noble simplicité, le duc, en proie à l'émotion la plus vive, et sincère lui-même comme on l'est à cet âge, ne put se retenir de dire à la comtesse :

— C'est un beau trait que je n'oublierai pas, madame. La reine devient ma sœur à partir de ce moment, assurez-la que je lui serai frère respectueux et dévoué. Que puis-je faire pour prouver ma reconnaissance ?

— Tout ce qui pourra servir le roi et l'honneur du nom que vous portez tous deux, à l'encontre des rivalités et des haines.

— Veuillez transmettre à la reine le serment que je fais entre vos mains, mains que je trouvais bien belles, madame, avant d'avoir le bonheur de les savoir aussi loyales.

— Eh bien ! monseigneur, ma mission est terminée, je vais retourner sur mes pas.

— Emportez mon souvenir et mon amitié à toute épreuve, si jamais le fugitif d'aujourd'hui peut saisir l'occasion de vous la témoigner.

Il lui baisa respectueusement la main, et déjà la comtesse allait tourner bride, lorsque la Fougeraie l'arrêtant :

— Silence ! murmura-t-il ; écoutez !

— Derrière nous, un galop lointain, dit le duc.

— Plus qu'un galop, monseigneur. Toute une troupe. Entendez-vous trembler la terre ?

— Impossible de retourner, s'écria la comtesse ; mais nous pouvons nous jeter à droite par la traverse.

— Il est plus simple de courir en avant, dit la Fougeraie. La route est bonne, piquez, monseigneur. Derrière nous, il n'y a pas de chevaux comme les nôtres ; et savons-nous ce que nous trouverions dans la campagne ?

Le duc baissa la main, la comtesse l'imita épouvantée, et les ardents coursiers commencèrent à dévorer l'espace.

Mais sans doute le bruit de leur course impétueuse fut entendu de leurs persécuteurs, car les échos de la rive opposée répétèrent bientôt un grondement qui redoublait à mesure que s'échauffait la poursuite.

— Eh ! dit le duc en se retournant avec quelque inquiétude, il me semble que ces gens-là ne sont pas si mal montés; ils sont loin, mais ils gagnent !

— Ils ne nous rattrapperont pas, dit la Fougeraie ; mais cette allure enragée va briser madame la comtesse.

— Pauvre femme ! murmura Vendôme. Ah ! s'il devait vous arriver malheur à cause de moi, je préférerais me livrer tout de suite. Décidément ils gagnent.

— Et moi, monseigneur, dit Marguerite, pâle bien que résolue, si je savais qu'à cause de moi, votre salut fût compromis, je me jetterais à l'instant même dans ces flots noirs qui me font pourtant grand peur !

— Ah ! comtesse !... s'écria le jeune prince, vous venez sans vous en douter de faire luire pour moi un éclair ! Au lieu de vous tuer de fatigue par une course, dont un faux pas de l'un de nous peut nous rendre tous victimes, divisons-nous pour diviser l'ennemi. Coupez à droite dans ces grands bois que je vois, ils vous abriteront comme un port.

— Ce serait sage, mais vous, mon prince, votre plan ?

— Le voici, comtesse. Mon cheval est dites-vous une bête rare...

— Unique ! monseigneur.

— Et par conséquent capable de faire ce que d'autres ne feraient pas ?

— Comptez-y !

— J'y compte... Adieu ; vous, madame et amie, vous allez à droite, moi je vais à gauche : au revoir.

Il piqua son cheval, qui entra en bondissant dans le fleuve. Un petit cri de Marguerite fut couvert par le bouillonnement des flots ; puis on n'entendit plus rien que le mouvement moelleux, aisé, des quatre membres vigoureux qui fendaient l'onde comme des rames. Le duc passa fièrement la rivière, tenant ses pistolets au-dessus de sa tête. Il avait mis entre lui et ses ennemis un obstacle infranchissable : il était sauvé.

— Voilà une idée royale, dit la Fougeraie ravi à la comtesse, qui observait cette traversée avec angoisse; maintenant, songeons à nous, s'il vous plaît. Allons, madame, en avant dans les terres labourées !

Marguerite obéit machinalement. Les chevaux pénétrèrent dans la glèbe sablonneuse, muette, et gagnèrent ainsi la lisière du bois. Alors commença une corvée des plus rudes, un martyre. Les chevaux se jetant à tort et à travers dans les taillis, dans les fourrés, force leur fut bientôt de s'arrêter : ils frémissaient de douleur en s'égratignant aux ronces, et Marguerite, la tête baissée, roulée dans son manteau, pleurait, et, à bout de forces, invoquait un prompt salut ou une prompte mort. De loin, ils entendirent passer et repasser sur la route sonore ceux qui les poursuivaient, et dont les imprécations arrivaient parfois jusqu'à leur retraite, comme des cris d'oiseaux funèbres.

Après un repos indispensable aux deux chevaux, qui

n'avaient pas, eux, l'excitation de l'orgueil et la satisfaction de la conscience, la Fougeraie donna le signal du départ; on trouva une route praticable, et, d'après ses calculs, l'écuyer crut se diriger vers cette chaîne de petits bois qui vont rejoindre la forêt de Sénart.

Mais, au point du jour, il reconnut son erreur. Les chevaux eussent dû atteindre depuis longtemps soit Boussy-Saint-Antoine, soit même Yères. Cependant il se traînaient à peine dans des landes et des bruyères tout à fait inconnues, et le jour était déjà bien avancé qu'ils marchaient encore sans plus de succès.

L'un des deux animaux tomba: c'était la monture de la Fougeraie. Quelques mouvements convulsifs, une écume sanglante au bord des naseaux et ce fut tout. La pauvre bête était morte. L'écuyer ôta au cadavre la selle et le porte-manteau qu'il mit sur l'autre animal, de peur qu'on reconnût les maîtres à de si dangereuses marques; puis, il se mit à tirer par la bride la malheureuse jument de Marguerite, que la comtesse sentait fléchir sous elle. On trouva chemin faisant une mare où l'on précipita les bagages inutiles; la jument découragée refusa même de boire.

— Je crois qu'il faut s'arrêter, murmura la comtesse, et qu'on est aussi bien ici qu'ailleurs pour mourir.

— Mourir! par exemple! s'écria l'écuyer; par ce beau soleil levant! Reposez-vous, madame; je vais chercher un endroit bien sûr où vous pourrez dormir dans votre manteau, couverte du mien, tandis que j'explorerai les environs pour trouver, soit un asile, soit au moins quelque renseignement sur la marche de nos ennemis.

— Tout ce que vous voudrez! balbutia d'une voix éteinte la jeune femme. Mais morte ou non, je ne suis pas moins perdue; car au lieu d'être rentrée chez moi en ce moment, je me trouve peut-être à vingt lieues de Paris. Que vont dire le comte, la reine mère, et que leur dirai-je moi-même? C'est fait de moi!

L'écuyer promena autour de lui un regard consterné.

— Attendez! attendez donc! dit-il soudain. Il me semble que je me reconnais ici. Ce châtaignier, ce rond-point, ces six allées de chasse... Ah! madame, que parliez-vous de mourir. Savez-vous où Dieu nous a conduit?

— Hélas! mon ami, ce n'est pas au Louvre!

— Non, mais c'est dans le parc de l'ami du Bourdet, de ce vieil ami dont vous avez, l'autre jour, sauvé le fils, et qui, sans le savoir, va s'acquitter aujourd'hui envers vous.

— Est-il possible? s'écria Marguerite en se redressant, les yeux brillants, les joues rafraîchies par le vermillon de la vie. Quoi! chez le père de ce jeune homme... et du charmant enfant son frère...

— Parfaitement. J'ai chassé ici plus de cent fois; nous sommes sauvés, vous dis-je. Rassurez-vous, remettez-vous, dormez une heure ou deux sous cet ombrage impénétrable; moi, pendant ce temps, je m'aventurerai jusqu'aux Bordes. Mais n'entendez-vous pas au loin des chiens qui chassent? tenez, des coups d'arquebuse!

— C'est vrai, cachons-nous! cachez-moi; si l'on me

voyait ici, si l'on me reconnaissait !... si l'on vous reconnaissait vous-même !...

La Fougeraie allait répliquer, quand un chevreuil passa près de lui et fit un crochet effaré. Bientôt l'on entendit la voix d'un chien qui chassait seul en se rapprochant des fugitifs.

— Est-ce que je ne connais pas cette voix là, pensa le vieux chasseur, en se courbant jusque sur le sol pour mieux entendre.

La voix approchait toujours. La Fougeraie redoubla d'attention et s'écria enfin :

— Mais si Ramonneau était d'âge à chasser encore, je dirais que c'est Ramonneau ?

A ce cri, à ce nom, un chien basset qui suivait une piste dressa l'oreille, se tut, éventa le taillis et accourut sans hésiter jusqu'aux pieds de la Fougeraie, qu'il lécha et mordit avec mille gémissements de joie.

— Ah ! mon brave, ah ! mon bon chien ! murmura le chasseur attendri. Quoi ! c'est toi ! Attends ! attends ! tu seras notre sauveur. Je vous réponds maintenant, madame, que du Bourdet va savoir que je suis ici sans que personne que lui puisse s'en douter.

CHAPITRE XVIII

Un rendu pour un prêté.

Du Bourdet avait jugé avec sagacité le moment favorable pour conclure sa grande affaire. Le consentement un peu arraché de Pontis, celui de Bernard donné libéralement, constituaient une position excellente dont il fallait profiter avant qu'un caprice ne la modifiât. D'ailleurs, l'avocat raisonnait en conscience et pensait procurer à Bernard la plus belle affaire de sa vie.

C'est dans de pareilles-dispositions qu'il quitta ses compagnons de chasse, dont les jambes infatigables l'eussent d'ailleurs mené un peu trop loin, et il arriva aux Fossés, décidé à savoir le dernier mot de la tante.

Celle-ci, après avoir beaucoup grondé Sylvie pour ce qu'elle appelait ses cachoteries de la veille, après avoir signalé par une logique aussi morale que diffuse les inconvénients qui eussent pu en résulter pour sa réputation, avait fini par se rendre aux raisons de l'adroite petite personne, et la paix était signée. Du Bourdet tomba donc au milieu de la plus parfaite intelligence : on le reçut à bras ouverts.

Les choses marchent vite en de pareilles circonstances. L'avocat et la tante les poussèrent si bien, qu'au bout d'une heure d'entretien les points litigieux étaient arrêtés, les grands articles consentis de part d'autre ; on parla du contrat, on fixa une date.

Madame des Noyers déclara que, vu la situation délicate où se trouve toujours une jeune fille promise, le plus tôt serait le meilleur.

Du Bourdet déclara qu'il ne reculerait pas si ce plus tôt était tout de suite.

— Ah! dit la tante, j'ai écrit hier, par le messager, à

mon neveu de venir voir son futur beau-frère, c'est dans l'ordre. J'ai insisté pour qu'il se hâtât, toujours à cause de notre position délicate aux Fossés. J'ai tout lieu de croire que nous le verrons arriver demain.

— Eh bien, si l'on signait le contrat demain? s'écria l'avocat.

— N'est-ce pas un peu précipité, dit la tante avec pudeur.

— Demain! demain, chère madame des Noyers, aussitôt que votre neveu sera ici.

— Puisque vous y tenez tant, dit la vieille dame, j'accepte.

— Je vais écrire à mon notaire, qui, demain soir, pourra souper avec nous aux Bordes, après nous avoir fait signer le contrat.

— J'écrirai alors au mien par la même occasion, répliqua la tante. Justement j'envoie un homme à Melun. Si votre lettre eût été prête, je l'eusse jointe à la mienne. Deux commissions d'un seul coup. Mais il faut que vous retourniez écrire aux Bordes.

— Rien de plus aisé que d'éviter cette perte de temps. Ne sauriez-vous, dit du Bourdet, me prêter une plume et une feuille de papier?

Madame des Noyers appela Sylvie. Celle-ci qui n'avait pas cessé d'écouter à la porte, ressource prosaïque, mais infaillible des jeunes filles à marier qui tiennent à savoir ce qui les intéresse, la discrète Sylvie se fit appeler trois fois pour prouver qu'elle était à trois chambres de là, et, sur l'ordre de sa tante, donna au bonhomme tout ce qu'il avait demandé. Cependant madame des Noyers écrivit de son côté, trois lignes d'une écriture et d'une orthographe également vénérables, l'une par sa majesté, l'autre par sa candeur.

Pendant ce temps Sylvie, dont le cœur palpitait avec une vivacité naturelle à toute créature dont les ruses triomphent, battait sur les vitres de la chambre un air de bravoure à la mode, et cherchait, dans la plaine ou par-dessus les cimes des bois la fumée des coups d'arquebuse qui éclataient bien loin, mais assez fréquemment pour promettre une bonne chasse.

— Nous mangerons du gibier ce soir, dit l'avocat gaiement.

Déjà le messager, prêt à partir pour Melun, tenait ses deux lettres et buvait le coup de l'étrier, tout en s'imprégnant des recommandations détaillées de la tante, quand un bruit assez étrange se fit entendre au rez-de-chaussée. On eût dit un grincement de lime sur du bois, un murmure d'impatience, une porte agitée par des secousses précipitées.

Sylvie ouvrit la fenêtre pour mieux se rendre compte de l'incident.

— Tiens! s'écria-t-elle, un chien qui gratte en bas; qu'est-ce donc que ce vilain chien-là?

— Un chien? dit du Bourdet, pauvre bête! Lui ouvre-t-on?

— On lui a ouvert, malheureusement, et il va tout

salir ici, ajouta mademoiselle Manette le sourcil froncé.

On avait, en effet, laissé passer l'animal, car son pas claquetant résonna dans l'escalier et du Bourdet vit entrer le basset Ramonneau poudreux, défrisé par les ronces, mais grave comme à l'ordinaire, et remuant la queue avec un regard fixe qui disait : Regarde-moi !

Seulement mademoiselle Manette le tenait de court pour l'empêcher d'imprimer sur le plancher ses pattes humides.

— Ramonneau ! que diable viens-tu faire ici ? demanda le bonhomme. Quoi ! quand on chasse, quand Aubin chasse, Ramonneau n'est pas là ?... Qu'est-il arrivé, bonne bête ? Es-tu blessé ? As-tu quelque épine dans la patte ?

— Ce n'est pas encore cela, dit l'œil sérieux du basset.

— Qu'a-t-il ramassé en courant ? s'écria mademoiselle Manette ; cette loque à son collier ; un gant !

— Plaît-il ? dit du Bourdet, dressant l'oreille.

Mademoiselle Manette toucha indiscrètement à cette loque, et aussitôt Ramonneau, la regardant de travers, montra à la vieille fille des dents encore plus longues que les siennes, mais moins jaunes.

— Est-ce qu'il mord ? s'écria mademoiselle Manette effrayée, en quittant la chambre.

— Un gant ! murmura du Bourdet.

Ramonneau, libre enfin, s'était dressé, ses deux petites pattes sur le genou de son maître.

— Voilà qui est plus que singulier, pensa l'avocat, tressaillant malgré lui. Ce gant au collier du chien, ce ne peut être une plaisanterie d'Aubin ou de Bernard... Se souviennent-ils seulement de ce que j'ai à peine raconté ce matin ? D'ailleurs, le gant n'est ni à l'un ni à l'autre ; c'est la main de... mais non... impossible... Cependant l'ardillon de la boucle est bien entrée dans la peau, selon l'habitude d'autrefois... Ramonneau !...

Le chien plongea ses yeux dans ceux de son maître.

— Est-ce que tu viens de voir la Fougeraie ?

Ramonneau leva la tête et donna de la voix comme sur une bonne trace.

— Oh ! s'écria du Bourdet, contenant avec sa sagesse accoutumée l'émotion que lui causait cette aventure, il faut que j'éclaircisse la vérité.

Le chien, le voyant debout, s'élança vers la porte en le regardant comme pour lui dire :

— Viens !

— J'y vais, répliqua du Bourdet, ainsi qu'il eût répondu à un homme.

Mais pour couper court aux commentaires de Manette, aux questions obligeantes de Sylvie sur le collier, le gant et l'arrivée du chien, le digne avocat se hâta de leur dire que ce gant n'était autre chose qu'un mauvais morceau de peau dont on avait enveloppé la boucle, afin de ne pas blesser la bête. Il expliqua la visite de Ramonneau par son amour pour ses maîtres et les fatigues de l'âge, qui lui faisaient préférer le repos aux longues chasses. Puis, prenant congé des dames sans trouble et sans précipitation apparents, — il crut du moins s'être bien dissimulé, — il annonça son départ et baisa Sylvie au front.

Au bout du chemin des Pommiers, sentant que la jeune fille, ne fût-ce que par politesse, le suivrait des yeux, il entra dans le parc, et comme Ramonneau grognait de le voir ainsi se tromper de chemin et obliquait sans cesse vers la forêt :

— Décidément, dit-il, c'est la Fougeraie qui m'attend, et qui m'attend à l'endroit accoutumé. Pourquoi pas aux Bordes? pourquoi pas ostensiblement? La Fougeraie n'est plus d'âge à faire avec moi toutes les petites câlineries de la joyeuse jeunesse. Qu'est-il donc arrivé, mon Dieu?

On voit qu'il ne manquait pas de sens, notre avocat, et que deux vieux chasseurs peuvent quelquefois correspondre bien ingénieusement avec un chien pour télégraphe.

Du Bourdet suivit son basset qui le mena droit au carrefour du Châtaignier. Là, il regarda sur sa gauche, comme autrefois, et, dans la découpure d'une ramée de frênes, il vit son vieil ami qui l'attendait les bras croisés.

Bien que la présence de la Fougeraie eût été aussi prévue que possible par des supputations d'une grosse demi-heure, du Bourdet sentit à son aspect une agitation pareille à un violent accès de fièvre. D'ailleurs, il y avait, on le conçoit, dans l'attitude de l'écuyer beaucoup plus de gêne et de trouble qu'il n'en fallait pour inspirer l'inquiétude.

Cependant du Bourdet commença par ouvrir ses bras à son ami.

— Chut! lui dit la Fougeraie. Es-tu bien sûr que personne ne te suive?

— Tu te caches donc? demanda l'avocat.

— Le plus possible... Mais ne reste pas comme cela en évidence au milieu de l'allée, entrons sous bois, asseyons-nous.

— Comme tu es pâle! Aurais-tu faim?

— Je tombe... Mais ce n'est pas de cela qu'il s'agit.

— Attends, attends, je crois que j'ai conservé sur moi ma bouteille de brandevin; je ne veux pas te voir pâle comme cela, tu me bouleverses... Bois un coup... et dis-moi pourquoi tu erres ainsi dans le bois, chez nous, sans entrer à la maison?

La Fougeraie but et raconta. Il raconta en homme habile, qui ménage ses effets. Les effets, hélas! ne manquaient pas dans un récit pareil. Il n'avait pas parlé trois minutes, que le plus pâle des deux n'était plus la Fougeraie. Et cependant l'écuyer n'avait pas encore dit un mot de sa maîtresse.

— Quoi! murmura l'avocat, qui ne savait encore que la moitié du désastre, toi, à ton âge, te mêler dans d'aussi affreuses conspirations!...

— Et mon devoir?

— Et ta vie! Sais-tu que si la reine mère pouvait apprendre que tu as trempé dans l'évasion de M. de Vendôme...

— Me blâmerais-tu?

— Moi, je t'admire. Mais tu m'épouvantes. Et puis il y

a un mot que je n'ai pas parfaitement compris dans ta dernière phrase, le mot *devoir*. Quel devoir avais-tu donc à remplir en agissant si témérairement.

— J'obéissais à ma maîtresse qui dirigeait tout le complot.

— Quoi! cette dame masquée...

— Qui a pris ton petit Aubin dans ses bras, oui.

— Oh! elle est charmante. Mais...

— Mais elle complote, veux-tu dire?

— Vois-tu, la Fougeraie, défions-nous des grands, ils nous ruinent et tirent toujours leur épingle du jeu. Ainsi, te voilà vagabond, affamé, menacé de mort peut-être, tandis que la dame est bien tranquillement à table dans son cabinet.

— Tu te trompes, du Bourdet, la dame est en ce moment moins à son aise encore que moi. Elle n'a pour cabinet qu'un buisson, pour festin qu'une mûre sauvage. Et quand, moi je risque mon col, elle risque, outre sa vie, son honneur!

— Son honneur!... sa vie!... s'écria du Bourdet. Bah! elle s'en tirera, te dis-je. Mais où l'as-tu laissée?

— A six pas d'ici, derrière un massif de jeunes chênes d'où elle nous entend, si Dieu lui a conservé la force d'entendre encore.

— Ah! murmura du Bourdet pétrifié, comme si la voûte du ciel eût craqué au-dessus de sa tête.

Mais il se leva tout à coup.

— Cette pauvre dame, dit-il, il faut la secourir.

— J'ai compté sur toi pour cela.

— Il faut lui trouver un asile.

— Lequel?

Du Bourdet s'arrêta, frissonnant, refroidi jusqu'à la glace.

— Lequel? Oui. On vous poursuit, n'est-ce pas?

— Toute la campagne est sillonnée de cavaliers qui cherchent le prince!

— Je le sais, Cadenet nous l'a dit en déjeunant ce matin.

— M. de Cadenet est ici! s'écria derrière les arbres la voix effrayée de la comtesse, qui, au même instant, se montra chancelante, les traits altérés.

Du Bourdet courut à elle, lui prit les mains, s'inclina respectueusement devant ce malheur et cette touchante beauté.

— Quoi! même ici, nous trouverions quelqu'un de connaissance, reprit Marguerite. Vous voyez, la Fougeraie, que nous sommes bien perdus et que c'en est fait de votre dernier espoir!

L'écuyer baissa la tête, après avoir jeté sur son ami un regard humilié.

— Quel espoir aviez-vous donc? demanda du Bourdet, les interrogeant tous deux d'un œil de compassion.

— Rien! rien! interrompit vivement la comtesse, avec un geste significatif pour imposer silence à l'écuyer.

— Je comprends, dit du Bourdet, et je m'étonne d'avoir compris si tard. Il faut me pardonner, madame, je suis un bien pauvre homme. Mais j'ai bon cœur, si je n'ai pas le cœur très-brave. Votre espoir à tous deux, c'était moi, n'est-ce pas? L'asile que vous attendiez, c'était ma maison?

— Non! non! dit la comtesse pâlissante.

— Oui, dit la Fougeraie, et malgré la générosité de madame, je dois te dire que si tu nous manques, nous sommes morts.

— Eh bien! est-ce que je ne suis pas là? s'écria du Bourdet avec un effort héroïque pour sourire. Quant à la maison, sans ce bouquet d'arbres on pourrait la voir d'ici.

— Monsieur, dit la comtesse, si nos ennemis nous retrouvaient chez vous, vous risqueriez trop!

— Allons donc, madame! fit du Bourdet. Croyez-vous que j'aie peur? D'ailleurs, on peut si bien vous cacher.

— Vous avez chez vous quelqu'un qui me connaît, vous dis-je, M. de Cadenet...

— D'abord, je le crois galant homme. Ensuite, je le défie de soupçonner seulement que vous êtes ici.

— Comment feras-tu? dit la Fougeraie.

— Une chose toute simple, je vous introduirai à la nuit par le petit jardin.

— Deux personnes! c'est beaucoup dans une maison! dit la comtesse; les hôtes, les domestiques...

— Ah! j'avoue que j'eusse aimé mieux que vous ne fussiez qu'un ou une, reprit du Bourdet. Car pour que la chose réussisse, il faut que je ne me confie à personne, pas même à mes fils.

— Non! non! dit Marguerite.

— A personne, ajouta la Fougeraie.

— Eh bien ! mes pauvres amis, — pardon, madame, je crains que deux prisonniers ne soient bien difficiles à cacher dans une maison où toutes les clefs sont toujours sur les portes. Je vous cacherai, ce n'est pas douteux, c'est convenu ; mais si un bruit vous trahit, si un mouvement vous décèle, que dirai-je ? Ah ! je tiens l'idée, j'ai le plan ! tout est arrangé !

La Fougeraie serra les mains de son vieil ami.

— C'est pour madame que je t'implore, dit-il tout bas, quant à moi, ne t'en occupe pas.

— Es-tu fou ? est-ce que si l'on te prenait, toi, l'écuyer, la maîtresse ne serait pas compromise ? Laisse-moi faire ; seul, j'ai la tête en bon état, je me suis remis. C'est toujours comme cela, je ne vaux rien qu'après cinq minutes. Voici donc ce que nous ferons : à la nuit tombante, madame entrera par l'allée de l'espalier, j'aurai écarté tout le monde, je la mènerai dans la chambre qu'habitait ma femme. Personne n'y entre jamais. C'est un lieu sacré. Toi, mon bon la Fougeraie, tu prendras le bateau et passeras dans l'île, où la cabane de mon pêcheur t'offre un lit vacant pour huit jours. Le pêcheur est absent, la cabane fermée. Combien de temps avez-vous besoin de demeurer ici ?

Marguerite joignit les mains.

— Oh ! monsieur, dit-elle, s'il n'y avait un danger terrible à partir sur-le-champ, je demanderais, demi-morte que je suis, un cheval pour retourner à Paris.

— Mais les espions, les guetteurs, les batteurs d'estrade ? Vous seriez arrêtée ce soir.

— C'est vrai.

— Tandis que, demain, vingt-quatre heures auront tout aplani. Le duc arrêté ou échappé, toute cette bande d'éperviers se retire.

— Et demain soir, ajouta la Fougeraie, quand tout le monde chez toi sera couché, de bonne heure, au signal de madame, — un coup de son sifflet, que je connais bien, — je repasserai l'eau avec mon bateau et viendrai la rejoindre. Sa jument sera reposée, tu nous trouveras un cheval, nous repartirons pour Paris, sans nous égarer cette fois !

— C'est convenu.

La comtesse regardait avec une douce familiarité cette aimable figure de du Bourdet, que le bonheur de rendre service avait faite resplendissante.

— Seulement, dit-elle, d'ici à ce soir, le pauvre la Fougeraie sera mort de faim.

— Bah ! s'écria l'écuyer, je vous sais en sûreté, je n'ai plus besoin de rien.

— La joie creuse, au contraire, reprit du Bourdet, mais c'est un mal inévitable. Si j'étais assez maladroit pour revenir tout à l'heure avec des provisions; adieu le secret, je serais vu de quelque berger, de quelque garde. Il faut jeûner jusqu'à ce soir; sans le jeûne pas de salut ! Ainsi, voilà qui est bien entendu; à la nuit tombante, je viendrai chercher madame; cela ne tardera pas. D'ici là, je vais m'occuper de l'île et du bateau de la Fougeraie; j'aurai l'œil à tout, reposez-vous sur moi, et ne me remerciez pas d'avance surtout, cela nous porterait malheur.

Tout se passa comme il l'avait prévu, tant ses mesures furent bien prises.

Les jeunes gens et Pontis, surpris de ne le pas voir rentrer, quand eux-mêmes étaient rentrés si tard, chargés de gibier et bien las, envoyèrent aux Fossés chercher des nouvelles. La réponse fut que M. du Bourdet devait être aux Bordes depuis près de quatre heures.

L'inquiétude gagna toute la maison. Chacun se mit en campagne, on appela, on alluma des flambeaux. Les uns craignaient une entorse; mais avec une entorse on répond... Pas de réponse aux cris. Du Bourdet profita du moment, il amena ses hôtes mystérieux à la petite porte, tandis qu'il n'y avait plus personne à la maison.

La Fougeraie se glissa sous les osiers et gagna son bateau. Du Bourdet, prenant par la main la jeune comtesse que brûlait la fièvre, il la conduisit à la chambre de sa femme.

Et comme elle le remerciait avec effusion en s'excusant des embarras qu'elle allait lui donner.

— Mauvaise hospitalité, dit-il; vous dormirez peut-être bien mal; car nous sommes ici fort bruyants, nous sommes en noces.

— Qui donc se marie? demanda-t-elle avec intérêt.

— Mon fils Bernard.

— Ah! murmura-t-elle d'une voix émue, quand donc?

— Nous signons le contrat demain.

Le retour des jeunes gens appela du Bourdet hors de l'appartement. Il dit adieu à la comtesse, et, dans les ténèbres, ayant rencontré sa main, il s'étonna de la trouver maintenant si tremblante et si froide.

— Pourvu, se dit-il, que la pauvre femme n'aille pas tomber malade ici.

CHAPITRE XIX

Révélation.

La comtesse avait passé dans son asile une nuit à peu près sans sommeil, mais non sans repos et sans douceur.

Un peu effrayée d'abord des grands rideaux, à l'ombre desquels s'étaient fermés les yeux de madame du Bourdet, Marguerite s'assit dans un vaste fauteuil, et regarda, s'enhardissant peu à peu, chaque détail de la chambre à peine éclairée par une veilleuse abritée derrière un paravent.

Conservée par les soins pieux du bonhomme et de ses fils telle qu'elle était du vivant de la mère, cette chambre représentait bien, dans son ameublement et ses distributions, le caractère décent et cultivé de sa première habitante. Marguerite retrouva là toute une vie paisible, laborieuse, racontée par les muets témoins qui l'avaient assistée à chaque instant du jour : la table à coudre, la vieille armoire sculptée, les livres de piété dans l'encoignure d'ébène, et le coffre aux incrustations d'argent niellé, destiné à renfermer joyaux, parfums et dentelles séculaires, et l'horloge bergamasque, et les pots à fleurs, vides, hélas ! comme la chambre ! Les murs étaient tapissés d'une tenture flamande dont les arbres, les eaux et les personnages, naïvement entremêlés de légendes latines en lettres gothiques, représentaient la vie d'une sainte, moins sainte assurément sur la terre et qui n'avait pas été reçue avec plus de joie par les anges au ciel.

La comtesse, après avoir passé les premières heures dans une contemplation torpide, se trouva si heureuse de ce rêve, si rafraîchie par ce silence, qu'elle n'eût pas consenti à étendre la main pour toucher aux fruits et au poulet placés à sa portée sur un guéridon, de même qu'elle n'eût point fait un pas pour aller trouver le lit le plus moelleux. Il lui semblait qu'au moindre mouvement toutes ses articulations se fussent dénouées. Les vapeurs du sommeil tourbillonnèrent insensiblement de son cœur à son cerveau, et elle dormit sans s'en douter ou du moins sans percevoir la secousse ordinaire du réveil. Car, aux premières lueurs du matin, la petite veilleuse brûlait encore, et deux grands rayons bleuâtres, pareils à deux regards d'azur, traversaient la chambre de part en part. C'était l'aube se glissant par les deux losanges des volets. Huit heures s'étaient écoulées ainsi avec la rapidité d'une seule.

Marguerite revit alors cette chambre sous un aspect moins sombre. Peu à peu le rayon bleu blanchissait, il finit par se dorer. Prisme éblouissant, il alla caresser chaque facette des cristaux placés sur la table, et suspendit un rubis enflammé à toute dorure, à tout relief poli qu'il rencontrait en chemin. Enfin, ce jour velouté, qui pour des yeux surpris n'eût été qu'une nuit opaque, dessina toutes les formes et toutes les couleurs dans la chambre de la comtesse. Bien plus, elle tressaillit en s'apercevant elle-même dans un miroir de Venise, en face duquel, la veille, elle avait rencontré son fauteuil.

L'impression qu'elle ressentit alors fut son véritable réveil. Car elle avait retrouvé la force de penser, et par conséquent de souffrir. Une fatigue écrasante, un balancement vertigineux d'une tempe à l'autre n'étaient que des douleurs risibles auprès de l'inquiétude mortelle qui la reprit. Ainsi donc, elle était bien là, dans une maison étrangère, se cachant, tremblant; et à Paris on la cherchait, le comte s'irritait, la soupçonnait et délibérait sa perte. Cette idée fut l'une des plus cruelles tortures qu'elle eût jusqu'alors endurées. Elle se leva, grâce à une volonté désespérée qui fit jaillir de chacun de ses membres une douleur aiguë, et n'entendant aucun bruit dans la maison, rien au dehors que le chant des coqs et le premier gazouillement des oiseaux, elle s'approcha de la fenêtre. Un irrésistible besoin d'air pur lui fit ouvrir le petit loquet de fer, seule fermeture usitée à cette époque. Marguerite, encore abritée par les volets hermétiquement clos, put respirer à l'aise la fraîcheur balsamique des fleurs et des gazons; elle s'accouda sur la barre de fer qui formait appui, et ses premiers regards, s'échappant par la découpure des volets, jouirent délicieusement de la verdure des bois et de la fauve rougeur du ciel.

Bientôt cette infaillible consolation de la nature au réveil pénétra comme par son front jusqu'au plus profond de son âme. Et alors, se sentant jeune, forte, devinant Dieu sous ces vapeurs d'or, elle réfléchit que le désespoir ne changerait rien à sa situation ; que, prisonnière pour éviter de plus grands malheurs, elle devrait s'estimer bien heureuse d'avoir trouvé une si charmante et si sûre prison. Ce parterre diapré de fleurs qu'elle voyait en abaissant son regard, ces fontaines murmurantes dont la fraîcheur montait jusqu'à elle en blanches fumées, tout cela n'était-il pas son bien, sa récréation pendant une journée?

Il fallait donc vivre, et vivre résignée, joyeuse même, profiter du rayon de soleil, amasser des forces, du courage pour les fatigues et les chagrins à venir. Quoi de plus propre à rasséréner une âme que la vue de cette maison où tous les bonheurs semblaient s'être donné rendez-vous.

Marguerite alors commença une visite dans sa prison. Marchant d'un pas furtif, essayant son adresse sur les portes, elle pénétra dans une chambre contiguë à la sienne. C'était un grand cabinet sans issue, où elle trouva l'antique toilette de la défunte, et ses robes, et tout ce luxe de soins et d'innocente recherche d'une femme habituée à plaire, que la mort avait surprise encore en sa jeunesse. Puis les beaux fruits et la collation la tentèrent; elle trempa ses lèvres dans quelques gouttes de vin d'Espagne, à la santé du bon la Fougeraie, à celle aussi de l'hôte généreux qui lui avait ouvert sa maison.

Et, ce verre à la main, elle vint s'asseoir près de la fenêtre, rêveuse, se disant que l'aventure était bien étrange, et qu'il y avait là, tout près d'elle, des gens que peut-être elle coudoierait un jour sans qu'ils se doutassent du hasard qui, pendant vingt-quatre heures, les avait réunis à elle sous ce toit sacré. Ce jeune homme, par exemple, ce Bernard qui allait se marier, et dont au Louvre elle avait sauvé la liberté, lui qui ne la connaissait pas, ne se souvenait pas seulement d'elle. Combien elle le surprendrait, si, plus tard, masquée, en quelque fête où elle le trouverait avec sa jeune femme, elle l'abordait, et, lui prenant le bras, lui racontait en détail tout ce qu'elle avait vu chez lui; le buis bénit oublié sous le Christ, la statuette de marbre jauni sur le bahut d'ébène, les dessins des rideaux, les figures grotesques des chenets; qui sait? quelque épisode du jour des fiançailles qu'elle surprendrait dans le jardin, par les losanges de son observatoire.

Elle pensait ainsi, les yeux vaguement fixés vers le parterre, quand elle entendit ouvrir une porte sur le palier, en face de sa chambre. Un pas d'homme craqua dans l'escalier, une autre porte s'ouvrit au rez-de-chaussée;

le bruit de ce pas continua dans le sable et s'éloigna peu à peu de la maison. Marguerite vit alors, à travers les arbres, passer quelqu'un autour duquel sautaient deux chiens, dont les caresses étaient froidement accueillies. Le promeneur si matinal se retourna pour regarder le ciel. C'était Bernard.

Le jeune homme ne se doutait guère qu'on le vît si distinctement et qu'on analysât chacun de ses gestes avec l'intention d'y trouver l'empressement et la belle humeur d'un amoureux qu'on marie. Cependant la comtesse avait commencé par cette idée. Mais Bernard sembla prendre à tâche de lui donner le change. Il allait et venait, les mains derrière le dos, lentement, imprimant chaque pas dans le sable avec la plus scrupuleuse attention de n'en point faire un plus creux que l'autre, sorte d'occupation qui, si elle n'annonce pas un esprit bien troublé, ne prouve pas non plus une gaieté bien folle.

La comtesse remarqua, quoique la distance fût assez grande, la petitesse de ces pieds, chaussés déjà sans doute pour la noce. Elle vit que Bernard, nu tête, avait de beaux cheveux châtains, le col rond et frais, l'œil pur. Et elle se dit que si la fiancée était jolie, ce serait un couple agréable.

Tout à coup, une voix enjouée, qui du seuil de la maison appelait Bernard, fit tressaillir et presque trembler la comtesse. Car cette voix ne semblait monter si rapidement à elle que pour l'interrompre dans les pensées où elle s'abandonnait.

16.

— Hó! cher Bernard, s'écriait cette voix, tu rêves déjà aux amours! Si matin! Oh!...

Bernard hâta le pas, son interlocuteur le joignit à moitié chemin. C'était Cadenet, les yeux encore bouffis de sommeil, et quelque peu négligé dans ses atours.

— Ai-je dormi! dit-il, je dors encore, et il me semble que sans le besoin de causer, j'irais dormir une heure de plus.

— Tu vas de travers, répliqua Bernard en riant; assieds-toi ou cours, c'est le seul remède.

— Mon cher, j'ai le sang lourd, je me fais vieux. Trois seaux d'eau froide sur la nuque ne me réveilleraient plus comme une seule goutte autrefois. Ah!... dans ma jeunesse, c'était comme cela que me réveillait le frère aîné quand je dépassais l'heure. Plauf!... un coquemar, cinq litres. Eh bien! cela rend peut-être les enfants vigilants, mais ils se rattrapent en devenant hommes. Nous sommes seuls, causons donc, nous n'en aurons plus le temps une fois les cérémonies commencées.

— Viens t'asseoir sur ce banc, sous les fenêtres de ma mère, répliqua Bernard.

La comtesse se rejeta en arrière, comme si le rempart des volets n'eût pas été là pour l'empêcher d'être aperçue. Mais en vain se tenait-elle loin de la fenêtre, les voix provoquantes vinrent l'y chercher.

— Causons raison, dit Cadenet d'un son de voix si jovial que Marguerite frémit, et voulut fermer la fenêtre en pensant que les jeunes gens allaient peut-être dire des folies. Mais il eut été bien imprudent de faire un pareil bruit dans une chambre inhabitée.

— Je me boucherai les oreilles, dit-elle, quand la conversation prendra un tour embarrassant.

— Ainsi, continua Cadenet, tu te maries, c'est à n'y plus revenir.

— Mon ami, à deux heures on dîne, et, un quart d'heure avant, le contrat sera signé : si le beau-frère arrive plus tôt on signera plus tôt.

— On a vu peu d'amoureux aussi enragés que toi, dit Cadenet. Quoi ! à peine débarqué, tu épouses ? Peste ! et la vie de garçon, tu ne la connais pas.

— A quoi bon la connaître ?

— J'oublie que je parle à un amoureux. Est-elle jolie, ta femme ?

La comtesse écouta.

— Assez, je crois.

— Comme tu dis cela négligemment. Peut-être tiens-tu plus aux qualités sérieuses ?

— Mon ami, je ne sais pas si elle a des qualités sérieuses.

— Alors que sais-tu donc ? Tu me réponds singulièrement, Bernard.

— Je te réponds comme je puis. Que m'importe à moi tout ce que tu me demandes. Je me marie, voilà tout.

— Ah çà, mais tu ne parles plus du tout en amoureux

— Est-ce que je le suis ? s'écria Bernard.

— Oh ! fit Cadenet ébahi. Eh bien ! alors pourquoi te maries-tu ?

La comtesse s'approcha jusqu'au bord de la fenêtre, son front touchant le bois des volets. Elle jugeait sans doute que la conversation n'était plus inquiétante.

— Mon ami, reprit Bernard, — tu es mon ami, n'est-ce pas? tu me l'as prouvé en m'avouant hier que ton frère Luynes t'avait chargé de savoir de moi le secret du complot de ces maudites lettres. Cette confiance en moi te vaudra la mienne. Je me marie d'abord pour faire plaisir à mon beau-père, ensuite pour me hâter de couper court à certaines chimères qui finiraient par me tyranniser si je les laissais pousser dans le jardin de ma pensée, comme on dit chez les Topinamboux, qui sont fort poëtes, entre nous, autant que M. de Malherbe, ce n'est pas peu dire.

La comtesse colla son oreille brûlante sur le rebord de pierre.

— Quelles chimères donc? demanda Cadenet. Il y en a de plusieurs sortes.

— C'est vrai, pensa Marguerite.

— Chimères de toutes sortes, répliqua Bernard; car, M. du Bourdet te le prouverait par son Traité des conséquences : qui dit chimères d'amour, dit toutes les chimères possibles.

— D'amour! Tu vois bien que tu es amoureux! s'écria Cadenet triomphant.

— Oui, mais de qui? dit froidement Bernard.

La comtesse retint son haleine; l'appui de la croisée l'étouffait; elle sentait son cœur frapper et repousser le bois. Cependant elle restait.

— De qui ? Voilà la question, murmura Cadenet, tâche de la résoudre.

— Je ne la résoudrai pas, mon ami, Dieu m'en garde. Vois-tu, ce sont de ces rêves qui demeurent admirables, merveilleux tant qu'ils sont renfermés là, et qui ne sortent des lèvres que ridicules, grotesques, absurdes. Il y a plus, lorsqu'ils se produisent, ce n'est pas sans un péril très-grand pour celui qui les a conçus. Car ils rencontrent presque toujours pour confident un jeune homme, un cœur vaillant, un esprit aventureux, comme toi, par exemple, qui au lieu de leur dire : « Cache-toi, rêve ! évanouis-toi, chimère ! crève, bulle de savon ! » se met à sourire, à pincer amoureusement sa bouche et à dire : « Oh ! mais c'est charmant, Bernard. Il faut poursuivre cela, Bernard. Sus ! sus ! Bernard ; en avant ! » Et puis, Bernard va, poursuit, il court après la bulle. Elle éclate, et ce n'est plus une bulle, c'est un bel et bon artifice qui fait explosion et vous met le cœur en quatre. Voilà Bernard estropié de cœur pour le reste de ses jours.

Cadenet se mit à rire de toutes ses forces. La comtesse ne rit pas.

— Je ne vois point, reprit Cadenet après un long silence de son ami, que cela te force à te marier. Au contraire, tu es jeune, quand tu perdrais deux ou trois belles années à courir après la bulle...

— Là ! que disais-je ? interrompit Bernard. Tu me le conseilles, tu vois !

— Si la bulle est jolie !

— Oh ! ce n'est pas cela qui lui manque, répondit tristement Bernard.

— Et si elle veut bien se laisser prendre... Il me semble que tu es de force à bien courir. D'ailleurs, est-ce si difficile que cela ? Ce n'est pas la reine, après tout.

— Ce n'en est peut-être pas bien loin, soupira Bernard.

La comtesse se releva si précipitamment que son front effleura le volet. Le bois gémit. Mais les bruits montent. Celui-là obéit à la loi physique. On ne l'entendit point en bas.

— Comment ! dit Cadenet, tu aimes à la cour, scélérat ! Mais tu n'as fait qu'y montrer le nez. Conte-moi cela, conte-moi cela en détail.

— D'abord, je n'ai pas parlé d'amour : rêve, chimère, fumée, voilà ce que j'ai dit. Et encore je me rétracte. Ah ! Cadenet, comme il faut que je me marie vite ! Si tu savais, quand la flamme de ces yeux-là vient brûler dans mon souvenir... Vois-tu bien, je deviendrais ambitieux, j'irais faire la belle jambe au Louvre comme vous autres, je vendrais mes terres pour acheter le droit de couper le pain ou de remplir le gobelet de la reine mère... Je serais commun, bête et malheureux comme vous tous ! rien que pour revoir cette figure, rien que pour sentir encore cette main sur mon épaule, rien que pour entendre cette voix me dire : « Mais partez donc ! »

La comtesse se redressa, pourpre, les yeux troubles : ses mains s'attachèrent à la barre de fer froide dont le contact calma en elle comme la douleur d'une brûlure. Elle n'entendait plus, elle écoutait encore.

— Dis-moi qui? demanda Cadenet; son nom, à cette idole, pour qui tu te sacrifies sur l'autel du petit dieu jaune?

Marguerite pâlit, appuya une main sur son cœur et attendit dans une angoisse mortelle la réponse de Bernard.

— Si je le savais, répondit le jeune homme, je ne te le dirais pas, et ne t'ai-je pas déclaré tout à l'heure que ces passions-là dévorent ceux qui ne savent pas les étouffer par le silence. Si je le savais moi-même, le nom de cette femme, de peur d'une déception, de peur d'être bafoué par elle, moi, un paysan!... tiens je ne me marierais pas aujourd'hui, je serais marié depuis hier!

Au moment où la comtesse buvait avidement ces paroles, la tête inclinée, le corps penché sur la fenêtre, trois coups discrètement frappés à sa porte la réveillèrent et la firent bondir.

— C'est moi, du Bourdet, dit le bonhomme à voix basse du dehors.

Marguerite ouvrit précipitamment. Son trouble était si visible, son pas si vacillant qu'il en fut effrayé.

— Êtes-vous plus souffrante, madame la comtesse, demanda-t-il en entrant avec précaution. Vous avez mal dormi... je l'avais prédit.

— Cher monsieur du Bourdet, répliqua-t-elle avec feu en lui pressant les mains... comme vous êtes bon de songer ainsi à moi, qui ne suis chez vous que comme un embarras, un tourment, un trouble-fête.

— Ah! mon Dieu! pensa l'avocat, la fièvre s'échauffe

Serez-vous bien en état de partir ce soir? ajouta-t-il avec la peur qu'elle ne répondît : Non.

— Oh! oui, dit-elle, oui, à tout prix. Vous trouvez toujours qu'il le faut, n'est-ce pas?

— Sans doute ce serait plus raisonnable. Cependant si vous étiez hors d'état...

— Moi! mais non, au contraire.

— Il me semblait démêler en vous certaine agitation. Vous avez eu trop chaud, à ce que je vois...

— Ah!... parce que j'ai entr'ouvert la fenêtre, dit-elle en rougissant. Oui, j'ai eu besoin d'air... Mais à part cela je suis bien... très-bien... Voyez, j'ai fait honneur à votre festin, j'ai bu à votre santé, cher, excellent M. du Bourdet.

— Ce m'est bien de l'honneur, madame, et je voudrais reconnaître votre bonté par une présence plus assidue; mais si vous saviez quel démon que cet Aubin, toujours attaché au pan de mon habit et que je chasse vingt fois par heure. Tout présentement, je l'ai surpris me guettant, et pour venir vous voir sans inquiétude, j'ai dû m'enfermer à clef. Le drôle attend à la porte, je gage.

— Ah! mon Dieu!

— Ce n'est pas que je craigne, au moins. Il se ferait hacher plutôt que de dire un mot. Son frère aussi. Et j'avais pensé à les instruire...

— Oh! monsieur! s'écria Marguerite en joignant les mains; jurez-moi sur votre salut que vous n'en ferez rien avant que je sois partie.

— Bien! bien! calmez-vous, madame, dit le bonhomme; je vous le jure. Aussi bien est-ce le plus sage. Mais il va donc falloir que je vous quitte. Ce sera pour une partie de la journée. Voudrez-vous bien patienter; j'ai mille devoirs aujourd'hui. Cela se conçoit, le contrat se signe à deux heures. J'ai à relire les actes, à donner la main à ces dames. Mon Dieu! ne frappe-t-on pas à ma porte?

— Hélas! oui.

— La voix d'Aubin!... Enfant maudit!

Il prêta l'oreille.

— Mon papa, dit la voix qui traversa les deux chambres, mon oncle vous appelle.

— Et M. de Pontis que je fais attendre!... s'écria du Bourdet, tout bouleversé. J'y vais, petite harpie!

— Allez, monsieur, allez, répliqua Marguerite d'un air de résignation triste. Toute la fête de votre maison ne peut cependant manquer par ma faute.

— Madame, je me retire, puisque vous m'y autorisez; après le dîner je remonterai aussitôt. D'ici là, ne comptez pas sur moi, car trop de monde m'épierait. Ce soir, à sept heures, tout sera prêt pour votre départ; la campagne paraît plus libre aux environs. A propos, la Fougeraie va bien, et vous envoie ses respects. Ce soir, sifflez-le comme c'est convenu. Il attend ce signal pour vous amener le bateau. Vos chevaux seront sur l'autre rive, c'est plus prudent.

Il parlait encore, le digne homme, elle le congédia.

— A propos, dit-il, enfermez-vous ici, madame, car moi

je ne puis fermer ni ma chambre, ni le cabinet qui la sépare de celle-ci, et là, sur le palier, précisément en face de votre porte, est la chambre de mon fils Bernard.

— Bien, monsieur, bien, ne craignez rien, nul ici ne songe qu'à la noce.

Elle s'enferma, revint à la fenêtre et écouta encore; on n'entendait plus rien.

Alors, seule et libre, elle put s'abandonner à toutes ses pensées. Le flot amer et doux débordait de ce cœur qui jamais n'avait aimé, et sentait tout amour autour d'elle.

— Quoi! se dit Marguerite, voilà ce que fait de moi la misérable destinée! Livrée à un méchant et avide étranger qui me tuera quelque jour pour trouver une plus haute alliance, une plus riche dot, je pouvais, moi, dont la vie est à jamais perdue, je pouvais, si Dieu l'eût permis, rencontrer sur ma route ces honnêtes, ces riantes figures, reflets purs des cœurs les plus généreux; ce petit domaine verdoyant eût été à moi; j'eusse aimé, s'il eût été mon mari, ce brave, ce noble Bernard, âme si candide, qu'elle ne soupçonne pas même sa valeur; ce digne avocat au Parlement, qui me plaît au point que je l'embrasserais toujours, serait mon père; j'appellerais frère ce petit enfant blond qui a dormi sur mon sein; ma chambre ouverte au soleil, ma chambre où les cris de joie entreraient librement comme le chant des alouettes, ce serait cette chambre-ci, plus sombre encore du malheur que je traîne après moi qu'elle ne l'est du deuil qui m'a précédée. Au lieu d'attendre sans amour sa fiancée qui va venir, quelque petite sotte, nuage équivoque à son horizon, Bernard heureux par moi se promènerait avec moi et notre frère le long de cette fontaine où baignent ces beaux nénuphars, ces frais asphodèles. Le chien qui jappe là-bas ne donnerait qu'à moi ses regards tendres, il lécherait mes mains, il serait le compagnon de mon cheval, celui-là même qui tantôt va m'emporter d'ici où jamais plus je ne reviendrai!

En songeant ainsi, la jeune femme renversa sa tête sur le dossier du fauteuil, et il lui prit une de ces violentes douleurs qui, devant le trône de Dieu, font absoudre les pauvres âmes d'avoir un instant douté.

Combien demeura-t-elle de temps absorbée par ces regrets amers? où prit-elle la force de surmonter sa souffrance? Peut-être se ranima-t-elle au bruit des voix dans le parterre, et des félicitations et des accolades. Les familles, les voisins, les notaires, étaient arrivés. On n'attendait plus que le frère de la fiancée.

Elle entendit la voix de Cadenet qui disait à Bernard :

—Je t'assure qu'elle est charmante.

Un coup de stylet dans la poitrine eût fait moins de mal à Marguerite que ces mots de politesse.

—Voilà le frère qui arrive, dit du Bourdet à Bernard. On l'a conduit à sa chambre où il se débotte. Nous allons signer tout de suite; allez-vous habiller, il est temps.

—J'y vais sur-le-champ, répondit Bernard.

—Un moment, interrompit Cadenet, ta femme veut te parler.

—Sa femme! murmura Marguerite avec un mouvement

de cœur qu'elle ne comprit ni ne réprima. Voyons-la donc cette charmante, ajouta-t-elle avec mélancolie. Voyons-la, sa femme.

Sylvie sortait pimpante et blanche du bosquet voisin. Sa main droite s'étendait vers celle de Bernard, sa gauche ajustait les plis roides d'une robe fraîche comme elle, mais quand Marguerite eut aperçu ce visage riant qu'inondait le soleil, que paraient les fleurs, ses yeux brillèrent de colère, sa bouche s'ouvrit pour proférer une malédiction. Un tremblement convulsif secoua ses membres comme ceux de la gazelle qui vient d'apercevoir un loup.

— Sylvie des Noyers ! s'écria-t-elle en s'appuyant au volet. Quoi ! ma compagne du couvent, la fugitive de Boissise !... Cette fille deviendrait la femme de Bernard !... Non ! non ! non ! Je ne laisserai pas s'accomplir le malheur de ce jeune homme... Non !... Je ne souffrirai pas cette honte dans la maison qui me donne l'hospitalité.

Bernard et Sylvie parlaient bas, se souriant. On les regardait, on leur souriait aussi.

— Il faut que j'appelle M. du Bourdet, dit Marguerite, dont la tête en feu commençait à s'égarer, mais comment ?... où ?... que faire ?... Ah ! mon Dieu ! Bernard va monter à sa chambre, puis il redescendra, et il signera... Ce sera fini !

Une idée subite, une généreuse folie, un transport invincible s'emparèrent de la comtesse. Elle saisit un crayon, une feuille de papier, et d'une main que secouait chaque battement de son cœur, elle écrivit ces mots à peine lisibles :

« Au nom de votre mère irréprochable, bienheureuse, n'épousez pas Sylvie sans montrer ceci à votre père. »

Bernard déjà saluait sa fiancée, il allait la quitter pour monter chez lui. Marguerite tira ses verrous, traversa la chambre de du Bourdet, vola sur le palier, glissa la feuille sous la porte de Bernard, et rentra d'un bond dans sa retraite. Sa robe bruissait encore sur les balustres de la rampe, quand Bernard gravit les premiers degrés.

CHAPITRE XX

Déroute.

Il tombait une fine bruine qui avait fait rentrer au salon tous les invités. Cette assemblée peu nombreuse, composée d'éléments mal liés entre eux, formait trois groupes, dans l'un desquels on remarquait du Bourdet, les notaires et deux amis du voisinage, gros propriétaires venus exprès de huit lieues, et dont les chevaux faisaient bombance à l'écurie, tandis que les maîtres attendaient impatiemment la fin des cérémonies du contrat qui devait amener le commencement du dîner.

La tante, Sylvie, Pontis, Cadenet et plusieurs autres conviés composaient le second groupe. Madame des Noyers, parée comme elle l'avait été pour sa propre noce, ne brillait pas, elle éblouissait. Certains vieux diamants et saphirs montés du temps de François II coulaient en cascades mêlés à des flots d'or, sur son corsage, derrière son collet à tuyaux gaudoronnés. Au milieu de ces magnificences apparaissait sa figure sèche, bigarrée comme l'écorce d'un orme, dans laquelle un capricieux lapidaire eût enchâssé deux escarboucles. Les escarboucles étaient les yeux de la vénérable dame, qui scintillaient d'une joie légitime à l'approche du moment où toute bonne tante se débarrasse d'une nièce bien-aimée. De Sylvie nous ne dirons rien, sinon qu'elle était calme en apparence, un peu émue en réalité, et frissonnante à chaque mouvement du dehors. Cadenet essayait de la distraire par les charmes de sa conversation.

La tante expliquait à Pontis, qui l'écoutait gravement, les mérites de son neveu le capitaine, celui dont le retard suspendait la cérémonie. Le capitaine, esclave de la discipline, avait été retenu par son service. Assurément, dans cette bagarre de Paris, il avait dû recevoir quelque horion qu'il dissimulait, étant naturellement dur au mal. Elle ajoutait qu'en l'embrassant tout à l'heure, elle l'avait trouvé fatigué, maigri; que sa jeunesse était un peu orageuse, mais qu'à cela près, on n'eût pu trouver un meilleur cœur. Elle concluait en disant qu'il s'occupait de sa toilette et qu'il allait paraître.

Pontis opinait de la tête. Cadenet payait en révérences et minaudait gracieusement avec Sylvie.

Le troisième groupe, formé de frondeurs, — le mot alors n'était pas inventé, — occupait l'angle le plus désert du salon.

C'étaient les intimes, ceux qui croient avoir acquis par une longue série d'années et de mauvais procédés le titre d'ami, dont le privilége est d'écharper leur ami sans miséricorde. Ceux-là s'en donnaient à cœur joie sur la fraise de la tante, sur la mine confite de la future et sur la précipitation avec laquelle on bâclait ce mariage.

Aubin, assis non loin de là, de trois quarts, regardait d'un autre côté, ouvrait ses deux oreilles et apprenait le monde.

De temps en temps apparaissait et disparaissait la robuste Marcelle, parée aussi, rouge comme un coquelicot, dirigeant vers quelque table quelque laquais porteur de plateaux, ou chassant un chien ambitieux de la noce. Elle ne manquait jamais, dans toutes ses évolutions, d'envoyer à Aubin un clin d'œil ou un sourire, ou son baiser accoutumé, que le petit drôle interceptait au passage sans sourciller, comme un droit de transit ou une redevance.

C'est au milieu de ce tableau d'intérieur, auquel manquait son principal personnage, que ce personnage vint se placer à son tour. Bernard, le visage bouleversé, la démarche incertaine, entra, chiffonnant dans sa main un papier, cherchant des yeux son beau-père, et n'accordant ni le regard ni le salut d'usage à la fiancée, aux parents, aux amis.

Il ressemblait bien plus à un voyageur égaré qui cherche sa route, qu'à un marié qui paraît sur le théâtre de son bonheur.

En le voyant si distrait, l'œil atone, Sylvie cessa

d'écouter les billevesées galantes de Cadenet. Celui-ci hasarda quelques plaisanteries sur l'air affairé de son ami, mais les plaisanteries pâlirent bien vite. Pontis détourna son attention des propos mal variés de la tante. La tante se pinça. Aubin se planta debout comme en arrêt. Les amis railleurs prirent un sérieux fatidique.

Bernard ayant eu les dix secondes nécessaires pour remettre un esprit troublé, se dirigea vers son beau-père, à qui les deux notaires, gens impassibles n'avaient pas permis encore de se retourner, le tenant chacun par une aiguillette du pourpoint.

— Monsieur, lui dit-il, un mot, je vous prie.

— Qu'y a-t-il, Bernard? demanda l'avocat sans rien voir de ce que tout le monde avait vu sur la figure du jeune homme.

Celui-ci emmena son beau-père à l'écart, et lui dit :

— Il m'arrive une bizarre aventure, monsieur.

— En effet, vous êtes tout singulier.

— Regardez un peu cela, s'il vous plaît.

Et il lui mit le papier dans les mains. Du Bourdet en commença la lecture.

— Qu'est-ce que cela?... Au nom de votre... Hum!... Eh!... Oh!... Ah! mon Dieu!...

— On nous regarde beaucoup, interrompit Bernard et peut-être ne faudrait-il pas gesticuler trop ouvertement. Prenez garde.

— Que diable ai-je lu là? D'où cela vous est-il tombé!

— Je l'ai trouvé en entrant dans ma chambre, à l'instant, par terre.

— C'est quelque mauvaise plaisanterie.

— J'aime à le croire ; mais enfin, ce n'est pas moins étrange ; et comme il m'est recommandé par ce billet de vous en faire part, je vous en fais part.

— Il faudrait un peu savoir de qui vient la missive. Je la trouve impertinente.

— Et anonyme. Je suis payé pour me défier des anonymes, ajouta Bernard, surtout lorsqu'ils me poursuivent jusqu'en ma maison.

— Je vais montrer le papier à madame des Noyers, dit l'avocat, cela ne peut pas nuire.

— Eh ! monsieur, si c'est une plaisanterie, elle va désobliger ces dames ; si ce n'en est pas une, ne vaut-il pas mieux aviser ? Mais, prenons un air moins tragique, car on s'étonne beaucoup autour de nous.

Il y avait de quoi s'étonner ; du Bourdet, au lieu de répondre, venait de s'arrêter court, il s'était frappé le front, comme à la suite d'une révélation soudaine.

— Vous dites ? demanda-t-il à Bernard, que ce papier s'est trouvé dans votre chambre ?

— Sur le parquet, presque sous mon pied quand j'ai ouvert la porte.

Du Bourdet se frappa le front une seconde fois.

— Ce ne peut être qu'*elle,* murmura-t-il.

— Plaît-il ? monsieur.

— Rien. Demeurez ici, Bernard. Prenez la mine la plus

naturelle que vous pourrez. Causez avec tout le monde, surtout avec ces dames...

— Et vous ? monsieur.

— Moi, je monte chez moi, j'ai à consulter... quelques lettres... des documents... une écriture que me rappelle celle-ci. Attendez mon retour, sans laisser rien pénétrer de ce qui nous occupe.

— Parfaitement, soyez tranquille.

Bernard revint tout souriant dans le second groupe où il s'épuisa en politesses et en gracieusetés dont tout le monde fut dupe, excepté Aubin, Pontis et Cadenet.

— Qu'avais-tu donc, demanda ce dernier à la première occasion qui se présenta de prendre son ami à part.

— Une note pressée qu'on apportait à mon beau-père.

Cadenet, satisfait, retourna plaire aux dames. Pontis s'approchant à son tour :

— Vous avez fait une entrée lugubre, mon neveu, dit-il. Était-ce quelque mauvaise nouvelle?

— Mon père vous contera cela, répliqua Bernard avec un charmant sourire.

L'oncle tordit sa moustache et se tut. Aubin prit son frère par la main, comme pour lui montrer des fleurs apportées par Marcelle.

— Mon frère, dit-il, vous n'avez rien qui vous inquiète, n'est-ce pas?

— Non, petit garçon, non. Mais ce qui pourrait m'inquiéter, c'est ta sombre figure.

— Ah ! mon frère, reprit l'enfant, c'est qu'il se passe de sombres choses dans la maison.

— Quoi donc ?... demanda Bernard réprimant un mouvement de surprise.

— Mon frère, on dit que chaque fois qu'une ombre revient sur la terre, c'est pour annoncer un malheur à ceux qu'elle aimait de son vivant, et une ombre est revenue ici !

— Et-tu fou, enfant ? L'ombre de qui ?...

— L'ombre de notre mère, repartit Aubin, dont le visage prit une expression mystérieuse et solennelle.

Bernard tressaillit. L'enfant ajouta :

— Cette nuit, j'ai vu sous la porte une lumière dans sa chambre. Ce matin, j'ai ouï des bruits au-dessus de ma tête, et une petite toux pareille à celle de ma bonne mère, vous savez. Oh ! que j'ai eu peur !

— Je vous gronderais, si je ne vous aimais tant, dit Bernard, plus ému qu'il ne voulait le paraître. Qui peut vous meubler la tête de ces contes sinistres ? Une ombre ne fait pas de bruit, Aubin, et une mère ne reviendrait pas effrayer son enfant. D'ailleurs, souvenez-vous une fois pour toutes qu'il n'y a pas d'ombres.

L'enfant secoua la tête avec incrédulité.

Un grand bruit de voix et de siéges heurtés interrompit ce dialogue. La tante des Noyers poussa une exclamation :

— Mon neveu !... arrivez enfin... Cher M. de Preuil, je vous présente mon neveu le baron des Noyers.

Bernard saluait et saluait affectueusement le nouveau

venu dont la figure s'efforçait d'être aussi agréable que sa parure était soignée.

Tout à coup Aubin poussa un cri, devint pâle et reculant épouvanté, saisit Bernard d'une main, son oncle Pontis de l'autre en disant :

— Sauvez-moi, mon frère ! sauvez-moi, mon oncle ! c'est le capitaine Hugues.

Cette scène imprévue altéra singulièrement, comme on le pense, le charme de la présentation. Le capitaine parut surpris lui-même, et son hésitation ne produisit pas un bon effet sur Bernard et sur Pontis.

— Il est vrai qu'on m'appelle le capitaine Hugues en temps de service, balbutia le baron, mais ce nom-là n'est pas fait pour effrayer les petits enfans.

— C'est celui qui voulait me faire fouetter rue de Tournon, dit Aubin, celui qui voulait faire pendre le cordonnier Picard. Comprenez-vous maintenant, mon frère, que l'ombre venait m'annoncer un malheur !

Et tous les traits de l'enfant exprimaient une frayeur si vive, ses yeux imploraient si éloquemment l'aide de ses défenseurs, que Pontis demanda au capitaine des explications sur le fait dont on l'accusait.

— Monsieur, je me souviens à présent, répondit Hugues en faisant signe à sa tante et à sa sœur de calmer leur inquiétude ; l'enfant se promenait avec son père, on les avait soupçonnés d'insulter M. le maréchal d'Ancre et...

— Nous savons cette histoire, du Bourdet nous l'a souvent contée, répliqua Pontis en fronçant le sourcil. Vous

êtes au marquis d'Ancre, monsieur, à ce qu'il paraît?
— Capitaine d'une compagnie franche.
— A la solde dudit maréchal, insista Pontis.
— Il est vrai.

Un silence général accueillit cette déclaration et prouva une fois de plus à Hugues qu'il servait une cause aussi impopulaire en province qu'à Paris.

— Mais enfin, ajouta-t-il, avec un certain dépit, je ne voudrais pas que ce charmant petit garçon, mon parent bientôt, me gardât rancune. Monsieur est gentilhomme, sans doute.

— Je suis l'oncle de Bernard, répliqua Pontis en arrêtant son neveu qui l'allait nommer... et je suis assurément gentilhomme.

— Eh bien ! reprit Hugues en se redressant, monsieur vous dira, mon petit ami, qu'une consigne est une consigne...

— Les enfants comprendraient mal ce mot-là, dit Pontis assez sèchement, mais Aubin ne gardera point rancune à M. des Noyers, d'autant que le danger n'existe plus.

— Et n'a jamais existé se hâta de dire la tante ; car, assurément, mon neveu n'eût pas fait de mal à un enfant.

— J'en réponds bien, s'écria Sylvie.

— Et moi, j'en suis sûr, dit Bernard conciliant et affable comme le protecteur qui caresse un chien méchant, afin de rassurer l'enfant qui en a peur.

Mais Aubin, au lieu de répondre à tous ces encouragenients, à toutes ces avances, se cachait, plus hostile que jamais, derrière son oncle. L'incident perdait pourtant de sa gravité première, et le capitaine, à force de compliments et de protestations onctueuses, adoucissait en sa faveur les intéressés et l'assemblée, lorsque du Bourdet reparut et l'enfant s'alla jeter dans ses bras.

Ce n'était plus le Janus de la paix, le doux et riant masque de la Comédie, mais bien le Chremès refrogné, hérissé de sourcils, de moustaches, portant une tempête dans chaque ride de son front, et que de rides, bon Jupiter !

— Comment vais-je en finir avec ces gens-là ? disait du Bourdet.

Cependant il n'avait pas encore vu le capitaine. Aussitôt qu'il l'aperçut, et que le silence universel lui eut appris ce qui venait de se passer :

— Quoi ! monsieur est votre neveu ? dit-il à la tante, effarée de l'apostrophe ; eh bien ! voilà qui m'achève : *finis coronat opus*.

Hugues tout épanoui crut conjurer ce nouvel orage, d'autant plus aisément qu'il avait en face de lui un homme raisonnable.

— Je ne crois pas, dit-il agréablement, que notre mauvaise rencontre de l'autre jour ait fait sur monsieur, la même impression que sur son fils. On sait les nécessités pénibles de la vie, quand on a exercé lontemps les honorables fonctions de...

— Défenseur de l'orphelin, dit le bonhomme avec une sorte d'agression sauvage, qui stupéfia jusqu'à Bernard, et qui scandalisa madame des Noyers, innocente victime de ce chaos.

— Vous n'êtes pas généreux, mon voisin dit-elle aigrement. Il me semble que mon neveu a suffisamment réparé ses torts, si torts il y a.

Du Bourdet s'arrêta comme un général qui médite une grande manœuvre en présence de l'ennemi. L'issue du combat dépendait d'une résolution prompte.

— Le terrain qu'on m'offre me convient, pensa-t-il, nous allons les battre sur ce terrrain.

— Madame, répliqua-t-il du même ton bourru, vous appelez cela des torts; vous êtes bien modeste. Être fouetté, être pendu! Je voudrais savoir comment vous auriez pris la chose, si Bernard eût été à la place de monsieur votre neveu, vous à ma place et mademoiselle Sylvie à celle d'Aubin.

— Monsieur, c'est inconvenant, riposta la tante, dardant son col étique hors de ses tuyaux empesés.

— Comment, inconvenant, dit du Bourdet, enchanté du brandon qui chauffait la querelle, il me semble que vous n'êtes pas polie.

— Je défends mon neveu, monsieur.

— Et moi mon fils. Votre neveu est assez grand pour se défendre, tandis que mon pauvre Aubin...

— Là, là, ma tante... mon frère... dit Sylvie tremblante.

— Je suis calme, sois tranquille, murmura Hugues.

— Taisez-vous, petite sotte, répondit la vieille dame exaspérée.

— Mon beau-père est comme je ne l'ai jamais vu, dit Bernard à Pontis.

Celui-ci s'approcha de l'avocat.

— Je vous avertis que si vous tenez à ce mariage, vous allez le faire manquer, lui glissa-t-il à l'oreille, prenez garde.

— Il faut parbleu bien qu'il manque! répondit du Bourdet, et aidez-moi vite.

— Ah! c'est différent; il fallait donc le dire, s'écria Pontis enchanté. Eh bien attendez, attendez.

— Le fait est, reprit-il tout haut, qu'il serait fâcheux, pour une famille comme la nôtre, comme la vôtre, madame, qu'une union se formât entre deux jeunes gens dont tous les proches se haïraient.

— Comment! mais personne ne se haïra, n'est ce pas, mon frère, s'écria la désolée Sylvie, pareille à la Sabine conciliatrice.

— Moi, je ne hais personne, et j'aime tout le monde ici, répliqua Hugues amicalement.

— Celui-là y tient, pensa Pontis.

— Jamais mon jeune fils ne pourra vous voir avec plaisir, dit du Bourdet.

— Vous le convertirez, lui repartit le capitaine.

— Moi j'ai involontairement de mauvaises dispositions contre vous, et cette scène de la rue de Tournon...

— Allons, allons, interrompit la tante, vous manquez de dignité, mon neveu, en vous laissant dire de pareilles choses.

— M. du Bourdet ne parle pas comme il pense, dit Sylvie, en appelant à Bernard par un coup d'œil chargé de tendres prières.

— Non, murmura Hugues, les sourcils froncés, non, monsieur ne dit pas ce qu'il pense, et je vois très clairement qu'il pense quelque chose qu'il ne nous dis pas.

— Peut-être ! s'écria imprudemment du Bourdet.

Sylvie pâlit; la tante faillit bondir au visage de l'avocat.

— Et que penseriez-vous? dit-elle avec une fureur qui parut tellement respectable à l'honnête du Bourdet, que celui-ci, répliqua du ton le plus affectueux et le plus poli :

— Rien, absolument rien, chère madame des Noyers, sinon que vous êtes une excellente et respectable dame.

— Mais en vérité, dit Pontis à qui l'avocat venait de faire un signe, nous avons l'air de nous quereller, tandis que nous nous expliquons à l'amiable.

— Laissons ces messieurs s'expliquer, s'écria Sylvie dupe de ces courtoisies. Venez, ma bonne tante.

— Oui, chère enfant, oui, partons.

— Mais pas ainsi — pas seules — dit du Bourdet civilement.

— M. Bernard nous accompagnera, reprit Sylvie.

— Non, permettez, dit Pontis, que Bernard reste avec nous jusqu'à la fin de ce petit orage.

Cadenet s'offrit avec empressement.

— Ce sera moi, ce sera moi, dit-il, et je vais arranger les choses de mon côté.

Un regard de travers de du Bourdet le glaça au milieu de ses transports officieux.

— Cela va mal, pensa-t-il en prenant la main de la tante et celle de la nièce pour les conduire dans le jardin.

Qu'on juge pendant cette scène de la position des conviés, qu'on apprécie celle non moins douloureuse des notaires ; tous s'éparpillèrent comme des feuilles desséchées sous le souffle de l'aquilon. Aubin disparut comme un sylphe.

Quand les quatre hommes se trouvèrent seuls dans le salon, du Bourdet et Bernard debout, Hugues en face d'eux, Pontis tranquillement assis :

— Messieurs, dit le capitaine humilié, furieux, il me semble que malgré toutes vos diplomaties, le sens de votre conduite se résume en une insulte à ma sœur et à ma tante. Quelle chicane cherchez-vous, je vous prie, dites-le moi bien vite, afin que je sache à quoi m'en tenir et à qui m'en prendre ?

Bernard fit un mouvement. Du Bourdet lui fit signe de se taire ; il vint près de son oncle, qui lui dit tout bas :

— Allez-vous-en faire un tour.

Bernard regarda chacun, et retrouvant dans les yeux de son oncle une persistance impérieuse à laquelle il ugeait convenable de céder, il sortit.

— Et vous laissez partir le seul qui devrait me répondre, s'écria Hugues.

— Je suffirai, dit l'avocat d'un ton décidé. Formulez votre question.

— Elle est toute simple : Vous reculez devant le mariage que vous avez sollicité.

— C'est vrai, répondit du Bourdet.

Pontis tisonnait.

— Et vous cherchez des défaites, ajouta Hugues.

— C'est encore vrai.

— Parce que vous n'avez pas de bonnes raisons.

— Je n'en ai qu'une, dit du Bourdet, mais elle est excellente, j'en réponds.

— Il faudra voir.

— La voici : votre sœur a été pensionnaire des Feuillantines de Boissise.

— Oui, après ? dit Hugues d'une voix altérée.

— Eh bien, ne savez-vous pas ce qui est arrivé à une pensionnaire de ce couvent ?

— Tiens, tiens, tiens ! dit Pontis se parlant à lui-même ; j'avais donc raison, comme toujours.

Hugues fit un effort pour rester calme.

— Dites, murmura-t-il.

— Cette pensionnaire a disparu quinze jours de son couvent. Ne sauriez-vous nous dire ce qu'elle est devenue pendant ces quinze jours ?

— Voilà une impertinente question, bégaya le capitaine désarçonné.

— Pas de gros mots ! dit du Bourdet. Répondez-moi ou laissez-moi répondre... Vous vous taisez ? Eh bien, je continue. Un seigneur espagnol, le comte de Siete-Iglesias, passe pour en savoir plus que personne à cet égard...

— C'est une calomnie infâme, s'écria Hugues, et je prouverai...

— Vous ne prouverez rien du tout, répliqua doucement du Bourdet. D'ailleurs, je ne vous accuse pas, moi, et je vous crois assez malheureux.

— L'honneur de ma sœur sera vengé dans le sang de ceux qui la calomnient, et si vous n'êtes plus d'âge à m'entendre, j'essayerai l'oreille de mon futur beau-frère.

— Un moment, dit l'oncle en se levant et en s'approchant à pas mesurés du capitaine. Vous en dites trop long pour moi, cher monsieur, et tout ce que vous dites sent son matamore et son Espagnol d'une lieue. Mon beau-frère est avocat, mais moi je suis soldat, et je n'aime pas les menaces. S'il vous faut absolument du sang, comme vous dites, me voici. J'en ai plus que vous n'en répandrez en un jour. On m'appelle Pontis.

— M. le chevalier de Pontis! murmura Hugues avec l'involontaire respect que jamais spadassin n'a refusé à une main qui passe pour être malheureuse.

— Lui-même, répliqua le chevalier appuyant alors sur chacune de ses paroles, et je vois, hélas! que vous sentez ce que mon nom veut dire. Profitez-en, faites une retraite honorable; ce qui vous arrive avec votre sœur arrive toujours. Toutes les femmes en sont là. Nous ne vous suspectons pas, nous vous déclarons innocent de toute complicité dans le petit piége que la jeune personne tendait à mon imbécile de neveu. Ainsi reconnu et déclaré prudhomme, allez-vous-en bien tranquillement; nous ne dirons rien à la tante; nous ne dirons rien même à mademoiselle Sylvie. Mettons cette rupture sur le compte de votre aventure de la rue de Tournon, cela vous rapportera de bons gages. Madame la maréchale d'Ancre desserrera les cordons de sa bourse.

— Ah ! monsieur, vous m'accablez, dit Hugues.

— C'est vrai, j'ai tort. Mais en tout cela, voyez-vous, il y a cent aiguillons cachés que vous ne sentez pas comme nous. Allons, monsieur des Noyers, sans rancune, et meilleure chance.

— Monsieur, encore un mot. Votre parole que vous ne poursuivrez pas l'avenir de Sylvie pour cette faute.

— Je la donne ! s'écria du Bourdet. Bernard ne saura jamais la vérité, ni Cadenet, ni pas un de ces jeunes fous qui en gloseraient.

— C'est plus qu'elle ne mérite, murmura Hugues, et, quant à moi, je vous proteste de ma reconnaissance; mais dites-moi le nom du misérable dénonciateur qui a trahi le secret de cette enfant !

— Question oiseuse, répliqua Pontis, ces choses-là ne s'avouent jamais. On est trop enchanté de les apprendre. Allez donc, et arrangez toutes vos petites affaires vous-même, ajouta-t-il en saluant le capitaine qui sortit du salon.

Les deux beaux-frères se regardèrent.

— Eh bien ! qu'est-ce que je vous disais hier, s'écria Pontis. — Les femmes sont-elles scélérates, hein ?

— Hélas ! hélas !...

— Mais, où diable avez-vous appris tant de belles choses depuis une heure ?

— Chut !... voici Bernard, vous saurez tout quand il ne sera plus là.

— Mon cher neveu, dit Pontis au jeune homme, rassurez-vous, tout est arrangé ; votre mariage est aussi manqué que possible.

CHAPITRE XXI

Où Bernard remonta de l'effet à la cause.

A une pareille nouvelle annoncée avec cette aisance cavalière, Bernard fut si stupéfait qu'il ne put rien répondre. Il regarda seulement son beau-père comme pour lui en demander la confirmation.

— Mon Dieu, oui, mon cher Bernard, répliqua du Bourdet, l'affaire était déjà mal prise quand vous nous avez quittés. Elle s'est envenimée par la mauvaise humeur de M. des Noyers, un peu par la nôtre, il faut le dire.

— Mais enfin, vous aviez quelque raison valable, dit Bernard, pour en venir à un pareil esclandre.

— Oui et non, c'est toujours avec raison qu'on se querelle, vous savez...

— Mais cette dénonciation que je vous ai apportée, elle signifiait quelque chose, peut-être?

— Je ne dis pas non, au fond, reprit l'avocat embarrassé; toutefois, je ne voudrais rien affirmer. Cependant, comme les explications n'ont pas été aussi satisfaisantes que nous l'eussions désiré...

Pontis comprit qu'il était temps d'intervenir, car à force de chercher des mensonges, on finit presque toujours par laisser échapper la vérité.

— Le fait essentiel, dit-il, c'est que M. le capitaine Hugues des Noyers a pris congé, que la rupture est acceptée de part et d'autre, et que vous êtes libre comme devant. Voilà.

— Tout cela est incroyable, pensa Bernard qui se garda bien d'ajouter un mot.

— Et maintenant, ajouta du Bourdet, on dirait, à votre figure renversée, que vous regrettez ce mariage contre lequel hier vous aviez tant d'objections. J'avoue cependant que ces objections et l'air de victime avec lequel vous marchiez au bonheur, ont influé singulièrement sur la conduite que votre oncle et moi nous avons tenue dans le cours de la discussion.

— Eh bien! s'il regrettait mademoiselle Sylvie, s'écria Pontis, ce serait un joli garçon!

Bernard regarda son oncle avec tant de pénétration, que du Bourdet se hâta d'ajouter:

— La jeune fille est agréable, l'union convenable, mais puisque c'est rompu, pourquoi en parler?... Oh! si

Bernard veut renouer à toute force, s'il nous y oblige, s'il se déclare contre nous... c'est différent.

— Eh! non, messieurs, répondit le jeune homme, je ne veux rien renouer. Je n'étais pas amoureux, vous le savez mieux que personne... mais...

— Il trouve encore un mais, dit Pontis.

— Je n'ouvrirai plus la bouche, monsieur, persuadé que toujours, hier comme aujourd'hui, M. du Bourdet n'a eu en vue que ma satisfaction et mon bonheur... cependant...

— Bon! il y a un cependant aussi, répéta le chevalier.

— Celui-là, vous allez le comprendre. Si jamais je rencontrais ces dames, quelle contenance ferai-je?

Du Bourdet répondit :

— Vous les salueriez très-gracieusement, vous leur demanderiez des nouvelles de leur santé, et vous feriez bien attention une autre fois à ne plus les rencontrer.

— Bon, voilà pour la tante et la nièce; mais pour le neveu, qui me fait l'effet de tortiller sa moustache avec des mouvements trop nerveux?

— Celui-là, dit Pontis, vous attendrez qu'il vous salue. Et il vous saluera.

— Très-bien, c'est tout ce que je voulais savoir. Je ne suis pas curieux, moi.

Les deux beaux-frères échangèrent un regard.

— Si nous chargions Bernard, dit Pontis, de congédier vos amis, et de les faire dîner au besoin?

— Plus de la moitié sont déjà partis, monsieur.

— Mais l'autre moitié, dit du Bourdet. On leur doit d'autant plus d'égards qu'ils ont eu plus de persévérance.

— On m'éloigne encore, pensa Bernard. Oh! je saurai pourquoi. C'est trop de mystère en un jour!

— Je vais encore hasarder un *mais*, ajouta-t-il tout haut. Que dirai-je à ces amis persévérants pour leur expliquer la rupture?

— Oh! ne parlez pas de rupture, dit du Bourdet. Annoncez un malentendu, une crise de nerfs de la jeune personne, quelque fierté de M. des Noyers qui aurait emmené ses dames.

— Le fait est qu'elles ne sont plus dans le parterre, interrompit Pontis. M. de Cadenet les aura reconduites aux Fossés.

— Enfin, Bernard, dites tout ce que vous voudrez, pourvu que vous ne compromettiez personne.

— Des défaites, n'est-ce pas, monsieur? toujours des défaites.

— Oui, Bernard, oui.

— Eh bien! je vais faire la corvée, reprit le jeune homme; mais vous, messieurs, ne m'aiderez-vous pas?

— Nous vous rejoignons dans dix minutes.

Bernard s'éloigna en répétant:

— Il y a quelque chose de grave, ou ces deux fortes têtes, mon beau-père et mon oncle, sont tombés en enfance depuis une heure.

Pontis prenant l'avocat par la main, et lui montrant Bernard qui partait en secouant la tête:

— Il n'est pas dupe, s'écria-t-il.

— A moins d'être une brute, comment le serait-il? Nous ne lui disons rien qui ait le sens commun.

— Vous êtes bien imprudent ou bien poltron, répliqua Pontis, moi, je lui aurais tout dit. Comment voulez-vous que ce garçon connaisse les femmes si vous manquez une pareille occasion de les lui enseigner.

— Monsieur, j'ai la bouche close par des raisons trop graves.

— Pas close pour moi, j'imagine, car, enfin, je suis plus intrigué encore que Bernard, et vous m'avez promis la vérité.

— La voici. Elle va bien vous réjouir, car elle justifie vos opinions mieux que si vous l'eussiez inventée pour les besoins de votre théorie sur les femmes.

— Il paraît certain que cette petite coquine de Sylvie...

— Eh! mon Dieu oui. Elle était pensionnaire au couvent de Boissise, il y a deux ans; pétulante, audacieuse, impatiente de liberté. Quant elle paraissait au parloir, elle y faisait toujours quelque petite conquête. Un jour, elle y trouva certain seigneur espagnol...

— Ce Luis Calderon Siete-Iglesias, interrompit Pontis devenu sombre, un de ces bandits qui mangent notre pays en détail.

— Oui, mon frère, un de ces misérables, répondit du Bourdet très-bas en pressant la main du chevalier avec toute l'énergie de son amour pour le bien et pour la patrie. Or, il est beau, ce Castillan, Dieu lui a donné ce masque pour dissimuler l'âme la plus hideuse qu'il ait enfermée jamais en un corps.

— Je vois que nous avons mêmes idées sur ce sujet, dit froidement Pontis. Continuez... Il vint donc au parloir...

— Oui. La reine mère et le maréchal d'Ancre lui destinaient, en récompense de ses scélératesses, une jeune fille belle, riche, noble, pensionnaire en ce couvent, et le drôle, faisant le difficile, avait voulu voir d'avance... Il avait peur d'être volé par la France, cet Espagnol.

— Rien n'est défiant comme un larron, dit Pontis. Alors, à ce parloir...

— Il vit d'abord la jeune fille qu'on lui destinait ; mais elle était bien modeste, bien tremblante, bien peu empressée de se marier ; tandis qu'il y avait là deux charbons ardents, deux lampes, deux phares, les yeux de mademoiselle Sylvie des Noyers, qui semblaient dire à tout ce qui reluisait : Épousez-moi donc !

— Je l'avais bien jugée ; je suis content de moi, dit Pontis en caressant sa moustache.

— Il résulta, reprit du Bourdet, que ces flammes attirèrent l'attention de l'Espagnol ; la fille était séduisante, affriolante ; il répondit aux feux par des feux. Elle se figura qu'il ne demandait qu'à l'épouser. Il lui fit savoir que cela pourrait venir, mais qu'il avait besoin d'être un peu aidé. Elle l'aida beaucoup, et, un certain jour, — ou plutôt un certain soir, — elle lui donna rendez-vous sur la crête d'un mur en belles pierres de liais, qui forme frontière entre les Feuillantines et les Espagnols.

— Comme les Pyrénées, dit Pontis.

— Moins haute. M. Sicte-Iglesias y vint; mais il paraît qu'au lieu de séjourner sur cette cime, il la fit franchir à la pensionnaire.

— Je gage qu'elle n'a pas donné l'alarme.

— Hélas! non. Pendant quinze jours elle fut absente, et cette absence fut dissimulée avec le plus grand soin par les supérieures. Cela se conçoit; mais deux ou trois compagnes de Sylvie connaissaient le secret, la fiancée du comte d'abord, et ces naïves enfants se disaient tout bas que Sylvie était devenue comtesse Sicte-Iglesias.

— Il y avait bien quelque chose de vrai, au fond, interterrompit Pontis.

— Oui, mais quinze jours après, Sylvie revint, ramenée par son frère. Il paraît, dit-il, qu'elle avait été gravement malade, blessée.

— D'une chute en bas de ce mur...

— Cependant, leur honneur une fois sauf, les dames des Feuillantines se hâtèrent de se débarrasser de Sylvie. Ce fut alors qu'elles la rendirent au frère et que celui-ci parvint à la placer chez sa tante, excellente dame qui se paya de toutes les mauvaises raisons qu'on lui donna. Vous comprenez bien que, à voir mademoiselle Sylvie modeste, prude, pincée, toujours accrochée aux jupes de sa vénérable tante, je n'allai pas, moi, soupçonner toutes ces fourberies.

— Oh! je les eusse devinées, moi! s'écria Pontis.

— Vous êtes organisé pour cela, mon frère. Bref, je la

crus une merveille. L'événement m'a donné tort; mais, Dieu soit loué! nous voilà hors du bourbier. Qu'elle aille se faire marier ailleurs!

Pontis croisa les bras.

— Elle n'est que vicieuse, dit-il, pas encore méchante. Si elle réussit à trouver quelque niais à plumer, elle se conservera inoffensive et deviendra peut-être bonne; sinon, gare! J'ai connu de ces femmes-là, mon frère, qui sont devenues furies avec l'adversité. Mais quelque charmante que soit votre histoire, elle ne m'instruit pas du point essentiel... Qui vous l'a racontée?

— Ah! dit du Bourdet en se grattant la barbe, voilà.

— Vous hésitez... N'en parlons plus, répliqua Pontis vivement.

— Oh! ne supposez pas qu'avec vous j'aie l'ombre d'une défiance; mais on m'a fait promettre.

— Respectez vos serments. Seulement, si j'interrogeais, c'était pour vérifier la pureté des sources auxquelles vous avez puisé cette vérité. Ce n'est pas que je veuille réhabiliter la demoiselle, non, mais il y a des vérités bien troubles, monsieur du Bourdet.

— Ah! jamais source plus pure... savez-vous de qui je tiens ce fait?...

— Ma foi non, puisque vous refusez de me le dire.

— Je le tiens de la jeune femme qui était destinée au comte de Siete-Iglesias, de celle qui, après cette aventure, ayant reçu l'ordre de la reine mère de prendre cet homme pour époux, retrouva en lui le ravisseur de sa compagne.

— Mais, pardon, vous n'aviez pas ces renseignements-là il y a une heure, comment vous sont-ils venus, du ciel ?

Du Bourdet appuya un bras sur l'épaule de Pontis.

— La comtesse est ici, murmura-t-il à voix basse.

— Bah ! Où cela ?

— Cachée...

— Pourquoi cachée ?

— Voilà ce que j'avais promis de taire... mais à vous... Eh bien ! elle se cache pour n'être pas surprise par ceux qui cherchent M. de Vendôme.

— Qu'a-t-elle à craindre, elle qui est dans leur parti ?

— C'est ce qui vous trompe. L'évasion du prince a été conduite par elle.

Le visage de Pontis exprima une telle surprise que du Bourdet en frissonna. La surprise chez un homme trempé comme celui-là, c'était l'effroi chez un autre.

— Oui, continua du Bourdet ; elle, aidée de mon ami la Fougeraie, a tout fait. La comtesse se cache dans la chambre de ma femme, et la Fougeraie, blotti dans l'île chez le pêcheur, attend la nuit pour retourner à Paris avec elle.

— Et vous ne me disiez pas cela tout de suite, s'écria Pontis. Imprudent ! Savez-vous bien à quoi vous nous exposiez tous avec ce silence ?

— Vous m'effrayez !

— Mon frère, je ne resterai pas deux heures de plus en cette maison. Non que je n'approuve, et de tout mon cœur, votre conduite généreuse. Peut-être connaissez-vous mon dévouement et ma tendresse pour le sang de notre feu roi. Mais ce que vous ne savez pas, ce que vous ne pouvez savoir, c'est que si par malheur on découvrait que vous avez trempé dans l'évasion du prince, oh! vous en êtes complice par l'hospitalité donnée à ses amis; si l'on rapprochait de cette évasion ma présence ici et la rupture de ce mariage, qui alors ne paraîtrait plus qu'un prétexte... ce serait fait de moi, voyez-vous!

Du Bourdet regarda son beau-frère avec stupeur. Il ne comprenait pas ce grand cœur, cette âme de bronze, ce type de chevalerie palpitant de peur à l'idée de perdre soit sa lieutenance à Grenoble, soit la faveur du gouvernement. Son visage exprima si naïvement cette impression, que Pontis l'y lut comme dans un livre ouvert.

— Mon frère, reprit-il d'un ton calme et plein de noble solennité, ne jugez pas trop légèrement une conduite que vous ne sauriez comprendre. Il m'est interdit de vous l'expliquer. Apprenez seulement que je ne m'appartiens pas. J'appartiens pour une cause sacrée à quelqu'un dont, depuis six ans, le signe, l'appel, sont suspendus incessamment sur ma tête. Le jour où *il* m'appellera, j'ai à jouer un rôle si grave, si terrible, que vous comprendrez alors pourquoi je ne puis le compromettre par une imprudence comme serait celle qui m'inquiète en ce moment; car, mon frère, s'il ne s'agissait alors que de ma vie, que de mon honneur, j'en ferais le sacrifice, rien que pour vous épargner la pâleur que je vois s'étendre sur votre visage. Mais il s'agit de bien autre chose, ma destinée est liée à de grands événements. Embrassez-moi, mon frère, et commandez mes chevaux; dans une heure, je veux être loin d'ici.

La foudre semblait avoir écrasé du Bourdet. Il regardait le chevalier avec une stupeur sous laquelle vivait une pensée étrange.

— Quoi ! se disait-il, lui aussi a donc un secret?

Mais déjà Pontis, comme tout homme résolu, avait marché à l'exécution. Il donnait ses ordres, il visitait ses chevaux, il faisait préparer ses valises. Du Bourdet le suivait machinalement dans ses tours et détours; on avait tout oublié, mariage, affaires, Bernard.

Mais Bernard ne s'oubliait pas. Après avoir congédié les invités enchantés de fuir, fût-ce à jeun, une maison où régnait la discorde, le jeune homme avait concentré toute sa logique sur ce seul point :

— On me cache quelque chose, et ce quelque chose a été découvert ici, dans la maison, lorsque mon beau-père a remonté à sa chambre.

Il est rare qu'une volonté circonscrite dans un petit cercle ne triomphe pas de tous les obstacles. Bernard en fit l'épreuve. Il n'avait pas creusé son idée dix minutes que l'étincelle jaillit.

— Ce papier, s'écria-t-il, qui l'avait mis sous ma porte? voilà ce que mon beau-père a cherché à découvrir lorsqu'il est rentré chez lui. Il y a donc quelqu'un de caché dans la chambre de M. du Bourdet.

Tout à coup il se rappela les terreurs d'Aubin, et sa confidence à propos de l'ombre errante, et des bruits qu'il avait entendus.

— Voilà la vérité, s'écria-t-il, allons droit à elle.

— Il s'élança aussitôt dans la maison et monta chez son beau-père. Rien dans la chambre, rien non plus dans le cabinet qui précédait la chambre de sa mère; mais celle-ci était soigneusement fermée.

Il était accouru si précipitamment, qu'il avait dû faire quelque bruit. Il palpa la serrure, ébranla même la porte, regarda, écouta dessus, dessous; mais rien ne se fit voir ni entendre. Désappointé, ému, las, il retourna dans la chambre du beau-père et s'assit en réfléchissant.

Mais alors il vit de loin, sous la porte mystérieuse, une ombre, puis un clair. Il courut, Plus rien. Cependant il avait bien vu.

Que faire? Interroger M. du Bourdet, peine perdue... Ouvrir de force cette porte... indiscrétion condamnable. Bien plus, sacrilége! Cette chambre de sa mère!... l'ombre qu'il voyait là.... grands dieux!... n'était-ce pas une ombre sacrée!...

Le frisson superstitieux d'Aubin se glissa dans ses veines. N'était-ce pas la protection maternelle qui avait envoyé sur terre un avis sauveur à son enfant!

Bernard, un moment atterré, se releva, essuya son front qu'une idée fraîche venait de traverser tout à coup. Il descendit aux offices, où il trouva Marcelle gémissant sur le désastre du dîner perdu.

— Écoute, bonne Marcelle, lui dit-il, en partant pour mon grand voyage, je t'ai rendu la clef que j'avais pour entrer chez ma mère.

— Oui, monsieur Bernard, celle du cabinet de ses toilettes, où tant de fois je vous ai vu baiser ses robes en pleurant.

— L'as-tu toujours?

— Oui... mais la porte n'ouvre plus, on a rabattu dessus la tapisserie à l'intérieur.

— Donne toujours. C'est une relique ; j'y tiens. Donne, et surtout tais-toi.

Marcelle fouilla dans son trousseau, détacha la clef. Bernard s'en empara et disparut.

Il était déjà dans le petit escalier, que Marcelle n'avait pas encore rattaché le trousseau à sa ceinture. Il fit jouer cette clef, fendit avec son couteau de chasse la tapisserie qui faisait obstacle, et pénétra dans le cabinet, pâle à la fois d'impatience et de terreur.

Au craquement de la tapisserie, au bruit de son pas, un cri répondit dans la chambre voisine. Bernard s'élança ; la porte ouverte laissa entrer une lueur grisâtre, à la faveur de laquelle le jeune homme vit fuir une femme, et comme il s'approchait, cherchant à la rassurer, elle se retourna, et il reconnut la bienfaitrice qui l'avait sauvé dans la galerie du Louvre.

Éperdu, glacé par cette apparition qu'il pouvait croire fantastique, il demeura béant, les bras ouverts, l'œil fasciné.

— Monsieur, dit la comtesse tremblante, vous venez de commettre une action indigne d'un honnête homme; vous violez l'hospitalité!

— Oh! madame, c'est vous, c'est donc bien vous, murmura Bernard les mains jointes.

— Je n'ai pas même le droit de vous dire : Sortez! ajouta la comtesse, dont les yeux se mouillèrent de larmes amères, car vous êtes chez vous!...

— Oh! je vous en supplie, s'écria-t-il en tombant à genoux, acceptez le serment que je vous fais. J'ignorais que vous fussiez ici. La simple curiosité m'a conduit dans chambre... Voyant qu'on me cachait quelque chose, ne comprenant rien à la rupture de ce mariage... à cet avis que j'ai trouvé... Quoi!... madame!... c'était vous!...

La comtesse cacha son visage dans ses mains.

— Suis-je assez malheureuse! dit-elle.

— Malheureuse pour m'avoir sauvé, pour m'avoir fait libre! Oh! répondit Bernard, ne refusez pas les bénédictions que je vous offre à deux genoux; recevez-les avec l'hommage de tout mon respect, de toute mon âme.

— Mais, monsieur, en découvrant ma retraite vous me perdez!...

— Quoi! vous me jugez assez vil, assez misérable pour ne pas garder un secret! votre secret. Mais, madame, c'est moi qui vous implore, c'est moi qui vous conjure de ne pas révéler mon indiscrétion, mon crime. Oui, c'est un crime d'avoir pénétré jusqu'à vous; mais je vous jure sur ce crucifix que s'il vous fallait ma vie en expiation, je la donnerais à l'instant!

La comtesse regardait, rassurée, de l'angle où elle s'était réfugiée, ce jeune homme qui n'avait pas dépassé le seuil et courbait son front jusqu'à terre.

— Ce n'est pas votre vie, mais votre silence, que je demande, non-seulement pour aujourd'hui, mais pour toujours, répliqua-t-elle avec une douce voix dont le cœur de Bernard fut inondé comme d'un baume magique.

— Silence inviolable, éternel, répondit-il. Et vous, madame, daignerez-vous me promettre mon pardon?

— Oui.

— Et le silence aussi, car si mon beau-père savait ce que je viens de faire, j'aurais à rougir devant lui comme je rougis devant vous.

— Je me tairai.

— Eh bien! madame, merci, merci de toute les forces de mon cœur. Oh! quelle que soit la cause qui vous amène sous ce toit, je la bénis, j'en remercie Dieu, qui vient d'envoyer tant de joie dans cette chambre où j'ai tant pleuré!...

En disant ces mots, dont l'expression ravie de son visage doublait l'éloquence et la chaleur, Bernard se retira lentement à reculons, salua la comtesse avec un religieux respect, et disparut, après avoir refermé doucement la petite porte.

CHAPITRE XXII

Dette d'honneur.

Il était temps pour Bernard de reparaître. On le cherchait de tous les côtés. Aubin l'avait suivi et le retrouva sous le vestibule du petit escalier pour lui annoncer le prochain départ de l'oncle Pontis.

Ce second coup acheva d'étourdir Bernard, qui ne ressemblait déjà que trop à un homme ivre. Et, comme il s'apprêtait à questionner le plus raisonnablement possible Aubin, dont l'œil intelligent le questionnait lui-même, un autre interlocuteur arriva, qui, par ses démonstrations bruyantes, par ses accolades et le luxe de sa gesticulation, remit Bernard dans son assiette ordinaire.

C'était Cadenet, revenu des Fossés, où il avait accompagné les dames, et il rapportait de son excursion toutes les nouvelles qu'on pouvait désirer.

Il raconta la fureur toujours croissante de la tante, ses nobles indignations, l'humiliation de Sylvie, son incrédulité à toutes les consolations que Cadenet lui avait prodiguées, puis le retour de M. Hugues des Noyers et la conversation qui s'en était suivie.

Cadenet avoua qu'en revoyant le capitaine, en l'entendant annoncer la rupture complète et définitive, il s'était attendu au ricochet et préparé à y riposter convenablement. Mais que, par une singulière disposition de l'esprit du capitaine, toute la colère de celui-ci était tombée sur Sylvie, à laquelle, outre un certain nombre de regards foudroyants, il avait décoché plusieurs mots amers ; que Sylvie ne s'était plus courbée, quelle avait rendu éclair pour éclair, sarcasme pour sarcasme, et que le neveu avait emmené la nièce à l'écart pour vider cette sorte de querelle.

Cadenet, en homme délicat, était venu au secours de la pauvre tante abandonnée, à laquelle il s'était efforcé de prouver qu'il n'y avait rien là que d'ordinaire ; que dans cette affaire on ne pouvait rien reprocher à personne. Il avait osé lui soutenir que sa vivacité à elle, madame des Noyers, était peut-être la seule cause de la rupture ; qu'elle l'avait pris sur un ton si dur, si haut avec du Bourdet, que l'amour-propre s'était mis de la partie ; qu'à dater de ce moment la paix avait été rompue. Et la bonne dame, après y avoir réfléchi, ne s'était pas refusée à reconnaître que tous les torts venaient d'elle... qu'elle le sentait bien, mais qu'il lui serait trop dur, en sa qualité de femme, et de femme âgée, de les avouer, de s'en excuser. Là-dessus elle s'était mise à pleurer, ce qui avait fendu le cœur sensible de Cadenet, et l'avait singulièrement excité à prendre la fuite.

Mais qu'alors, le neveu et la nièce étaient revenus en scène, remis, consolés, et avaient déclaré que si ce mariage-là ne se faisait pas, un autre allait se faire, un autre tout prêt, et dont on entendrait parler avant peu.

Là-dessus, la tante avait redressé la tête, et entrepris de gourmander son neveu qui avançait de pareilles énormités sans la consulter et obtenir son consentement. Les trois alliés s'étaient vivement chamaillés, et Cadenet, pendant l'action, avait prudemment battu en retraite.

Tel fut son récit, que Bernard écouta à peine. L'esprit du jeune homme flottait entre tous ces événements dans une atmosphère composée de joie, de crainte, d'impatience, dont les atomes si contraires l'imprégnaient de leurs influences et le faisaient ressembler tantôt à un penseur absorbé, tantôt à un derviche en extase, tantôt à un maniaque. Mais Cadenet, emporté par la fougue du récit et le flot des commentaires, ne faisait guère attention à tout cela; d'ailleurs, il eût interprété l'agitation de son ami comme une conséquence de la rude épreuve à laquelle on venait de le mettre.

— De sorte, acheva-t-il, que tu ne te marieras pas encore cette fois-ci. Mon Dieu, tu me diras que la pauvre petite Sylvie est un morceau de roi. Ta mine contristée m'apprend tes idées à ce sujet. Eh bien, oui, je l'accorde; mais songe donc à ce que c'est que la liberté. Ah! ah! ce mot te ranime, tes yeux brillent, mon gaillard. C'est que c'est bien beau, vois-tu, la liberté! La liberté d'un Parisien! tu ne connais guère cela, toi.

— Oh! je veux le connaître, s'écria Bernard dans un de ces élans de joie qui, depuis sa dernière vision, faisaient s'emporter son cœur.

— A la bonne heure, Bernard, c'est parler cela. Eh bien!

j'ai mon plan. Ne t'enterre pas trop ici, aux Bordes, c'est un séjour charmant, mais monotone. Tu auras toujours bien le temps de courir des lièvres ; on garde cela pour l'époque de la vie où les jambes commencent à refuser le service.

— Oui, j'irai vivre à Paris, répondit le jeune homme.

— J'allais te le proposer. Figure-toi que je loge chez la Vienne, le baigneur par excellence. Tu as ouï parler de la Vienne, hein ? Qui ne sait ce nom-là dans tous les coins du monde où l'on trouve un gourmand, un sybarite, un amoureux ! — Ah ! dame, je ne te dirai pas que j'occupe sa plus belle chambre, et que j'y fais une dépense pareille à celle de tous les potentats qui hantent la maison. Non, la chère est parfois maigre ; mon frère ne peut pas me donner beaucoup, lui qui a tant besoin de faire une figure respectable. Mais enfin nous avons notre écu de temps en temps, et les aventures, et notre cheval.

— Comment, votre cheval ? Ton cheval, tu veux dire ?

— Oui, mon cheval, lorsque c'est moi qui monte dessus. Mais quand c'est M. de Luynes qui l'occupe, c'est le cheval de M. de Luynes. Pauvre bête ! elle fait un rude service !

— Le même cheval pour deux ?

— Mon frère est un homme d'ordre, et puis chacun de nous a sa housse, en sorte que cela déguise la bête, et personne ne se douterait que c'est la même. Eh bien ! mon bon Bernard, tu viendras avec moi chez la Vienne. Je t'y retiendrai une chambre ; tu verras la belle vie que nous ferons. Te voilà bien avec le roi. Ce n'est pas d'un gros rapport, mais enfin tu auras par-ci par-là quelque entrée à la cour, quelque invitation aux cérémonies. Nous avons d'assez belles femmes là-bas.

— Je le crois, murmura Bernard en délire.

— Peste! ne t'enflamme pas comme cela. Et puis, si je te procure quelque aubaine, moi qui suis au bon bout de la table, ne va pas le crier par trop haut! Mon frère le saurait, vois-tu, et il est moral en diable, le frère aîné. Lorsque nous méditons une folie quelconque, Brantes ou moi, on se cache, oh! mais, comme du premier président!

— N'aie pas peur, répliqua Bernard, nous ferons en effet la plus belle vie, la plus douce... Ah! Cadenet, tu es un homme charmant, il faut que je t'embrasse!

— Embrasse, mon ami, embrasse. Tu as en ce moment un superflu de sensibilité à dépenser, je conçois cela.

— Oh! non, tu ne le conçois pas, pensa Bernard, et tu ne le concevras jamais. Ce paradis qui vient de s'épanouir en mon cœur, jamais je n'y laisserai pénétrer un regard profane.

Comme ils parlaient ainsi, Aubin revint. Il précédait du Bourdet et Pontis. Bernard, réveillé en sursaut, courut au-devant de son oncle auquel il prodigua toutes les expressions du sincère regret que lui causait ce départ prématuré. Pontis était sérieux, préoccupé, presque tendre.

— J'ai reçu de Grenoble, dit-il, des nouvelles qui me forcent à retourner en hâte. D'ailleurs, mon cher neveu, vos affaires ne périclitent plus maintenant; vous êtes sorti de l'ornière. J'espère bien que vous n'allez pas tout de suite entamer un nouveau mariage. A moins que monsieur du Bourdet ne retrouve quelque merveille...

— Beau-frère, vous me raillez, je crois, dit le bonhomme en serrant la main du chevalier.

— A Dieu ne plaise !... Mais ne sont-ce pas les chevaux qui vont là-bas devant nous, sous la grande allée du parc ?

— Oui, répliqua du Bourdet, je les ai envoyés les premiers ; j'ai pensé que vous me laisseriez vous accompagner jusqu'au bout du parc. Je veux jouir de votre présence le plus longtemps possible.

— Certes, et je vous remercie.

— Et puis, ajouta du Bourdet plus bas, il faut que vous me débarrassiez pendant quelques heures de Bernard et de Cadenet, le temps que je fasse évader ma prisonnière. Toutes mes mesures sont prises pour que les témoins gênants soient éloignés à ce moment-là. Ne me renvoyez les jeunes gens que vers sept heures et demie, à la nuit close.

— Très-bien, répondit haut l'oncle Pontis. Voyons, ajouta-t-il, est-ce qu'on m'abandonne ainsi seul sur les chemins ? Ne me fera-t-on pas la conduite ?

— Oh ! mon oncle, s'écria Bernard, je n'osais vous le demander.

— Venez, venez ; mais vous, monsieur de Cadenet, venez aussi, ne fût-ce que pour ne pas laisser Bernard rentrer seul.

— De grand cœur, dit Cadenet, et je vous remercie,

monsieur le chevalier, pour l'honneur que vous me faites.

— J'en suis, mon papa, n'est-ce pas ? s'écria Aubin.

— Ma foi, oui, je n'y vois pas d'inconvénient ; mais non, les soirées sont fraîches. Vous êtes tout agité, tout pâle, maître Aubin.

— Oh ! mon papa ! je me porte si bien !

— Vos petites pattes sont moites, vous avez la fièvre, restez avec moi. Ah ! vous boudez, c'est donc une corvée de me faire compagnie ?

Aubin balança un peu ses épaules en signe de rébellion, puis il prit son parti et resta dans l'infanterie tandis que Bernard et Cadenet se disposaient à monter à cheval.

Du Bourdet et Pontis continuèrent leur route sous les ombrages du parc. Le soir approchait, de larges bandes rouges traversaient les éclaircies du feuillage et enflammaient à l'horizon les plaines sillonnées de ces longs fils que l'automne accroche à la cime des luzernes après les avoir promenés dans l'air.

— Mon cher frère, mon ami, dit du Bourdet au chevalier, votre départ me laisse triste et le cœur vide. J'éprouve le besoin de vous demander à vous revoir bientôt. Il me semble que nous ne nous séparons pas dans des conditions ordinaires.

— C'est à quoi je pensais, répliqua Pontis. Mais qui nous empêche de nous retrouver promptement ? Vous êtes libre, vous ; un voyage en Dauphiné vous effraye-t-il ? Si vous saviez comme l'automne est belle dans nos montagnes ! Venez voir la vallée du Graisivaudan, qui dort sous les pampres et les mûriers ; nous monterons à la Chartreuse ensemble ; le père gouverneur est mon bon ami. Venez, venez donc ! mon cœur aussi vous appelle auprès de moi.

— Eh bien ! s'écria du Bourdet, je ne reculerai pas. Oui, j'ai non pas le désir, mais la soif de m'éloigner d'ici. Nous avons eu tantôt, à votre sujet, un entretien que je voudrais reprendre. J'y joindrais, aidé par la solitude, encouragé par votre amitié valeureuse, j'y joindrais mes confidences. — Oh ! cher frère... ce pauvre ciron qu'on appelle moi est gros de douleurs, de misères... Il me semble qu'en m'appuyant sur votre bras, qui a soutenu des rois, je me relèverais plus fort, plus calme, et que rien dans la vie ne serait capable de me faire trembler.

— Voilà deux fois que vous me tenez ce langage, dit Pontis surpris, et peut-être m'en devriez-vous une explication plus fraternelle.

— Oh ! nous voilà au bout du parc, dit l'avocat avec mélancolie, c'est fini, *hic terminus*. Ce sera aussi le terme de mes sottises. Je suis un peu de la nature des lièvres, je passe ma vie à mourir de frayeur... Allons, laissons tout cela, mon digne ami, ce serait un crime d'empoisonner par mes honteuses faiblesses la joie de ce suprême embrassement.

En achevant ces mots, du Bourdet ouvrit les bras à Pontis, qui l'étreignit tendrement et sentit sur sa poitrine palpiter un cœur bondissant qui cherchait à étouffer des sanglots.

Cette émotion, qu'il condamnait, lui stoïque, il se sentit tellement près de la partager, que, par un mouvement brusque, il se dégagea de l'étreinte, et, après avoir embrassé Aubin, il mit rapidement le pied à l'étrier.

— Ce n'est pas un adieu que nous échangeons, ajouta-t-il; mais un rendez-vous. A bientôt... chez moi à Grenoble... entendez-vous, Bernard; votre beau père me l'a promis... Entends-tu, Aubin, je te ferai goûter de la crème dans nos montagnes.

L'enfant bondit de joie et frappa dans ses mains avec transport. Bernard, lui, n'était pas si ardent à accepter une partie qui contrariait celle que Cadenet venait de proposer à Paris. Mais Pontis ajouta :

— Maintenant que nous avons renouvelé connaissance, veuillez, tous tant que vous êtes ici, petits et grands, me regarder à l'occasion comme votre père. Oui, votre père. Vous avez beau secouer la tête, du Bourdet, malgré vos cinquante ans et mes trente-cinq, c'est moi qui suis le plus âgé de vous tous.

Il les salua sur ces mots avec une grâce triste et tendre, et comme sa vue se troublait, comme sa voix était devenue moins ferme, il piqua son cheval et mit d'un seul élan quelques toises entre le présent et l'avenir.

Les deux jeunes gens le rejoignirent, et se placèrent, l'un à sa droite, l'autre à sa gauche. Du Bourdet regarda longtemps, longtemps, les cavaliers, jusqu'à ce qu'ils eussent tourné le coin de la forêt. Alors il prit la main d'Aubin et revint aux Bordes, combattant sa disposition à la tristesse par la perspective d'une prochaine réunion.

Il se disait aussi que l'heure venait, silencieuse et sombre, où il allait pouvoir rendre la liberté à la comtesse. Il ne s'agissait, pour être tout à fait délivré lui-même, que de franchir un espace de soixante à quatre-vingts minutes.

— Je vais faire coucher Aubin, pensa-t-il. Les domestiques sont avec Bernard. Marcelle, seule en bas avec la cuisinière, ne me verra pas sortir du jardin. Un signal à la Fougeraie pour qu'il amène son bateau et tout est fini.

Au moment où il approchait du château, il vit Marcelle debout devant l'avenue; elle attendait avec une sorte d'impatience, et accourut au devant de son maître dès qu'elle put le distinguer dans l'ombre.

— Monsieur, dit-elle, il vient d'arriver un homme qui voudrait vous parler.

— Comme tu me dis cela. Quel homme?

— Je ne sais trop; est-ce un soldat? est-ce un bourgeois? Tout ce que je puis dire, c'est qu'il n'a pas une physionomie très-rassurante.

— Allons donc. Un voleur?

— Oh! je ne dis pas... le cher homme... Non! non! Mais enfin vous allez voir; il attend dans la salle, et semble très-pressé de vous trouver.

Du Bourdet la précéda. Il ouvrit la porte de la salle, où, près de la table, assis, et à peine éclairé par le flambeau que Marcelle y avait déposé, il vit le nouvel hôte qui l'attendait.

— Ah! s'écria celui-ci en se levant. Enfin! c'est vous, monsieur du Bourdet... ne me reconnaissez-vous pas?

— Attendez, dit l'avocat ému, car il se souvenait vaguement, et ce souvenir tremblait dans une vapeur semblable à une auréole sinistre.

— M. le bailli du palais! murmura-t-il enfin.

— Moi-même... Sommes-nous bien seuls.

— Mais oui... répliqua du Bourdet en pâlissant. Viendriez-vous de la part...

— De M. le premier président, oui.

L'avocat sentit ses jambes fléchir, son front s'emplir de bourdonnements et de vertiges. Il regarda le messager, dont les bottes poudreuses, l'habillement maltraité, les traits fatigués et les armes toutes prêtes, n'annonçaient rien que de menaçant. Il se remit pourtant, et dit à Marcelle qui attendait sous le vestibule.

— Couchez Aubin!... Laissez-nous.

Puis il ferma soigneusement la porte et revint au bailli qui l'examinait de loin.

— Vous voyez peut-être au désordre de ma personne, dit ce dernier, que je n'ai pas accompli sans difficulté mon voyage de Paris ici. J'ai dû, pour dépister ceux qui assurément m'ont suivi, feindre de m'arrêter à Verneau, dans une auberge. Puis de là, tandis qu'on me croyait endormi, je me suis échappé par la fenêtre, et, à travers champs, l'œil bien ouvert, la main à l'épée, je me suis glissé jusqu'ici.

— Toutes ces précautions, murmura du Bourdet, étaient-elles donc si nécessaires?

— Les routes sont infestées de gens suspects...

— Qui cherchent à reprendre M. de Vendôme, sans doute.

— Qui cherchent peut-être à prendre autre chose, monsieur, répliqua le bailli. Mais ce quelque chose, Dieu soit loué, j'ai réussi à le leur soustraire ; le voici :

— Une lettre.

— De monseigneur de Harlay !

Le bailli donna sa lettre à du Bourdet qui la reçut d'une main tremblante, et lut à la clarté de la bougie les mots suivants, digne reflet de l'âme vigoureuse qui les avait dictés.

« Mon ami, mon fils, l'heure est venue. Si c'est l'heure du sacrifice, je compte sur votre dévouement ; si c'est l'heure de la punition des coupables, remerciez-en Dieu comme je le fais déjà. Mademoiselle de Coman est plus résolue que jamais. Elle va parler, mais cette fois sa voix, appuyée de votre témoignage, persuadera toute la France. Et s'il se représentait quelqu'un de ces puissants obstacles qui déjà ont arrêté le cours de ma justice, j'ai en réserve un autre témoignage qui nous donnera la victoire, même sur les plus puissants ennemis. Dieu vous soutienne ! Je vous attends. »

Une sueur froide tomba en perles amères du front de du Bourdet sur ce papier fatal.

— L'épreuve est douloureuse, murmura-t-il ; ayez pitié de moi, mon Dieu !

— Eh bien ! monsieur, reprit le bailli après un pénible

silence, quelle réponse rapporterai-je à monseigneur?

Du Bourdet se tut. Sa poitrine était gonflée, sa tête appesantie retombait.

— Monsieur le bailli, dit-il enfin, j'ai promis, j'irai. Ne doutez pas que j'y aille. Mais... mais ce premier moment est dur... J'étais très-heureux ici, voyez-vous.

Le bailli s'inclina. Homme de cœur, homme vaillant, il comprenait que la noblesse d'un sacrifice est toujours en raison de sa difficulté.

— J'irai donc, reprit du Bourdet. Mais faut-il absolument que je parte tout de suite?... J'ai beaucoup de choses à achever... Je n'ai pas préparé encore mes affaires. Je voudrais bien embrasser mon fils aîné qui est absent.

— Je vous prie, au contraire, dit vivement le bailli, de ne point vous mettre en route avant le jour. Attendez à demain. Je vous l'ai dit, les chemins sont occupés, gardés; seul, je réussirai à me démêler dans l'ombre; mais avec un compagnon — il n'osa dire: tel que vous, — je ne répondrais plus de l'événement.

— Oh bien! j'attendrai à demain. Merci, répliqua du Bourdet. Logez-vous ici?... Mon cher monsieur, avez-vous besoin de quelque chose? Pardon si je ne vous ai pas offert tout d'abord, mais j'ai été un peu troublé.

— Je n'ai besoin que de votre réponse, dit le bailli, et d'un renseignement. Vous partirez donc demain au matin, pour être chez M. le premier président à quatre heures du soir?

— Oui.

— Bien ! Maintenant, connaissez-vous un chemin couvert, ignoré, qui me conduise à Verneau où j'ai laissé mon cheval ?

— Suivez le mur de mon jardin, prenez la première allée du bois, longez la prairie, et toujours tout droit jusqu'au clocher du village.

— Cela suffit, je vous rends grâces ; il ne reste plus qu'à vous prier de brûler en ma présence la lettre de monseigneur.

— La brûler !... se défie-t-il de moi ?

— Eh ! monsieur, monseigneur ne se défie pas de vous et ne craint personne ; mais je crains, moi ; je crains pour vous. Qui m'assure qu'à ce moment même on ne m'a pas suivi, découvert, et qu'on ne cherche pas à savoir ce que je suis venu faire chez vous ? Oh ! je ne prétends rien pénétrer des secrets de monseigneur, mais je puis vous assurer que depuis sa grande querelle avec M. d'Espernon au palais, vous y assistiez, je crois, notre président n'a pas cessé d'être environné d'espions plus menaçants les uns que les autres. Or, un espion se change bien vite en assassin, en bandit de grande route. Et votre maison est bien isolée !... Ce que je vous en dis, faites-en votre profit, monsieur ; car, pour moi, si l'on m'attaque, je saurai bien me défendre. D'ailleurs, maintenant j'ai fait ma commission et je ne risque plus que ma vie : ce n'est rien.

— Vous avez mille fois raison, répondit du Bourdet, ébranlé par ces peintures peu rassurantes. Une pareille lettre ne peut rester entre mes mains; j'ai des enfants, moi, pour lesquels il faut que je me conserve.

Il la relut avec les mêmes angoisses, et, l'approchant de la flamme, la vit, dévorée, s'envoler en flocons noirs par la vaste salle.

— Me voilà déjà plus tranquille pour tout le monde : adieu donc, dit le bailli. Par bonheur la nuit est noire ; ne me conduisez pas, je trouverai ma route. A demain.

— Veillez bien à vous! lui recommanda du Bourdet.

— Et vous aussi ! répondit sourdement la voix du bailli, qui avait déjà glissé comme un spectre derrière les lilas et les touffes du parterre.

CHAPITRE XXIII

Luctus et plurima mortis imago

La nuit descendait, brumeuse et froide, enveloppant dans ses plis mouvants les grands arbres du parc, les allées du parterre, et noyant dans une vapeur sinistre fleurs, fontaines, maison, comme pour ensevelir à jamais les événements terribles qui couvaient sous son noir manteau.

Un vent aigre et sifflant passait au front des chênes avec un douloureux murmure. Ces vastes têtes ondoyaient renversées, frissonnantes comme les génies désolés du domaine. Parfois leur plainte, développée sous le souffle furieux du vent d'ouest, prenait des accords déchirants qui eussent été compris d'un esprit superstitieux, car ils criaient : Malheur !... oh ! malheur !

Du Bourdet remontait lentement l'escalier qui conduisait de la salle au premier étage. Son flambeau à la main, hésitant sans le vouloir à chaque marche, il allait, cependant, poussé par la destinée invincible.

Plusieurs fois il avait prêté l'oreille pour essayer de distinguer au loin le pas du bailli. Puis, ressaisi par ses propres inquiétudes, il oubliait le messager du président, la gravité du message, sa promesse, son devoir, pour écouter la voix intérieure, voix confuse, menaçante, qui l'avertissait de l'invasion de toute une légion de douleurs.

En entrant dans sa chambre, il aperçut Aubin endormi sur les coussins du grand fauteuil. Sans doute l'enfant avait résisté à Marcelle. Il avait refusé de se coucher avant d'avoir embrassé son père. Du Bourdet devina que le petit mutin s'était obstiné à attendre son retour, et que, pendant la visite du bailli, pris par le sommeil, dans l'obscurité, il était tombé sur le premier meuble venu, où il avait tout oublié.

Du Bourdet posa son flambeau sur la table, et au lieu d'aller, comme il l'avait résolu, délivrer la comtesse qui devait l'attendre, il s'arrêta devant cette douce figure vermeille qui dormait, penchée, inondée de ses cheveux blonds.

Là était sa joie, au bonhomme ; là son espoir, là sa vie. Pour cette tête frêle, il avait travaillé, médité, souffert.

Le sourire de l'enfant, une de ses saillies, chaque révélation d'une faculté nouvelle, sont aux pères les salaires envoyés par Dieu comme à-compte sur l'avenir.

Du Bourdet aimait avec passion ce petit écolier rieur et pensif à la fois, qui, par ses grâces mignonnes rappelait la jeune fille, qui annonçait l'homme par les éclairs du génie et les révoltes de la volonté. Il l'aimait tant, qu'il s'avouait, se trouvant seul en face de lui, que rien sur terre ne lui tenait également au cœur; que si Dieu lui ordonnait de quitter les biens de ce monde, biens dont sa munificence l'avait largement pourvu, la seule chose qui le pousserait à trouver Dieu moins juste, ce serait d'avoir montré à un homme un tel trésor de joie pour l'en séparer sans pitié.

Or, du Bourdet, frappé au cœur par le souvenir de sa promesse au président, se demanda s'il ne serait pas prudent de laisser Aubin aux Bordes pendant le voyage qu'il lui fallait faire à Paris; il se demandait aussi avec des palpitations douloureuses si ce voyage n'allait pas durer plus longtemps qu'un jour; si M. de Harlay n'allait pas exiger tout un sacrifice; si les formalités interminables d'une confrontation, d'un récolement, des instructions, des témoignages, si tout cet infernal dédale de la procédure, dont les plus savants ne connaissent jamais l'issue, n'était point destiné à lui prendre bien des jours, à lui confisquer toute sa vie. Que deviendrait pendant ce temps Aubin, l'âme de ce père désolé? Bernard veillerait sur lui; mais Bernard lui-même ne finirait-il pas par être englobé dans les évolutions, dans les spirales du serpent? Où allait-il, où pouvait-il espérer de s'arrêter, celui qui partait, misérable ver de terre, désarmé, nu, pour combattre ces géants qu'on appelait une reine, un maréchal de France, le duc d'Espernon?... Titans qui avaient détrôné Jupiter, et dont le pied écraserait leur accusateur, sans que leur œil daignât seulement s'abaisser pour le démêler dans sa poussière.

Toutes ces réflexions, suggérées par le sommeil placide de l'enfant, avaient donné à la physionomie de du Bourdet une expression de calme et de majestueuse tristesse qui l'eût rendu méconnaissable à lui-même si son visage lui fût apparu soudain dans un miroir. La lutte contre les douleurs morales donne à l'homme, quand il s'y montre courageux, le seul reflet de divinité par où la créature humaine puisse rappeler le Créateur.

Du Bourdet finit par triompher de ses doutes. Il se souvint de Dieu, des bienfaits sans nombre qu'il en avait reçus. Il espéra dans son patron le président, vaillant appui aux jours de bataille, vaste expérience, qu'un peu d'amitié stimulerait à sauver du péril son humble assistant. Enfin il se rappela qu'un plus impérieux, plus imminent devoir réclamait son sang-froid, son adresse. Marguerite devait s'impatienter dans sa prison. L'heure était propice. Sans doute la Fougeraie, aux aguets dans l'île, attendait le coup de sifflet pour amener son bateau. Du Bourdet se dirigea vers la chambre de la comtesse.

Sa main touchait la clef du cabinet contigu à cette

chambre, lorsqu'un bruit singulier attira son attention au dehors. Ce bruit n'était pas isolé — il ne partait pas d'un seul endroit. Multiple, varié, il appelait l'oreille du côté des fenêtres, puis des portes, il semblait venir de la cour, du parterre, il grossissait en approchant.

Du Bourdet s'arrêta étonné pour écouter mieux.

Alors une vitre de la fenêtre ayant grincé, puis éclaté sous une pression étrange, du Bourdet y courut et vit la main d'un homme qui tirait par cette brèche les verrous du châssis. La croisée s'ouvrit, l'homme entra et alla ouvrir l'autre fenêtre et la porte du palier par lesquelles pénétrèrent, avec des froissements d'armes et de manteaux, trois autres hommes qui occupèrent le vestibule.

L'avocat se crut d'abord la proie d'un de ces affreux rêves dans lesquels la poitrine étouffée dégage en cris douloureux les vapeurs que l'oppression a poussées vers le cerveau. Ces visiteurs sombres, silencieux, inoffensifs jusque-là, qui se rangeaient militairement à leurs postes, ne lui paraissaient pas une vision assez vraisemblable pour qu'il se crût éveillé.

Mais en s'approchant de la fenêtre, du Bourdet vit en bas, dans l'ombre, un groupe de gens armés qui causaient vivement et semblaient délibérer; d'autres arrivaient par le parterre. Un casque les précédait reluisant comme un astre lugubre. Du Bourdet se souvint des terreurs du bailli, de ses prédictions alarmantes; il comprit tout, et poussa un cri d'angoisse qui réveilla Aubin.

L'enfant, troublé par le sommeil, et voyant son père

si tremblant et si pâle, se mit à crier aussi. Du Bourdet lui appuya sur les lèvres une main glacée. Aubin tressaillit et se tut, mais se cramponna au bras de son père en le suppliant du regard.

Le bruit augmentait du côté de l'escalier, des voix confuses s'interrogeaient. On distinguait le son des hallebardes, des crosses de mousquets heurtant les degrés et la rampe. Quelques cris éclataient au loin et s'éteignaient tout à coup, sans doute ceux des domestiques, surpris et bâillonnés par les assaillants.

Dressant l'oreille, sentant ses cheveux se roidir sur son front, l'avocat étreignit Aubin, souffla la bougie et reculait instinctivement vers la porte de la chambre voisine, quand il entendit agiter doucement cette porte, qui s'entr'ouvrit, et une voix fiévreuse, saccadée, celle de Marguerite, lui demanda bien bas :

— Qu'y a-t-il donc, monsieur? Quel est ce bruit? Nous a-t-on découverts ?

Au même instant, un grand fracas se fit entendre sur le palier. Une armoire venait de voler en éclats.

Du Bourdet réprima un nouveau cri d'Aubin, ouvrit tout à fait la porte du cabinet, jeta l'enfant dans l'ombre, repoussa du pied et des épaules cette porte, à laquelle il s'adossa, prêt à défaillir et heureux cependant d'avoir éloigné son fils de la scène effrayante qu'il pressentait. Il attendit.

Des pas lourds résonnèrent dans sa chambre. Il entrevit des formes noires qui tâtonnaient dans les ténèbres; il sentit le souffle de ces ennemis, qui avançaient les bras étendus.

— Allumez un flambeau! dit une voix sèche, ferme, qui éclata, au milieu de ce demi-silence, comme le coup de foudre dans le nuage.

Du Bourdet vit luire à l'embrasure de la fenêtre une lanterne sourde d'où jaillit une vive clarté, celle d'une torche portée par un des envahisseurs.

Sept ou huit de ces hommes garnissaient la chambre, dans les attitudes bizarres où les avait surpris le rayon lumineux, alors qu'ils cherchaient à s'orienter au milieu des ténèbres.

Mais, sur le seuil, un vaste manteau, pareil à un suaire, surmonté d'un casque tel que les portaient à cette époque les gentilshommes dans le combat, se tenait droit et silencieux, une main, on le devinait, sur le pommeau d'une arme qui faisait saillie sous les plis du manteau.

Du Bourdet devina que cet homme était le chef qui venait de demander la lumière. Ce sombre personnage, après avoir considéré durant quelques secondes et la chambre et du Bourdet, qui se soutenait à la corniche de sa cheminée, fit un signe à l'un de ceux qui attendaient ses ordres, et l'homme ainsi interpellé s'approcha de du Bourdet.

— Que me voulez-vous, messieurs? balbutia le bonhomme, promenant autour de lui des regards effarés.

— Nous sommes délégués pour faire perquisition chez vous comme dans toutes les habitations du voisinage, dit l'homme couvert d'un chapeau à larges bords, et de qui du Bourdet, trop égaré d'ailleurs, ne distingua point les traits, parce que le flambeau ne l'éclairait que par derrière, et projetait l'ombre en avant.

— Faites, messieurs, articula d'une voix défaillante le malheureux avocat, qui se sentit perdu, puisque la perquisition ne pouvait manquer de le révéler coupable... Mais... au sujet de quoi feriez-vous cette enquête?

— Vous le savez aussi bien que nous : on cherche, de la part du roi, M. le duc de Vendôme.

— Il n'est pas ici! s'écria du Bourdet en joignant les mains... Je jure qu'il n'y est pas entré.

— Vous le jurez? demanda le terrible questionneur.

— Je le jure! repartit du Bourdet, levant sa main avec empressement.

Celui qui venait de parler se tourna vers l'homme au casque comme pour lui demander un avis ou prendre son ordre. La même voix claire et stridente sortit de dessous la visière.

— Ce que dit monsieur peut être vrai, répliqua le chef. Vous n'avez jusqu'à présent reconnu rien de suspect chez lui. Je vais achever de l'interroger.

Du Bourdet entendit ces paroles comme une une harmonie céleste. Son espoir se changea en joie, lorsqu'il vit le personnage masqué étendre le bras vers ses acolytes, qui s'inclinèrent et sortirent de la chambre où, du Bourdet se trouva seul avec ce gentilhomme si indulgent. Et déjà il s'apprêtait à le remercier par quelques mots pleins de reconnaissance, lorsque l'inconnu l'arrêta d'un geste et lui dit en baissant la voix :

— Il ne s'agit pas de M. de Vendôme; qu'avez-vous fait de l'homme qui est venu vous rendre visite tout à l'heure?

Du Bourdet frissonna :

— Quel homme? monsieur...

— Le bailli du palais! reprit l'autre avec le même ton ferme et mystérieux.

— Il... il est parti, dit du Bourdet qui sentit le danger de mentir.

— Bien. Que venait-il faire chez vous?... Dépêchez-vous de répondre, je suis pressé.

— Il venait pour affaires...

— Il venait envoyé par M. le premier président. Où est la lettre qu'il vous a remise de sa part?

Un tremblement nerveux secoua les épaules et les genoux de l'avocat. Par les fentes de la visière on voyait luire deux prunelles d'un brun rouge, semblables à celles d'une panthère dans un taillis.

— Monsieur... balbutia du Bourdet.

— Donnez-moi cette lettre !

— Je ne l'ai plus, je l'ai brûlée.

— C'est toujours ce qu'on répond d'abord. Mais souvenez-vous que je n'ai pas de temps à perdre. Cette lettre?

— Sur mon honneur, sur mon âme, je l'ai brûlée, monsieur. Les morceaux, les cendres, sont encore en bas dans ma salle. Je vais vous les montrer si vous voulez.

Un mouvement convulsif agita, derrière le grillage du casque, des traits dont on devinait la pâleur.

— Si vous avez fait cela! dit la voix courroucée, si vous avez réellement brûlé cette lettre, je vais bien le savoir. Qu'y avait-il dans cette lettre du président, dites?

Du Bourdet s'agita pour protester contre l'idée de commettre une pareille trahison.

— Dites! répéta la voix d'un ton de maître.

Du Bourdet secoua la tête lentement; il n'avait pas la force de répondre non.

Un silence d'une demi-minute, une demi-éternité, s'étendit dans cette chambre comme l'avertissement de la mort.

— Eh bien! reprit le gentilhomme masqué, puisque vous refusez de répondre, c'est moi qui vais vous dire ce que renfermait cette lettre, par laquelle M. de Harlay vous mandait à Paris.

Du Bourdet tressaillit.

— Cette lettre, continua l'inconnu, ne vous invitait-elle pas à venir prêter votre aide aux dépositions nouvelles d'une certaine prisonnière... qu'on appelle mademoiselle de Coman?

L'avocat joignit les mains et faillit tomber à la renverse en apprenant que ce secret du président était à la merci d'un pareil dépositaire :

— Vous savez donc tout? s'écria-t-il épouvanté, comme s'il eût parlé à l'une des puissances infernales...

— J'en sais assez pour vous forcer à me dire le reste, continua la voix de plus en plus pressante et voilée.

— Monsieur!... je ne vous comprends pas...

— Laissez là ces détours, cette frayeur; car si vous me répondez en homme sincère, vous n'avez rien à redouter de moi. Je vous apporte, au contraire, une récompense, une brillante récompense de la franchise que vous me témoignerez et du service que vous me rendrez par cette franchise.

Ces flatteuses insinuations, loin de rassurer du Bourdet, poussèrent au comble son épouvante.

— Allons! vivement, reprit le masque. Avez-vous le projet de vous rendre à l'invitation du président? Devez-vous aller à Paris?

— Je...

— Prenez garde de mentir! et comprenez bien que je ne me contenterai pas d'un leurre!

— Mais enfin, monsieur, qui êtes-vous, pour me demander ce que nul n'a le droit d'exiger de moi?

— Je suis un homme qui veut que vous n'alliez point à Paris; que vous n'y rendiez pas de témoignage pour ou contre personne, et qui vous récompensera si vous lui cédez, ou qui vous punira si vous entrez en lutte.

— Me punir!... s'écria du Bourdet; mais je ne dois compte à personne de ma conscience.

— Il est une puissance en ce monde avec laquelle on compte toujours, répliqua le masque lentement sans sortir de sa réserve glacée, cette puissance, c'est la mort!

L'avocat frissonna.

— Si vous allez à Paris, si vous servez le président de

Harlay dans la cause qu'il soutient, vous êtes un homme mort... Allons, décidez-vous, et donnez-moi des garanties.

— Dieu me défend de vous obéir, monsieur, répliqua du Bourdet, tremblant de tous ses membres.

— Il vous commande donc de mourir, alors, répliqua l'inconnu d'une voix terrible, qui éclata naturelle pour la première fois.

Aussitôt un cri sourd partit de la chambre voisine, puis un bruit de meubles heurtés, de paroles étouffées, de mouvements brusques.

Du Bourdet se retourna, saisi d'un effroi nouveau.

— Quelqu'un était là? dit l'inconnu; quelqu'un nous écoutait?

— Monsieur, c'est mon fils... un enfant, qui aura pris peur de ne plus me voir.

— Ouvre cette porte.

— Oh! ne faites pas de mal à mon petit Aubin!

— Ouvre, te dis-je, si tu tiens à la vie!

La main du gentilhomme sortit du pli de son manteau, armée d'un lourd pistolet.

— Entrez! monsieur, entrez-y vous-même, s'écria du Bourdet vaincu par l'angoisse et se cachant le visage.

Le masque, son flambeau levé, voulut tourner la clef dans la serrure. Une résistance imprévue l'arrêta.

— On a tiré des verrous en dedans! s'écria-t-il. Tu te jouais de moi, misérable.

— Ouvrez! dit du Bourdet en collant sa bouche à la

porte. Ouvrez madame. Ouvre Aubin; ouvre donc, mon enfant, pour nous sauver tous les deux.

Rien ne répondit, qu'un épouvantable silence.

— Oh! je devine, rugit l'inconnu; ceux qui se cachaient là m'ont entendu, et ils fuient, emportant la lettre que tu m'as refusée. Malheur à qui je vais trouver derrière cette porte!

Il prit un élan furieux, et d'un coup de pied pareil au choc d'une catapulte, il fendit la porte en deux morceaux, par l'ouverture desquels, se ruant avec une avidité farouche, il vit une fenêtre ouverte, un drap fixé au balcon, et deux formes humaines s'éloignant rapidement dans le brouillard.

— Ils sont partis! s'écria du Bourdet stupéfait, mais heureux au fond du cœur.

— Je l'avais bien dit, ils s'évadent, ils m'échappent! Mort! mort! à quiconque veut fuir.

On entendit les pas des soldats, le cliquetis des armes, une course dans le parterre. Au même instant, à la porte du petit escalier, retentissaient les cris de Marcelle, qui appelaient son maître, qui appelaient son cher Aubin et dominaient tout le tumulte.

— Marcelle! on nous le tue!... A moi!... au secours! au meurtre! répondit du Bourdet devenu fou à l'idée que ces misérables allaient reprendre et peut-être assassiner son fils. Il s'élança du côté de la fenêtre avec des sanglots déchirants.

Mais le masque se retournant vers la porte d'entrée, occupée par ses compagnons :

— Messieurs, dit-il d'une voix tonnante, je viens de me convaincre que les complices de M. de Vendôme sont bien dans cette maison. Rébellion! rébellion au roi! Tout ce qui résistera, tout ce qui criera, tout ce qui fuira — tuez!

Cette seconde troupe se répandit comme un torrent furieux dans la maison.

— Oh! bourreau, s'écria du Bourdet resté seul avec son adversaire, tu mens à la face du ciel! Est-ce mon pauvre enfant de onze ans qui se révolte contre le roi!

L'inconnu leva son pistolet jusqu'à la hauteur du cœur de sa victime.

— Oui ou non, murmura-t-il d'une voix sombre — iras-tu demain à Paris? — Oui ou non serviras-tu le président contre nous?

— Je répondrais si je voyais mon fils, dit le malheureux père dans l'agonie du désespoir.

On entendit au dehors l'explosion de plusieurs coups de feu dans la direction de la rivière; du Bourdet se redressa, son œil s'emplit de menace et sa bouche de malédictions.

— Ils ont frappé mon enfant, dit-il.

— Parle! répéta le masque.

— Tue-moi donc, c'est lâche de me faire ainsi souffrir.

— Répondras-tu, misérable!

— A Dieu seul! répliqua du Bourdet appuyé au mur, les yeux au ciel, l'âme déjà sur les lèvres; tandis que le canon de l'arme s'approchait de sa poitrine.

— Tu ne parleras qu'à Dieu ? je n'en demande pas davantage, dit l'assassin, avec un féroce sourire.

Le coup partit. L'infortuné leva les bras vers le maître éternel de souveraine justice auquel il recommandait son enfant et sa vengeance. Puis il ferma les yeux, glissa sur le parquet et tomba mort en travers du seuil.

L'inconnu fouilla froidement le cadavre, et n'ayant pas trouvé ce qu'il cherchait :

— La mort, dit-il, vient d'éteindre le secret des vivants! c'est au feu maintenant d'étouffer le secret de la mort !

Il approcha la torche ardente des rideaux et des éclats de la porte brisée; puis jetant la cire embrasée sur ce monceau de débris, il s'élança hors de la chambre pour demander compte à ses soldats des fugitifs qu'ils avaient dû ressaisir.

Cependant Marguerite, après avoir glissé miraculeusement de la fenêtre à terre, avait couru tenant Aubin par la main; elle gagnait haletante le bord de la rivière. Derrière elle on appelait, on criait, elle courait toujours. Soudain des coups de feu retentirent, les balles passèrent sur sa tête; elle redoubla de vélocité, mais l'enfant qu'elle menait s'arrêta comme un poids inerte, et quand elle l'eut traîné pendant trois à quatre pas, elle le sentit plié, immobile, le crut évanoui de frayeur, et, généreuse autant que hardie, elle le prit dans ses bras en disant :

— Je te sauverai malgré tout !

Déjà elle apercevait le chemin de halage, les talus de la rive, l'eau sombre, et distinguait le bruit des avirons qui lui annonçaient le salut. Agile, fière de ses forces décuplées par le dévouement, elle gagnait du terrain sur ses persécuteurs; mais ses mains, qui soutenaient l'enfant, glissèrent le long du petit corps dans une humidité noire et chaude; elle approcha son visage de la poitrine d'Aubin; plus de souffle! Son visage se recula, mouillé aussi, tiède aussi comme ses mains: c'était du sang! le sang de la pauvre victime qu'une balle venait de frapper à ses côtés.

Marguerite poussa un cri, chancela, étendit les mains comme pour appeler un sauveur; son fardeau lui échappa, et elle roula inanimée, près de l'enfant, dans le sable.

Environ une demi-heure après, revenait, par le parc, Bernard tout joyeux, tout épanoui. Il riait avec Cadenet. Des coups de feu grondant au loin dans cette nuit profonde le surprirent d'abord et lui firent lever la tête. Une lueur fauve grandissait par degrés au-dessus des arbres. Les deux amis coururent inquiets: le château brûlait, abandonné, désert, majestueux dans son horreur.

Bernard s'élança éperdu au milieu des flammes, appelant, criant. Il n'y trouva que les cadavres de son père et de Marcelle; mais Aubin, mais Marguerite, où étaient-ils? Le désordre du cabinet voisin, les draps brûlant à la fenêtre, lui indiquèrent une trace. Il la suivit, penché, rugissant, jusqu'à ce que l'incendie lui éclairant cette piste sanglante, il découvrit qu'elle aboutissait au rivage.

Là, des pas de femme, d'homme, des trépignements pareils à ceux d'une lutte, du sang à flots que buvait le sable, des empreintes sinistres de mains crispées révélaient une épouvantable agonie. Au bas, l'eau coulait, rapide, profonde, muette, emportant sa part du secret!

Bernard, dans cette solitude flamboyante, dans ce chaos, dans ce massacre, perdit, par une faveur de Dieu, la raison et le sentiment de la vie. Après avoir fouillé, épelé, baisé mille fois ces derniers vestiges de son malheureux frère, il tomba sur l'herbe sanglante et ne rouvrit plus les yeux.

— Oh! murmura Cadenet, l'enfant a été assassiné comme le père, comme la fidèle servante, et cette eau silencieuse roule aussi des cadavres! — Qui sait s'il n'y a pas là quelque horrible vengeance? — Ce n'est qu'à Paris, avec le secours de mon frère, que je pourrai protéger et sauver ce malheureux Bernard!

Il prit dans ses bras le corps inanimé de son ami; le fit charger sur un chariot fermé qu'il escorta à cheval, et le lendemain au soir ce triste équipage entrait furtivement rue de la Cerisaie, chez le baigneur la Vienne.

FIN DU PREMIER VOLUME

TABLE DES CHAPITRES

		Pages.
Chapitre Ier.	— D'un mauvais calembour et de ses conséquences.	1
Chapitre II.	— Arrivée d'un beau-fils qu'on attendait et de mille oiseaux qu'on n'attendait pas.	28
Chapitre III.	— Le seigneur de l'île de Cadenet.	45
Chapitre IV.	— La journée des éperons.	60
Chapitre V.	— Le conseil du grand ami.	75
Chapitre VI.	— La déposition.	88
Chapitre VII.	— La volière des Tuileries.	104
Chapitre VIII.	— Médecine amère.	118
Chapitre IX.	— Moment critique.	131
Chapitre X.	— Orage.	145
Chapitre XI.	— Passe-temps et propos de grand chemin.	163
Chapitre XII.	— D'un oncle malheureux, d'une tante polie et d'une nièce incomparable.	175
Chapitre XIII.	— Entrevue.	189
Chapitre XIV.	— Cas de conscience.	204
Chapitre XV.	— Le coup d'œil de l'oncle.	217
Chapitre XVI.	— Opinion de l'oncle Pontis sur le mariage.	231
Chapitre XVII.	— La battue au prince.	247
Chapitre XVIII.	— Un rendu pour un prêté.	262
Chapitre XIX.	— Révélation.	276
Chapitre XX.	— Déroute.	293
Chapitre XXI.	— Où Bernard remonte de l'effet à la cause.	310
Chapitre XXII.	— Dette d'honneur.	325
Chapitre XXIII.	— Luctus et plurima mortis imago.	339

FIN DE LA TABLE DES CHAPITRES

ÉMILE COLIN — IMPRIMERIE DE LAGNY

www.ingramcontent.com/pod-product-compliance
Lightning Source LLC
Chambersburg PA
CBHW070908170426
43202CB00012B/2237